dtv

Reihe Hanser

Seit es den Menschen gibt, führt er Krieg: um Nahrung und Land, um Ruhm und Ehre, Öl und Diamanten, im Name des Vaterlandes und der Religion. Krieg ist vielgestaltig und reicht vom Terrorakt und bis zum Langzeitkonflikt. Krieg ist immer: in den Nachrichten und per Mausklick nach den Schularbeiten. Ist Krieg also eine Art Urzustand der Menschheit? Wer diese Frage beantworten will, hat guten Grund, einen Blick in die Geschichte der Kriege zu werfen. Was waren das für Kriege? Wie ist es zu ihnen gekommen? Wie hat man sie geführt? Und vor allem: Wären sie zu vermeiden gewesen?

Gerhard Staghun, 1952 geboren, lebt als Wissenschaftsjournalist in Berlin. In der *Reihe Hanser* sind von ihm bereits erschienen ›Gott und die Götter‹ (dtv 62259), ›Die Jagd nach dem kleinsten Baustein der Welt‹ (dtv 62152), ›Die Rätsel des Universums‹ (dtv 62079), und ›Die Suche nach dem Bauplan des Lebens‹ (dtv 62238), außerdem die beiden ›Warum‹-Bände (dtv 62190, dtv 62291).

Gerhard Staguhn

Warum die Menschen keinen Frieden halten

Eine Geschichte des Krieges

Deutscher Taschenbuch Verlag

Das gesamte lieferbare Programm der *Reihe Hanser*
und viele andere Informationen finden Sie unter
www.reihehanser.de

In neuer Rechtschreibung
Januar 2008
Deutscher Taschenbuchverlag GmbH & Co. KG,
München

Umschlagfoto: SV-Bilderdienst
Satz: Greiner & Reichel, Köln
Druck und Bindung: Druckerei C. H. Beck, Nördlingen
Gedruckt auf säurefreiem, chlorfrei gebleichtem Papier
Printed in Germany · ISBN 978-3-423-62337-7

INHALT

Dämon

Als die Barbaren von ihren Pferden sprangen
Und sich um die Beute rangen,
Steine flogen aus grauen Händen.
Man sah den Krieg niemals je enden.
Hinter Romas Mauern der Kaiser krankt,
Der Barbar auf seinem Rosse wankt.
Die Gegner waren laute Bürger,
Sie waren durch die Bibel klüger,
Sie wateten durch des Moores Tücken,
Und mit Beilen auf dem Rücken.
Die Bürger riefen: »Lasst, was uns liebt!«
Die Fürsten schrien: »Wir wollen Krieg!«

(Maximilian, 13 Jahre)

Vorwort

Vom Weltraum aus betrachtet macht die Erde einen friedvollen Eindruck. Als weiß und bläulich schimmernde Perle funkelt sie vor dem schwarzen kosmischen Hintergrund. Seit Milliarden von Jahren zieht dieses wunderschöne kugelige Raumschiff seine Bahn um die Sonne. Das ist eine lange Zeit.

In unserem Sonnensystem gibt es noch acht weitere Planeten. Auch sie sind schön anzusehen, allen voran der extravagante Saturn mit seinem Kranz aus zarten Ringen. Doch sie alle sind tot – Raumschiffe ohne Besatzung.

Nach allem, was wir zur Zeit vom Universum wissen, ist Leben in ihm die ganz große Ausnahme, das kosmische Wunder schlechthin. Die Erde – und damit auch der Mensch, der auf ihr lebt, ebenso die Tiere und Pflanzen – ist etwas ganz Besonderes.

Schon aus purem Eigennutz täte der Mensch gut daran, sein Raumschiff Erde fürsorglich zu behandeln. Auch sollte man von den Insassen eines Raumschiffs erwarten können, dass sie freundschaftlich miteinander umgehen, dass sie einander helfen und jeder sein Bestes zum Nutzen aller gibt. Eine Raumschiff-Besatzung kann auf ihrem Weg nur erfolgreich sein, wenn jeder für den Andern da ist. Denn es gibt kein Ersatz-Raumschiff, auch keine Möglichkeit, auszusteigen und zu Fuß weiterzugehen.

Nein, die Menschen sind auf Gedeih und Verderb an ihr Raumschiff Erde gebunden und müssen zusehen, dass sie miteinander auskommen. Denn rundum in den unendlichen Tiefen des Weltraums droht die Vernichtung. Das All ist extrem lebensfeindlich.

Gibt es etwas Dümmeres, als auch noch das Raumschiff selbst zu einem lebensfeindlichen Ort zu machen?

Tragischerweise hat das Raumschiff Erde in der Menschheit eine Besatzung bekommen, die die Schönheit, den Wert und die unglaubliche Einzigartigkeit des Planeten nicht zu schätzen weiß. Statt sich in erster Linie um den Erhalt des Raumschiffs zu kümmern, vor allem um die Wartung der Sicherheitssysteme (zum Beispiel die Atmosphäre), ist sie eifrig bemüht, diese zu zerstören. Wir haben es also mit einer geradezu selbstmörderischen Raumschiff-Besatzung zu tun. Aber fast noch schlimmer ist die Tatsache, dass die Besatzungsmitglieder ständig im Streit miteinander liegen, in furchtbarem, mörderischem Streit. Einen Namen haben die Menschen auch dafür: Krieg.

Stellen wir uns vor, es landeten auf der Erde Außerirdische, die den Krieg nicht kennen. Wie sollten wir ihnen diesen Irrsinn erklären? »Warum Krieg und wozu?«, würden sie fragen, und wir würden dastehen und fänden keine Antwort. Eines ist allerdings gewiss: die friedlichen Außerirdischen würden die Erde schnell wieder verlassen und niemals wiederkommen. Und wir hätten die Chance verpasst, sie zu fragen, wie sie das schaffen: ohne Krieg zu leben. Vielleicht hatten sie ja nur das Glück, dass der Schöpfer bei ihnen den Aggressionstrieb vergessen hat. Denn in Verbindung mit Intelligenz ergibt dieser eine gefährliche Mischung. Die Tiere kennen ja auch die Aggression, aber sie führen keine Kriege.

Der Krieg, so scheint es, gehört zum Menschen; in seiner ganzen Unmenschlichkeit ist er ganz und gar menschlich. So ist die Menschheitsgeschichte in hohem Maße eine Kriegsgeschichte. Gottlob ist sie nicht nur das. Doch all das Gute und Schöne, das der Mensch vermag, verblasst irgendwie gegenüber den Menschheitsverbrechen, die in Kriegen verübt werden. Denn es gibt auf dieser

Welt nichts Schlimmeres als den Krieg – weil in ihm alle Scheußlichkeiten geschehen, die Menschen einander antun können. Der Krieg ist der brutalste Zerstörungsakt, den der Mensch gegen seinesgleichen verüben kann.

Warum Krieg? Das ist die Grundfrage dieses Buchs. Wir werden uns dieser Frage über die Natur anzunähern versuchen. Kennt die Natur den Krieg, und ist das Kriegerische im Menschen womöglich etwas Naturgegebenes? Wir werden im Weiteren die kulturellen Umformungen des Kriegs im Spiel, im Sport und in der Kunst betrachten und seine unselige Verflechtung mit der Religion. Denn es ist zutiefst befremdlich, dass die Religion, in deren Zentrum doch die Liebe und der Frieden stehen, so oft Hass und Unfrieden in die Welt gebracht hat und immer noch bringt. Wir werden sehen, wie im Zuge der Aufklärung, also dem Zeitalter der Vernunft, versucht wurde, den Krieg zu einer Wissenschaft zu machen: Was ist zu tun, um einen Krieg »vernünftig« zu führen und dabei siegreich zu sein? In weiteren Kapiteln werden wir unterschiedliche Formen des Kriegs betrachten: den kolonialen Krieg, den Bürgerkrieg, den terroristischen Krieg und die Entgrenzung aller Vernichtungskräfte im so genannten totalen Krieg. In drei »Zwischenstücken« werden wir uns konkret mit drei totalen Kriegen der europäischen Geschichte befassen: dem Dreißigjährigen Krieg, dem Ersten und dem Zweiten Weltkrieg. Wir werden sehen, was zu ihnen geführt hat und warum sie so schrecklich waren. Am Ende werden wir noch einen nüchternen, wenig hoffnungsvollen Blick in die Zukunft wagen mit Prognosen zur weiteren Entwicklung des Kriegs als mörderischster Kraft der Geschichte. Die Frage, ob ein »ewiger Friede« für die Menschheit je Wirklichkeit werden kann, wird dieses Buch beschließen.

Eines ist klar: Auf die Frage »Warum Krieg?« wird es kein

allerletztes, vielleicht sogar hoffnungsvolles »Darum« geben. Aber gerade deshalb ist es wichtig, das Kriegerische im Menschen zu ergründen, es als selbstverschuldetes Übel, als vermeidbare Gewalttat zu erkennen. Nur so kann man diesem Irrsinn entgegentreten.

1. KAPITEL

Der Krieg – ein Naturgesetz?

Die Natur kennt kein Gut und Böse, auch kein Glück oder Unglück. Allein der Mensch als denkendes, wissendes Wesen muss sein Handeln an diesen Moralbegriffen messen lassen. Damit setzt sich der Mensch von der Natur ab. Gleichzeitig ist der Mensch aber auch Natur, unterliegt allen ihren Gesetzen, nicht anders als sonst ein Säugetier. Darin liegt die ganze Tragik der menschlichen Existenz begründet: als ein Teil der Natur im Gegensatz zur Natur zu stehen und zu meinen, sich über sie erheben zu können.

Dabei haben sich die Vorstellungen, was gut und was böse ist, im Lauf der Kulturentwicklung stark gewandelt. In den Grundregeln des moralischen Handelns sind sich die verschiedenen Kulturen aber doch sehr einig. Die meisten der Zehn Gebote sind auch in anderen Religionen bindend. Dazu gehört auch das Gebot: Du sollst nicht töten. Freilich war dieses Gebot in der jüdisch-christlichen Kultur nie so gemeint. Gemeint war: Du sollst keinen Menschen töten. Andere Lebewesen, also Tiere und Pflanzen, darf man töten.

Kämpfen und Töten sind Grundbestimmungen der Natur. Leben lebt von anderem Leben. Und Leben lebt in Konkurrenz zu anderem Leben. Kampf ist in der Natur ein allgegenwärtiger Vorgang, weshalb die Natur die verschiedenen Arten mit unterschiedlichsten Angriffs- und Verteidigungswaffen ausgerüstet hat. Selbst Pflanzen versuchen sich vor dem Gefressenwerden zu schützen.

Auch der Mensch hat, seit es ihn gibt, unter diesem Gesetz der Natur anzutreten. Er war ja nicht plötzlich da, von Gott aus Erde geformt, wie die Bibel erzählt, sondern er entwickelte sich langsam über Jahrmillionen aus seinem schimpansenähnlichen Vorfahren.

Der Mensch ging auf die Jagd, er tötete Tiere, um fleischliche Nahrung zu haben. Gleichzeitig gab es gefährliche Tiere, für die wiederum der Mensch eine schmackhafte Nahrung darstellte. In diesem Kampf ums Überleben war der Mensch auf Waffen angewiesen, vor allem auf solche, die auf größere Distanz zu töten vermochten, also Steinschleuder, Wurfspeer, Pfeil und Bogen, Blasrohrpfeil und anderes. Denn der Mensch war gegenüber seinen bevorzugten Beutetieren sehr langsam. Und im Vergleich zu den Raubtieren besaß er keine natürlichen »Waffen« wie lange Fangzähne oder scharfe Krallen. Seine überragende Intelligenz, die er einem besonders großen Gehirn verdankt, ermöglichte es ihm, diese biologischen Nachteile wettzumachen.

Was nun aber auffällt bei all dem Kämpfen und Töten, das in der Natur zu beobachten ist: Es findet nur ganz selten innerhalb einer Art statt. In den Gehirnen von Tier und Mensch ist eine angeborene Tötungshemmung verankert, ohne dass man bislang erklären könnte, woher sie kommt. Von Natur aus gibt es kein Lebewesen, das einfach so einen Artgenossen umbringt. Selbst Soldaten – das belegen historische Dokumente – hatten oftmals Probleme, gezielt auf Menschen zu schießen. Oft konnten sie nicht einmal durch Drohungen oder gar Prügel zum Töten gebracht werden. Selbst im Zweiten Weltkrieg betrug der Anteil der Soldaten, die mit tödlicher Absicht auf einen einzelnen Gegner schossen, nur etwa 20 Prozent. Erst in späteren Kriegen stieg diese Quote: im Vietnamkrieg lag sie bei 90 Prozent. Das hat mit der Reichweite der Waffen zu tun. Denn ganz allgemein vermindert sich die Tötungshemmung mit Zunahme der Entfernung, auf die eine Waffe wirkt. So kann ein Mensch, der es kaum fertig brächte, einen andern zu schlagen, sehr wohl in der Lage sein, den Auslöseknopf einer Raketenwaffe zu drücken, die in Hunderten von Kilometern Entfernung Menschen zerfetzt. Man muss auch kein Killer sein, um einen Bombenteppich über eine Stadt zu legen. Das haben ganz normale Familienväter fertig gebracht, viele, ohne davon Albträume zu bekommen.

Die modernen Armeen haben zudem Techniken entwickelt, die den Soldaten systematisch dazu zwingen, auf Menschen zu feuern. In naturgetreuen Kampfhandlungen wird dieses eingeübt. Die Zielscheiben sind menschliche Abbilder, die bei jedem Treffer fallen. Durch die ständige Wiederholung dieses Vorgangs wird die natürliche Tötungshemmung im Gehirn nach und nach abgeschwächt. Der Soldat handelt irgendwann automatisch, tötet schließlich reflexhaft und ohne Gefühlsregung.

Nochmals: Es gibt in der Natur einen Kampf ums Dasein, doch dieser hat nichts von einem Krieg, bei dem es um die Vernichtung des Artgenossen geht. Auch der Schwächere hat gute Chancen, sein Dasein zu sichern, gerade auch im Schutz eines Rudels, einer Herde oder eines Schwarms. In solchen Verbänden ist das friedvolle Miteinander vorherrschend, nicht der Streit und die Konkurrenz. Denn Streit kostet Energie – und die wird für anderes benötigt: für die Nahrungssuche, die Aufzucht des Nachwuchses und die Abwehr natürlicher Feinde.

Bei den Tieren ist das soziale Verhalten vollkommen reguliert. Sie können zwar vielerlei lernen, aber nur in eng vorgezeichneten Grenzen. Ihr Verhalten untereinander ist erblich weitgehend festgelegt. So gibt es zum Beispiel beim Werbungsverhalten und bei der Paarung keinerlei Freiheit; das läuft bei allen Tieren einer Art gleich ab. Auch die Aggression gegen Artgenossen folgt festgelegten Ritualen. Zudem gibt es Demutsgebärden und Fluchtreaktionen, die verhindern, dass eine Art sich selber schwächt oder gar ausrottet.

Beim Menschen als einzigem vernunftbegabten Lebewesen gilt dies nur mehr in begrenztem Maß. Auch er kennt eine Tötungshemmung gegenüber dem Artgenossen, aber sie ist nicht mehr so absolut wie bei den Tieren; sie ist nicht mehr zwingend in seinem Erbgut festgeschrieben. Der Mensch muss sich die Tötungshemmung im Rahmen überlieferter Gebote, Verbote, Moralvorstellungen und Werte erwerben. Im Gegensatz zum Tier hat der Mensch die schreckliche Freiheit, seinen Artgenossen umzubringen. Bezeichnenderweise steht gleich zu Beginn der biblischen Menschheitsgeschichte der Mord des Kain an seinem Bruder Abel.

Sind aber in einer menschlichen Gesellschaft die moralischen Werte aufgehoben – wie etwa im Nationalsozialismus –, steht dem Massenmord nichts mehr im Weg. Deshalb ist der Völkermord bis in unsere Gegenwart ein ständig wiederkehrender Schrecken der Menschheitsgeschichte. Gerade im Krieg bieten sich alle Möglichkeiten, die im Menschen schlummernden Mordinstinkte auszuleben.

Man könnte nun allerdings einwenden, dass es zwar innerhalb der Tierarten weitgehend friedlich zugeht, aber zwischen unterschiedlichen Arten, etwa zwischen Raubtieren und ihren Beutetieren, in gewisser Weise doch Krieg herrscht. Aber auch in diesem Fall sieht man sehr schnell ein, dass das Wort »Krieg« hier völlig unpassend ist. Ein Löwenrudel befindet sich nicht im Krieg mit einer Gnu-Herde, sondern es holt sich, wenn der Hunger dies notwendig macht, ein Opfer. Bei diesem handelt es sich meist um ein geschwächtes Tier, denn es ist im Interesse der Jäger, dass die Jagd mit möglichst geringem Energieaufwand zum Erfolg führt.

Wer also meint, den Krieg aus der Natur ableiten zu können, um ihn als etwas Natürliches, ja Gottgegebenes hinzustellen, deutet die Natur falsch – und Gott auch! Er deutet den Kampf ums Dasein, der die Tötung von Beutetieren einschließt, als zerstörerischen Akt. Als solcher mag er aufs Erste auch erscheinen, er mag in seiner zupackenden Wucht sogar schockieren und abstoßen, aber letztlich handelt es sich um einen Akt der Lebenserhaltung. Deshalb verfliegt unser Schrecken über die Tötung auch so rasch wieder: Wir sehen das Löwenrudel mit den niedlichen Jungen beim Fraß und finden nichts Abstoßendes mehr daran. Das erbeutete Gnu hat seinen Sinn erfüllt. Alle Lebewesen müssen ihre organischen Bedürfnisse befriedigen. Leben lebt von anderem Leben. Das ist eines der Grundgesetze, unter denen die Schöpfung angetreten ist.

Der Kampf ums Dasein in der Natur ist also kein Krieg ums Dasein – mit wenigen Ausnahmen! Man hat bei Schimpansen – und neuerdings auch bei Kapuzineraffen – Verhaltensweisen beobachtet, die man als kriegerisch bezeichnen könnte. Im Jahre 1974 berichtete die Schimpansen-Forscherin Jane Goodall zum ersten Mal von tödlichen Kämpfen zwischen zwei benachbarten Schimpansen-Gruppen, die in engen verwandtschaftlichen Beziehungen zueinander standen. Beide Gruppen führten einen erbitterten Krieg, bei dem auch Gegenstände als Waffen eingesetzt wurden. Dieser Krieg war erst zu Ende, als die schwächere Gruppe nach fünfjährigem Gemetzel ausgerottet war – ein echter Vernichtungskrieg. Für die siegreiche Gruppe hatte das allerdings zur Folge, dass sie sich in den folgenden Jahren selber der Übergriffe anderer Horden erwehren musste. Neue Forschungen der Biologin Susan Perry am Leipziger Max-Planck-Institut für evolutionäre Anthropologie bestätigen diese Beobachtungen, und zwar für Weißschulter-Kapuzineraffen. Bei ihnen liefen die Überfälle stets nach dem gleichen heimtückischen Muster ab: eine größere

Gruppe von »Tätern« stürzt sich auf ein einzelnes Opfer aus einer anderen Gruppe und tötet es. Das Bild von den friedlichen Urwaldbewohnern, die sich hauptsächlich von Früchten ernähren, ist damit endgültig zerstört.

Da liegt natürlich der Schluss nahe, dass Krieg und Völkermord beim Menschen vielleicht doch biologische Wurzeln haben könnten. Stutzig macht, dass gerade die intelligentesten Lebewesen auf der Erde, also Schimpanse und Mensch, die systematische Vernichtung von Artgenossen kennen. Am Ende ist sogar die Intelligenz der eigentliche Grund für Krieg. Der Verhaltensforscher Konrad Lorenz (1903–1989) meinte, es sei nur konsequent zu Ende gedacht, dass die menschliche Aggression einen biologischen Kern habe. Die Aggression sei das Erbe unserer tierischen Vorfahren. Die Gründe für die Aggression seien bei Affen und Menschen die gleichen: es gehe um Lebensraum, Nahrung, Trinkwasser, aber auch um Ansehen und Macht. Aus denselben Gründen führen nicht nur moderne Menschen Krieg, sondern auch ursprüngliche Jäger- und Sammler-Kulturen. Die Verbindung aus Jagdtrieb und Intelligenz schafft den Krieg. Kriegerische Aggression, so meinen die Forscher, habe sich nur bei wenigen Arten entwickelt, weil den meisten anderen ganz einfach das Hirn dazu fehlt. Bei organisierten Überfällen muss man den Artgenossen dazu bringen, das Risiko mit einem zu teilen. Das erfordert eine hohe soziale Intelligenz, über die neben Mensch und Menschenaffen nur noch einige soziale Raubtiere (Löwen, Wölfe, Hyänen) verfügen. Kapuzineraffen, deren kriegerisches Verhalten Susan Perry beschrieben hat, gehören zwar nicht zu den Menschenaffen, doch haben sie ein vergleichsweise großes Gehirn. Der Jagdinstinkt ist allen diesen Arten gemein. Statt eines Beutetiers auch mal einen Artgenossen anzugreifen – nicht aus Hunger, sondern aus Machtstreben –, liegt nahe.

 Die natürliche Aggression wurde ursprünglich zur Beutejagd gebraucht. Doch im Laufe der Evolution wurde sie auch in Auseinandersetzungen mit anderen Raubtieren und mit Artgenossen eingesetzt. Das kann freilich keine Rechtfertigung für die Kriege sein, die der Mensch führt. Schließlich hat es immer auch friedliche menschliche Gesellschaften gegeben, und auch bei den Schimpansen machen nicht alle Gruppen Jagd auf Fremde. Erst bestimmte Bedingungen, die noch genauer zu erforschen sind, führen zu kriegerischen Aktionen. Es gibt also kein allgemeines Naturrecht auf Krieg, wie es zuweilen auch aus der Lehre von Charles Darwin (1809–1882) abgeleitet wurde. Dieser hatte zusammen mit Alfred Russel Wallace (1823–1913) vor etwa 150 Jahren die Evolutionslehre entwickelt. Nach dieser überleben in der Natur nur die Besten, wobei mit »Beste« nicht die Stärksten gemeint sind, sondern jene, die sich ganz allgemein an die Bedingungen der Umwelt am besten anpassen können. Hierfür ist körperliche Stärke nur ein Faktor unter vielen, und nicht einmal der wichtigste.

Nun gab es immer wieder Bestrebungen, Darwins feinsinnige und vielschichtige Lehre zu vereinfachen und auf die menschliche Gesellschaft anzuwenden, zum Beispiel zu dem Zweck, den Krieg als eine natürliche Form des Kampfes ums Dasein zu rechtfertigen: als Wettstreit innerhalb einer Gesellschaft und zwischen Völkern, Staaten und Kulturen. Das Ganze nannte sich »Sozialdarwinismus«. Seine brutalste Ausformung fand er im Nationalsozialismus. In ihm gab es letztlich nur noch zwei Gruppen von Menschen: Überwältiger und Überwältigte, Herrenmenschen und Sklaven. Im Sozialdarwinismus zählt der einzelne Mensch nichts. Man meint das damit begründen zu können, dass auch in der Natur das Leben der Gattung wichtiger ist als das Leben des Einzeltiers: Konkurrenz, Streit, Kampf und Krieg als Mittel der Auslese und Selbstbehauptung. Dabei wurde übersehen, dass Mittel, die in der Natur ihren Sinn haben, in der menschlichen Gesellschaft zur Selbstzerstörung führen können. Denn die Gesellschaft will ja gerade etwas anderes sein als Natur.

Der Sozialdarwinismus ist eine unechte, bewusst verfälschende Weltanschauung, also das, was man eine Ideologie zu nennen pflegt. Dieses Gebräu aus Biologie und Soziologie formte sich am Ende des 19. Jahrhunderts zu einem Weltbild, dem zufolge alle Völker in einem fortwährenden Kampf miteinander liegen, den nur die stärksten – soll heißen: brutalsten – überleben werden. Jede Friedenspolitik erscheint in diesem Weltbild nicht nur als Schwäche, sondern als etwas, das gegen die Gesetze der Natur verstößt.

Hitler war also nicht der Erfinder der Idee vom Krieg als eines Kampfs der Völker; er hat sie nur dankbar aufgegriffen und radikalisiert. Schon der Erste Weltkrieg wurde von vielen als ein »Rassen- und Völkerringen« angesehen. Deutschland, so meinte man, sei zum Zweck der Selbsterhaltung genötigt, seinen »Lebensraum« nicht nur zu sichern, sondern zu erweitern – und zwar vor allem nach Osten. Hitler war davon überzeugt, dass in dieser Welt nur der Stärkere siegreich bleibe, und mit »stärker« meinte er »rassisch wertvoller«. Das Endziel der Geschichte war für ihn die Herrschaft eines »Herrenvolks«, und Deutschland müsse antreten, um diese Herrschaft zu erringen. Die Ebenbürtigkeit aller Menschen wurde verneint.

Neuerdings gewinnen sozialdarwinistische Ansichten wieder Rückhalt durch die Wissenschaft, und zwar durch die moderne Genforschung. In unserem Erbgut, so sagen die Forscher, seien »egoistische Gene« am Werk. Tier- und Menschengesellschaften seien Ansammlungen von Individuen, die immer nur ihre eigenen Interessen verfolgen, sei es bei der Nahrungssuche, beim Besiedeln von Lebensraum oder bei der Suche nach einem Sexualpartner. Die Gene veranlassen sie dazu, denn unser Erbgut will an eine nächste Generation weitervererbt werden. Das aber gelingt nur jenen Individuen, die sich gegen die anderen zu behaupten vermögen. Also Kampf bis hinab zu den Erbanlagen. Selbst die Hilfsbereitschaft zwischen Menschen wird von den modernen Soziobiologen als eine besonders raffinierte Form von Egoismus gedeutet: denn sie zahle sich fast immer aus.

Krieg als Schrecken und Verheißung

Sozialdarwinistische Ideen gab es auch schon vor Darwin. König Friedrich II. von Preußen (1740–1786) vertrat in seinen militärischen Schriften die Ansicht, dass der Krieg ein »Naturrecht« sei. »Ohne Zweifel«, so schreibt er, »hat es ungerechte Kriege gegeben, Blut ist geflossen, das man hätte sparen sollen und können. Nichtsdestoweniger gibt es mehrere Fälle, in denen der Krieg nötig, unvermeidlich und gerecht ist. Ein Fürst muss seine Verbündeten verteidigen, wenn sie angegriffen werden. Die Selbsterhaltung nötigt ihn, mit bewaffneter Hand das Gleichgewicht zwischen den Mächten Europas zu erhalten. Seine Pflicht ist es, seine Untertanen vor feindlichen Einfällen zu schützen.« Unter einem Naturrecht auf Krieg versteht Friedrich also das Recht des Staats auf Selbstverteidigung. Das hinderte den preußischen König nicht daran, andere Staaten anzugreifen: so in den beiden ersten Schlesischen Kriegen (1740–42 und 1744/45), in denen Preußen sich Schlesien einverleibte, auf das auch Österreich Ansprüche erhoben hatte. Im Dritten Schlesischen Krieg, dem so genannten Siebenjährigen Krieg (1756–63), war es wiederum Friedrich II., der mit der Besetzung Kursachsens das Gemetzel eröffnete. Aber auch darin sah Friedrich einen Akt der Selbstverteidigung, womit er vermutlich sogar Recht hatte. Denn Österreich hatte sich mit Russland und Frankreich verbündet und schickte sich an, Preußen anzugreifen.

Friedrich II. führte also einen so genannten Präventivkrieg, das heißt einen überraschenden Angriffskrieg, mit dem man einem zu erwartenden gegnerischen Angriff zuvorkommt. Ein Präventivkrieg wäre somit ein Angriffskrieg zum Zweck der Selbstverteidigung. Dabei stellt sich natürlich die Frage, ob die Bedrohung auch wirklich echt ist oder nicht einfach nur vorgeschoben wird, um das eigene Eroberungsstreben zu vertuschen. Selbst Hitler tat so, als diene der von ihm entfesselte Zweite Weltkrieg nur der Selbstverteidigung. Denn das Recht auf Selbstverteidigung ist nun in der Tat eine Art von Naturrecht, das sowohl dem Einzelnen als auch Völkern und Staaten zusteht.

Dass der Krieg etwas Natürliches sei, betont Friedrich der Große an anderer Stelle – und hier meint er nicht mehr nur den Verteidigungskrieg, sondern den Krieg an sich. Der Krieg sei natürlich, ja gottgegeben, weil es ihn schon immer gegeben habe: »Sie ereifern sich gegen den Krieg. Er ist an sich schreckensvoll, aber doch nur ein Übel wie die anderen Geißeln Gottes, von denen man wohl annehmen muss, dass sie innerhalb der Weltordnung notwendig sind, da sie periodisch auftreten und bis jetzt noch kein Jahrhundert sich rühmen konnte, frei von ihnen geblieben zu sein. Wenn Sie den ewigen Frieden herstellen wollen, so müssen Sie sich in eine Idealwelt begeben, wo das Mein und Dein unbekannt ist, wo Fürsten, Minister und Untertanen allesamt leidenschaftslos sind und jeder Mann der Vernunft gehorcht. (…) denn in dieser Welt müssen Sie darauf gefasst sein, dass es Krieg geben wird, wie es immer Krieg gegeben hat, soweit unsere Überlieferung zurückreicht.« Krieg als eine Lebenstatsache wie Krankheit und Tod. Er entspringe, so Friedrich, dem Bedürfnis des Menschen, stets mehr haben zu wollen, als er besitze. Die Tiere, so meinte der griechische Philosoph Platon (427 v. Chr. – 348/347 v. Chr.), kennen den Krieg nicht, weil sie mit dem zufrieden sind, was sie haben. »Also«, folgert Platon, »müssen wir etwas vom Gebiet der Nachbarn abtrennen, wenn wir genügend Land zum Weiden und Bauen haben wollen. Dann werden wir also Krieg zu führen haben.« Krieg ist für Platon ein Mittel zum Zweck.

Spätere Denker haben im Gegensatz zu Platon die Meinung vertreten, dass Kriege nicht selten einfach nur um ihrer selbst willen geführt werden. Der Krieg selbst ist der Zweck des Kriegs. Erregung, Ekstase, Rausch, jugendliche Begeisterung, der Traum vom Heldentum ließen junge Männer aller Zeiten in den Krieg ziehen. Dennoch – die Gebiets- und damit Machterweiterung war stets ein vorrangiges Ziel von Kriegen. Hinzu kam der Reichtum fremder Länder und Städte, der zu Raubzügen im großen Stil einlud. Weniger die Selbstbehauptung als die Selbsterweiterung und Selbstbereicherung prägen die Kriegsgeschichte.

Das höchste Bedürfnis von Staaten mit wachsender Bevölkerung war das nach Raum – nach immer mehr Raum. War dieser Raum aber schon von anderen Völkern besetzt, kam es zum Kampf um diesen Raum. Weil unsere eigene europäische Kultur aus einer endlosen Kette von Kriegen hervorgegangen ist, neigen wir zu der Ansicht, dass es im Verkehr aller Völker der Erde stets kriegerisch zugeht. Und das stimmt ja leider auch – bis auf wenige Ausnahmen. Es gibt ein paar Völker, die den Krieg nicht kennen, etwa die Eskimos. Das hat sicher damit zu tun, dass in der Eiswüste, in der sie leben, kaum Gründe vorhanden sind, nach Macht und Raum zu streben. Es hat auch keine Gruppe mehr oder Besseres als die andere; sie leben alle von dem, was das Meer ihnen gibt. Freilich, auch ein Eskimo versteht sehr gut, dass man einen Menschen aus unterschiedlichen Gründen töten kann – der Mord ist auch diesem Volk nicht fremd. Aber die Vorstellung, dass eine Eskimosiedlung in Schlachtordnung gegen eine andere auszieht, oder dass die Bewohner des einen Dorfs zum Freiwild des andern werden, ist ihnen vollkommen fremd. Den Krieg als organisiertes gegenseitiges Abschlachten kennen sie nicht. Und damit ist auch der Beweis erbracht, dass er nichts allgemein Menschliches ist.

Besonders die so genannten Hochkulturen, etwa Babylonien, Ägypten, Griechenland, zeichneten sich durch grausame Kriegführung aus. Sehr eindringlich schildert auch die Bibel, die in vieler Hinsicht ein Kriegsbuch ist, wie in den Kriegen vor allem der Zweck verfolgt wurde, den Gegner vollständig zu vernichten: die Ernten des Feindes wurden geraubt oder zerstört, alle Männer umgebracht, die Frauen und Kinder in die Sklaverei verschleppt, die Gefangenen verstümmelt und zu Tode gemartert, die Dörfer und Städte niedergebrannt. Zu allen Zeiten und in allen Regionen der Erde zeigt der Krieg diese abstoßende Fratze.

Hier deutet sich aber auch die ganze Widersprüchlichkeit des Krieges an: Schrecklich ist er nur für die Verlierer. Für die Herrschenden war der Krieg nicht nur Schrecken, sondern auch Verheißung. Er versprach reiche Beute, Ruhm und Ehre. Innerhalb dieses Gegensatzes von Schrecken und Verheißung war abzuwägen, ob ein Krieg sich lohnte oder nicht. Für die Untertanen lohnten sich Kriege so gut wie nie, nicht mal die gewonnenen.

Nun gibt es allerdings Historiker, die die Ansicht vertreten, dass die Kriege für die Menschheit an sich nicht nur negative Wirkungen hatten, sondern, ganz im Gegenteil, den Fortschritt beförderten. So stand beispielsweise die kulturelle Blüte in der ägyptischen oder griechischen Antike in einem direkten Zusammenhang mit der Sklaverei. Die in den Kriegen geraubten Menschen ließ man die niederen Arbeiten verrichten und setzte so in der eigenen Bevölkerung Kräfte frei für die kulturelle Produktivität. Hochkulturen basierten auf Kriegen und Sklaverei.

Ganze Völker und Staaten sind in Kriegen untergegangen, aber es haben sich auch neue Staaten nach Kriegen herausgebildet.

Und was man sowieso nicht vergessen darf: Am Anfang jeder Staatsgründung liegt Gewalt, und jede Staatlichkeit begründet sich auf Gewalt. Mit Entschiedenheit weist jeder Staat, auch der demokratische, darauf hin, dass die Gewalt allein von ihm ausgeht. Egal, welchen Staat man betrachtet – er wurde aus Kriegen geboren. Das chinesische Kaiserreich ging aus Jahrhunderten der Kriege zwischen den »Streitenden Reichen« hervor. Den Vereinigten Staaten von Amerika ging ein unvorstellbar blutiger Bürgerkrieg zwischen den Nord- und Südstaaten voraus. Der französische Staat formte sich erst im Laufe des Hundertjährigen Kriegs. Das Königreich Preußen und das preußische Nationalgefühl wären ohne den Siebenjährigen Krieg gegen die drei großen Kontinentalmächte Österreich, Frankreich und Russland vermutlich nicht zustande gekommen. Das Deutsche Reich nahm seinen Anfang in der kriegerischen Auseinandersetzung mit Frankreich, vor allem im Befreiungskrieg gegen Napoleon. Die Reichsgründung folgte unmittelbar auf den siegreichen Krieg gegen Frankreich von 1870/71. Umgekehrt geht auch der langsame Zerfall von Staaten meist mit Kriegen einher, wie man in unseren Tagen am Beispiel Jugoslawiens sehen kann. Krieg und Frieden scheinen sich wechselseitig hervorzubringen; sie erscheinen als notwendig zusammengehörige Rhythmen in der Geschichte: das ewige Auf und Ab von Krieg und Frieden, Gewalt und Humanität.

Die Jagd als Urform des Kriegs

Mensch und Tier kennen den Drang zu herrschen und ebenso die Unlust, beherrscht zu werden. Der Aggressionstrieb steckt in Tier und Mensch – ein elementarer Trieb wie Hunger oder Sexualität, die sich auch untereinander vermischen. Auch die Sexualität ist ja nicht von Aggression frei. Das heißt nicht, dass man im alltäglichen Leben ständig mit Aggression zu tun hat. Der Mensch hat ja auch die Möglichkeit, seine Aggression friedlich abzureagieren. »Der normale Zivilisationsmensch«, so schreibt der Verhaltensforscher Konrad Lorenz, »bekommt ja echte Aggression meistens nur dann zu sehen, wenn zwei seiner Mitbürger oder seiner Haustiere sich in die Wolle kriegen, und sieht so begreiflicherweise nur die üblen Auswüchse solchen Zwistes. Dazu kommt die wahrhaft erschreckende Reihe fließender Übergänge, die von zwei Hähnen, die auf dem Mist raufen, weiter aufwärts führt, über Hunde, die sich beißen, Buben, die sich abwatschen, Burschen, die einander Bierkrügel auf die Köpfe hauen und weiter aufwärts zu schon ein wenig politisch getönten Wirtshausraufereien bis schließlich zu Kriegen und Atombomben.« Befremdlich, dass Lorenz hier von einer Aufwärtsbewegung spricht, wo es dabei doch eindeutig nach unten geht.

Für den Philosophen Immanuel Kant (1724–1804) ist der Mensch von Natur aus böse, und andere Philosophen waren der gleichen Meinung. Nur durch Vernunft, so Kant, könne der Mensch zum Guten gebildet werden. Dummerweise sind viele Kriege aus nüchternen Vernunftgründen geführt worden, und für den Fall, dass der Krieg gewonnen wurde, hatte sich diese »Kriegsvernunft« für den Sieger bestätigt. Man ist fast geneigt, dem großen Kant zu widersprechen und die Vernunft selbst als einen Beweggrund für das Kriegerische im Menschen anzusehen.

Wenn wir weiter oben feststellten, dass die beiden intelligentesten Lebewesen auf der Erde (Schimpanse und Mensch) den Krieg kennen, so ist es gewiss kein Zufall, dass es sich dabei um die beiden Primaten-Arten handelt, die Fleisch verzehren. Die friedlichen Gorillas und Orang-Utans sind Vegetarier. Fleischverzehr setzt eine besonders hohe Aggression voraus, denn um an Fleisch zu kommen – das Aasfressen ausgenommen –, muss getötet werden. Könnte es nicht sein, dass der Krieg überhaupt aus der Jagd hervorgegangen ist? Die Jagd auf Tiere konnte fließend übergehen in die Jagd auf Menschen, zumal in den frühen Menschengesellschaften der Kannibalismus weit verbreitet war. Faustkeil und Feuer brachten die menschliche Zivilisation auf den Weg, aber beides war auch dazu geeignet, den Bruder totzuschlagen und zu braten, wie Ausgrabungsfunde beweisen. Neben den frühesten Spuren des Feuergebrauchs fand man zertrümmerte und deutlich angekohlte Menschenknochen. Das »Kopfjagen« war in den Urgesellschaften weit verbreitet, zumindest ihre »milde« Form. Unter »milde« ist zu verstehen, dass nicht organisierte Raubzüge unternommen wurden, um begehrte Männerköpfe zu erbeuten, sondern man tötete bei Gelegenheit Angehörige eines anderen Stamms, wenn diese zufällig an der Gebietsgrenze vorüberkamen, und ließ ihre Köpfe »mitgehen«.

Angriff und Abwehr bestimmen auch die Jagd. Und schließlich sind die Jäger auch die Erfinder der Waffen. Die Überlegenheit, die ihnen durch die Waffen über friedliche Hirten gegeben war, reizte ihre Herrschgier. Aus Jägern wurden bald Eroberer. Fraglich ist allerdings, ob die Hirtenvölker immer nur friedlich nebeneinander lebten. Spätestens als sie zu nomadisieren begannen, muss es zwangsläufig zu Streitigkeiten mit anderen Hirtenvölkern gekommen sein, die ebenfalls Anspruch erhoben auf die fruchtbarsten Weidegründe. Mehr oder weniger harmlose Prügeleien auf fetten Wiesen waren gewissermaßen die Urform der Schlacht. Der Besitzer der Herde, der Patriarch, war der Feld- und Wiesenherr seiner Söhne und Knechte, der Wald und die Erde lieferten die Waffen: Prügel und Steine.

Doch mehr als die sesshaften Hirten und Ackerbauern brachten Jägerstämme das Element des Kriegs in die Menschheitsgeschichte ein. Um sich vor deren Überfällen zu schützen, schlossen sich die sesshaften Gruppen zu engeren und größeren Verbänden zusammen: Ortschaften entstanden, schließlich Städte und Staaten, die sich durch Befestigungs- und Grenzanlagen zu schützen versuchten. Die Bürger mauerten sich ein, um Feinde abzuschrecken und hinzuhalten. Denn je verlockender der Wohlstand einer Stadt oder eines ganzen Landes war, umso größer war die Gefahr, von Feinden bedrängt zu werden. So hatten die reichsten Städte die mächtigsten Wehranlagen. Antike oder mittelalterliche Städte waren von gewaltigen Festungen umgeben. Also auch in dieser Hinsicht war der Krieg ein Antrieb für die zivilisatorische Entwicklung.

Doch mit dem Entstehen von Staaten kam es auch zu Streit und Eifersucht zwischen diesen. So suchte jeder möglichst stark zu werden, denn Stärke ist bis heute *das* Argument bei allen Staatsverhandlungen. Und mit »Stärke« ist vor allem militärische Stärke gemeint.

Der Krieg als »Männersache«

Und ehe man sich's versieht, erscheint einem der Krieg als logisches und notwendiges Element der Geschichte. Es geht nicht ohne Krieg, denkt man, weil der Mensch nun mal so ist, wie er ist: aggressiv, besitzgierig, kurzum: kriegerisch. Und damit sind wir wieder am Anfang unserer Überlegungen angelangt.

Aber stimmt das denn mit dem grundsätzlich aggressiven, kampflüsternen Menschen? Nein, es stimmt schon deshalb nicht, weil die Menschheit aus Frauen und Männern besteht. Kriege aber werden von Männern geführt, freilich hin und wieder auch von Frauen angezettelt. Mann und Krieger waren ursprünglich ein und dasselbe. Und auch hierbei kommt wohl ein tierisches Erbe zum Tragen: das Kämpfen der Männchen um ein Territorium oder um ein Weibchen. Schon Darwin hatte richtig erkannt, dass die Auswahl der besten und stärksten Tiere zur Fortpflanzung wesentlich dadurch gefördert wird, dass rivalisierende Tiere – und damit sind fast ausschließlich Männchen gemeint – miteinander kämpfen.

Bereits in den ältesten Mythen und Sagen wird von Kriegshelden erzählt, aber nicht von Kriegsheldinnen. In Homers »Ilias« wird sogar Krieg um eine einzige Frau – Helena – geführt, nicht anders als bei einer Wirtshausschlägerei. Grundsätzlich wird um das Krieg geführt, was Männer begehren: Macht, Reichtum, Frauen. Es ist sogar schon mal ein Krieg wegen eines Fußballspiels ausgebrochen, und zwar vor nicht allzu langer Zeit zwischen den mittelamerikanischen Staaten Honduras und El Salvador.

Männer haben gewöhnlich die größere Körperkraft gegenüber Frauen, vor allem im Oberkörper. Im Krieg ist Körperkraft ein entscheidender Faktor, weshalb Armeen auch in Zukunft von Männern geprägte Einrichtungen bleiben werden. Die einzige Ausnahme von kriegerischen Frauen in der Mythologie stellen die Amazonen dar: ein sagenhaftes Reitervolk in Asien, das nur einmal im Jahr Umgang mit Männern pflegte, um die Nachkommenschaft zu sichern. Es heißt, dass sich die kriegerischen Frauen aber erst in einem Kampf gegen Männer auszeichnen mussten, ehe sie einen Geliebten auserwählen durften. Es wurden nur die Mädchen aufgezogen, die Knaben wurden umgebracht. Den Mädchen wurde später, so liest man, die rechte Brust »ausgebrannt«, damit sie beim Bogenspannen nicht hinderlich sei. So erklärte man in antiker Zeit den Namen »Amazone«: die »Brustlose«. Dass die Amazonen vor allem die Kunst des Bogenschießens pflegten, könnte man als Hinweis deuten, dass sie sich im Zweikampf mit Männern nur geringe Chancen ausrechneten. Der Pfeil tötet auf Distanz, weshalb diese Waffe von den männlichen Helden als hinterhältig betrachtet und als Waffe der Feiglinge angesehen wurde. So stirbt in Homers »Ilias« die Amazonen-Königin Penthesilea, eine Tochter des Kriegsgottes Ares, in einem chancenlosen Zweikampf mit Achilleus. Der wird dann später selbst durch einen »feigen« Pfeil getötet. Auf einem berühmten Vasenbild sieht man Achilleus, wie er sein Schwert ins Herz der Amazone stößt, die eher einem zarten, waffenlosen Knaben gleicht.

Man sieht, so richtig ernst nimmt nicht einmal der Mythos die kriegerische Frau. Krieg ist Männersache. Das ist auch bei den Göttern so, und hierin sind sich die Mythen aller Völker einig. Die tatsächliche Geschichte des Kriegs liefert die Bestätigung: Männer sind aggressiver als Frauen, sie neigen schneller zur Gewalttätigkeit. Dass in Kriegen nicht nur gekämpft, sondern auch vergewaltigt wird, passt zur These von der typisch männlichen Aggression, die sich in Kriegen austobt. So ist die Kriegsgeschichte aller Zeiten auch eine Geschichte massenhafter Vergewaltigung von Frauen. In der Antike und im Mittelalter, ja noch im Dreißigjährigen Krieg, waren die Frauen des Feindes ein Hauptziel, für das der Krieger oder Söldner in die Schlacht zog. Und so war es in der Geschichte der Völker immer relativ leicht, in Männern Kriegsbegeisterung zu wecken und den Verstand auszuschalten. Ein ukrainisches Sprichwort bringt es auf den Punkt: »Wenn die Fahne fliegt, ist der Verstand in der Trompete!« Der männliche Verstand, um genau zu sein.

Ein Feind findet sich immer. Man muss nur irgendeiner Menschengruppe geschickt unterstellen, dass sie einem Böses will, irgendwelche Werte (materielle oder geistige) bedroht. Dann fühlt sich der aufgestachelte und begeisterte Mann aufgerufen, alles liegen und stehen zu lassen und der »heiligen Pflicht« der Vaterlandsverteidigung zu gehorchen. Zu diesem Zweck ist es immer günstig, den Feind zu erniedrigen und sich selbst zu erhöhen. Bewährtes Mittel dabei ist: den Feind »vertieren«. Vor allem in den Kolonialkriegen war das ein probates Mittel. Man sprach den »Eingeborenen« das Menschsein ab, belegte sie mit tierischen Merkmalen oder bezeichnete sie gleich als Ungeziefer oder Ratten. Damit wird nebenbei auch die Tötungshemmung herabgesetzt. So muss man beim Abschlachten des Feindes kein schlechtes Gewissen haben. Dass stets der Feind im Unrecht ist und man selbst im Recht, versteht sich von selbst. Kriegsbegeisterung kann man als ein »Heulen mit den Wölfen« verstehen; das gibt Sicherheit in der eigenen Gesellschaft. Teilen wir hingegen den Wahn der anderen nicht, so werden wir selbst zu Fremden, ja Feinden erklärt.

Dem Erlebnis der männlichen Kriegsbegeisterung haben die Verhaltensforscher typische Körperreaktionen zugeordnet, die auch bei Schimpansen-Männchen zu beobachten sind, wenn diese sich zur Verteidigung ihrer Horde und Familie in Heldenpose werfen: »Die Körperhaltung strafft sich, die Arme werden etwas seitlich abgehoben und ein wenig nach innen rotiert, so dass die Ellbogen etwas nach außen zeigen. Der Kopf wird stolz angehoben, das Kinn vorgestreckt und die Gesichtsmuskulatur bewirkt eine ganz bestimmte Mimik, die wir alle aus dem Film als das ›Heldengesicht‹ kennen. Auf dem Rücken und entlang der Außenseite der Arme sträuben sich die Körperhaare, eben dies ist die objektive Seite des sprichwörtlich gewordenen ›heiligen Schauers‹.« (Konrad Lorenz)

Unser »heiliger Schauer« ist also nichts anderes als das Sträuben unseres nur mehr in Resten vorhandenen Fells, ein Bluff also, der uns größer und gefährlicher erscheinen lassen soll, als wir tatsächlich sind. »Wenn mich«, schreibt Konrad Lorenz in seinem Buch

»Das so genannte Böse«, »beim Hören alter Lieder, oder gar von Marschmusik, ein heiliger Schauer überlaufen will, wehre ich der Verlockung, indem ich mir sage, dass auch die Schimpansen schon, wenn sie sich zum sozialen Angriff aufstacheln wollten, rhythmische Geräusche hervorbringen. Mitsingen heißt dem Teufel den kleinen Finger reichen.«

Wenn Aggression und Machtstreben zum Menschsein gehören, dann stellt sich natürlich die Frage, ob der Krieg als schlimmste Form menschlicher Aggression jemals aus der Welt geschafft werden kann. Daran muss ernsthaft gezweifelt werden. Aggressionen lassen sich nicht per Knopfdruck ausschalten. Sie lassen sich zwar unterdrücken, aber Unterdrückung macht am Ende alles nur noch schlimmer; die Aggression staut sich auf und entlädt sich womöglich in einem heftigen Gewaltausbruch. So hatten sich im 20. Jahrhundert die aufgestauten Gewaltenergien in den großen Katastrophen dieses Schreckensjahrhunderts entladen. Die aufgeklärte Moderne hatte geglaubt, den Krieg mit den Mitteln der Vernunft abschaffen zu können; sie hatte damit nur das Gegenteil erreicht: die Menschheit bis an den Rand der Selbstvernichtung geführt.

So muss es auch gar nicht verwundern, dass der Krieg über Jahrhunderte hinweg als unabänderliches und natürliches Schicksal verstanden wurde. Dieses Denken reicht bis in die Antike zurück, die den Krieg nicht als Bruch des Friedens verstanden hat, sondern den Frieden als Unterbrechung des Normalzustands Krieg. Bis in die Neuzeit galt der Krieg als etwas, das keiner Rechtfertigung bedurfte. Gewiss, Krieg bedeutete Leiden, aber das ganze Leben bestand in der Hauptsache aus ständigem Kämpfen, Leiden und Erdulden. Man schätzte den Krieg nicht, aber man verehrte den Krieger und unterwarf sich willig seiner Führung und Gewalt, war er doch der Einzige, der einen vor diesem natürlichen Unglück schützen konnte. So war bis zum 19. Jahrhundert der Soldatenberuf fast der einzige, der einem Edelmann offen stand. Noch der Militarismus der modernen Zeit nährte sich von diesem alten Bild des Kriegs als Naturzustand. Das ging bis zur Verherrlichung des Kriegs als eines »Glieds in Gottes Weltordnung«, wie der preußische Militarist Helmuth von Moltke meinte. Für ihn war der ewige Friede ein Traum, »und nicht einmal ein schöner … Ohne den Krieg würde die Welt im Materialismus versumpfen.« Dass Kriege meist aus purem Materialismus geführt werden, sah Moltke nicht.

Nein, der Krieg ist kein allgemeiner Ausdruck des Natürlichen, aber er liegt in der menschlichen Natur. Er ist nichts Fremdes, das von außen über den Menschen kommt wie eine Naturkatastrophe; er kommt aus ihm selbst. Den Krieg macht der Mensch. Aber der Hass auf den Krieg und die Sehnsucht nach Frieden sind ebenso im Wesen des Menschen verwurzelt. Und so sehen wir gleich zu Beginn dieses Buchs, dass der Krieg eine äußerst widersprüchliche, schwer zu fassende Erscheinung der menschlichen Geschichte ist. Zwischen den Gegensätzen Krieg und Frieden, Hass und Liebe, Macht und Ohnmacht bewegt sich der Mensch wie über einem Abgrund.

2. KAPITEL

Der Krieg als Spiel und Kunst

Seit es den Menschen gibt, führt er Krieg – und spielt er Krieg. Vielleicht ist das Spiel überhaupt nur veredelter Krieg. Und weil der Krieg von den Männern geführt wird, ist es gewiss kein Zufall, dass den kämpferischen Spielen viel mehr die Männer als die Frauen zugeneigt sind.

Spielen und sich bekriegen ist bei Knaben fast das Gleiche. Das interessanteste und aufregendste Spiel unserer Kindheit war das Kriegsspiel, was vielleicht auch damit zu tun hatte, dass der Zweite Weltkrieg noch nicht lange zurücklag und in den Gesprächen der Erwachsenen ein ständiges Thema war. Ab einem bestimmten Alter lief man als Junge stets »bewaffnet« durch die Gegend. Wir bauten uns Schwerter aus Holz und kämpften als Ritter gegen imaginäre feindliche Heere. Mannshohe Brennnesseln waren zum Beispiel unsere Gegner, die wir mit kühnen Streichen niedermähten. Zum Waffenarsenal, das wir uns anlegten, gehörten Steinschleudern, Speere, Pfeil und Bogen, wir hatten Fahrtenmesser und Hirschfänger am Gürtel hängen, setzten unreifes Obst als Wurfgeschosse ein, manchmal auch Steine. Später kamen Spielzeugpistolen hinzu, die wunderbar knallten. Eines Tages kamen Pistolen auf den Markt, mit denen man silberne Tonkügelchen verschießen konnte. Da war unser Kriegerglück vollkommen: endlich eine Pistole, mit der man »richtig« schießen konnte!

In gewisser Weise wiederholten wir die ganze kriegerische Menschheitsgeschichte in unseren Kriegsspielen: wir waren primitive Jäger der Vorzeit, antike und mittelalterliche Ritter, dann Indianer und Cowboys, schließlich moderne Soldaten, die durchs Gelände robbten. Irgendwo fand sich sogar ein Stahlhelm auf einem Dachboden, mit dem ich zeitweise unter meinen Gefährten großen Eindruck machte. Auch wenn es sich schrecklich anhört: die Kindheit war in ihren kriegerischen Spielen am schönsten. Nichts war aufregender, als gegen eine andere Gruppe von Jungs in den Krieg zu ziehen. Wir legten Waffenlager an, heckten Schlachtpläne aus, erfanden Wunderwaffen, die dann doch keine waren, übten uns im Zweikampf. Aber was das Erstaunliche ist: es kam nie zu ernsthaften Verletzungen. Es gab so etwas wie eine Verletzungshemmung in uns. Wenn mal einer blutete, erschrak man und stellte sofort die Kampfhandlungen ein. Man kämpfte ritterlich, ohne dass uns jemand gesagt hätte, was Ritterlichkeit ist. Zugegeben, manchmal kämpfte man auch mit fiesen Tricks.

Im Rückblick auf die kindlichen Kriegsspiele habe ich keinen Augenblick das Gefühl, dass sie sich irgendwie schädlich auf meine weitere Entwicklung ausgewirkt hätten. Das kann man schon daran ersehen, dass ich mit 18 Jahren den Kriegsdienst verweigerte und mir damit die sinnvollsten 18 Monate meines Lebens bescherte: als Zivildienstler auf der Pflegestation eines Altenheims.

Krieg ist Männersache, hatten wir gesagt. Und Kriegsspiele sind Sache der Jungs. Mädchen beteiligten sich an den Kriegsspielen nie; sie hatten andere Spiele. Solche hatten wir Jungs natürlich auch; es war nicht so, dass nur das Kämpfen unsere Spielwelt bestimmt hätte. Wir waren auch Forscher und Abenteurer, ja, an den langweiligen Sonntagen ließen wir uns sogar für die Vater-und-Mutter-Spiele der Mädchen gewinnen. Im Großen und Ganzen waren wir brave und glückliche Krieger.

Wenn man sich selbst die Frage stellt, wieso einem als Knabe das Raufen, Kämpfen und »Heldsein« so viel Freude machte, so kommt man auch wieder nur auf den einen Gedanken: das liegt halt in der Natur des »Männlichen«. Dazu gehörte zum Beispiel auch das unbedingte Pflichtgebot, sich niemals mit Mädchen zu prügeln, wofür man allerdings nur dankbar sein konnte, denn den meisten Mädchen des gleichen Alters wäre man körperlich unterlegen gewesen.

Interessant ist nun, dass in vielen Sprachen das Wort für »Spiel« auch für den ernsten Kampf mit der Waffe gebraucht wird. Wie das harmlose Spiel, so sollte auch der blutige und tödliche Kampf strengen »Spielregeln« gehorchen. Spiel ist Kampf, und Kampf ist Spiel. So findet man im Alten Testament (2. Buch Samuel, 2. Kapitel, Vers 12–16) ein schönes Beispiel für diese ursprüngliche Gleichsetzung von Spiel und Kampf. Dort heißt es: »Abner zog mit den Kriegsleuten Isch-Boschets von Mahanajim nach Gibeon. Auch Joab kam mit den Kriegsleuten Davids dorthin; beim Teich von Gibeon trafen sie zusammen. Die Männer Davids setzten sich auf der einen Seite des Teichs nieder, die Männer Isch-Boschets auf der anderen. Abner sagte zu Joab: ›Unsere jungen Leute könnten hier zu einem Kampfspiel antreten!‹ Joab war damit einverstanden. Zwölf junge Männer traten für Isch-Boschet und den Stamm Benjamin an, und zwölf von den Männern Davids stellten sich ihnen gegenüber. Die Kämpfenden packten sich gegenseitig an den Haaren, und jeder stieß seinem Gegner das Schwert zwischen die Rippen, so dass alle gleichzeitig umkamen.« Das tödliche Spiel funktioniert nur, wenn alle sich streng an die Spielregeln halten. Jeder muss auf die Sekunde genau zustoßen. Ein offener Kampf würde anders ausgehen. Dieses Kampfspiel, das mehr einem Opferritual gleicht, ist freilich nur der Auftakt zu einem heftigen Kampf zwischen beiden Gruppen, der Hunderte das Leben kostet.

In unserem heutigen Verständnis ist solch ein Spiel gar keines; wir sehen darin nur ein gegenseitiges Abschlachtungsritual. Dieses Spiel wäre für uns blutiger und obendrein sinnloser Ernst. Doch zu biblischen Zeiten wurde es Spiel genannt und auch als solches verstanden. Im hebräischen Urtext steht für dieses Spiel das Wort »sahaq«, das zunächst »Lachen« oder »scherzend sich mit etwas Beschäftigen«, aber auch »Tanzen« bedeutet. Es war wohl so, dass in vielen alten Kulturen, nicht nur in der semitischen, das Kämpfen vom Spielen nicht streng unterschieden war. Das Gleiche gilt für die Jagd und das Spiel, ebenso für das Opfer und das Spiel. So kannten auch die alten Griechen den Zweikampf bis auf den Tod, so etwa während der Feste in Olympia, wie man überhaupt sagen muss, dass die antike griechische Kultur eine des fortwährenden Wettkampfs war. Die Griechen nannten solch einen tödlichen Wettstreit »agon« – die »Agonie« ist der Todeskampf. Er gehörte in den Rahmen des Fests und des Spiels und hatte enge Beziehung zur Götterwelt. Damit war der Wettstreit eine heilige Handlung und also Teil des religiösen Kults.

Der Kampf als Sache der Ehre

Kampf, Spiel, Opfer, Kult und Krieg gehören seit Urzeiten zusammen. Dass ein Spiel mit dem Tod der Spieler endete, war nebensächlich. Auch die Jagd nahm in frühen Gesellschaften oft Spielform an, worin die Gemeinschaft ihre Deutung des Lebens und der Welt zum Ausdruck brachte. Wer weiß, ob die menschliche Kultur in ihren ursprünglichen Phasen nicht durch und durch spielerisch war? Das Leben – ein von den Göttern gelenktes Spiel, in welchem die Menschen nur Spielfiguren sind.

Im sportlichen Wettstreit hat sich die enge Verbindung von Spiel und Kampf bis heute bewahrt. Das Ziel ist, zu gewinnen, der Erste zu sein und als solcher geehrt zu werden. Die Medaille für den siegreichen Sportler ist eng verwandt mit dem Orden für den tapferen Soldaten. Im Krieg wie im Spiel geht es auch um die Ehre, um Tugend, Edelmut und Ruhm. So war das Leben des jungen adeligen Kriegers im Mittelalter ein beständiges Üben an der Waffe, aber ebenso ein Einüben in die Tugendhaftigkeit. Und es war ein beständiger Kampf um die Ehre der hohen Geburt. So wurden gerade im Rittertum – freilich nur in seiner Blütezeit – Spiel, Kampf und Krieg aufs höchste kultiviert. Das Ritterturnier war das Kriegsspiel schlechthin – ein Kriegstheater, das vor der kleinen adeligen Oberschicht aufgeführt wurde mit den höfischen Damen in der ersten Zuschauerreihe. Das Turnier war der spielerische Krieg in Friedenszeiten. Turniere waren eine Art von Arbeitsbeschaffungsmaßnahme für arbeitslose und gelangweilte Ritter. Das mittelalterliche Turnier verlief in der Regel unblutig, aber es soll in seiner frühesten Form durchaus blutiger Ernst gewesen sein, bei dem so mancher Zweikampf tödlich endete.

Das Ritterturnier mit seinen festen Regeln und der Vorstellung vom Kampf als einer heiligen Pflicht, einer Sache der Ehre, wirkte sich durchaus prägend auf die Kriegführung der Ritterzeit aus. Auch die Schlacht bewahrte etwas von einem Spiel und vom Zweikampf zwischen Gleichen. In der ritterlichen Schlacht kämpfte Ritter gegen Ritter – ein massenhafter Zweikampf, wenn man so will. Es kam auch vor, dass als Vorspiel zur Schlacht die Tapfersten eines jeden Heeres den Feind herausforderten. Man wollte darin gleichsam das Schicksal auf die Probe stellen, eine Art göttliches Orakel sprechen lassen. Manchmal ersetzte ein Zweikampf sogar die Schlacht. Als in Spanien die Vandalen im 5. Jahrhundert von den Westgoten bedrängt wurden, ließ man den Streit durch zwei einzelne Kämpfer entscheiden. Nicht selten waren es die

Heerführer selbst, die gegeneinander antraten. Solche Zweikämpfe wurden als Gottesurteile gewertet.

Indem der Kampf als eine Sache der Ehre verstanden wurde, war auch klar, dass in der Schlacht keine unehrenhaften Mittel zum Einsatz kamen. Man suchte nicht aus einem plötzlichen Überfall Vorteile zu ziehen oder den Gegner in einen Hinterhalt zu locken. Man vereinbarte vielmehr Zeit und Ort der Schlacht, denn »den verabredeten Augenblick nicht abwarten, den Feind in die Enge treiben, das ist feige«, heißt es in einer alten Schrift. Man legte Wert darauf, sich auf höfliche Art umzubringen.

Der Krieg unterschied sich in alter Zeit durch eine gewisse Feierlichkeit von anderen Formen des Kampfes, die es ja auch gab: Raubüberfälle, Menschenjagd, Meuchelmord. Im Krieg ging es um Höheres, um ein allgemeines Kräftemessen unter göttlicher Oberaufsicht. Das änderte nichts daran, dass auch die ehrenvollste Schlacht letztlich ein furchtbares Gemetzel war. Blutige Gewalt lässt sich nun mal schwer in eine edle Form fassen.

Ritterlichkeit war wohl schon damals ein Ideal, das oftmals an der rauen Wirklichkeit zerbrach. Denn der Wille zu siegen und sein eigenes Leben zu erhalten, ist im Kämpfenden meist stärker als jedes Ehrgefühl. Die Spielregeln des Kriegs waren ohnehin sehr eng um den eigenen Kreis der Gleichen gezogen. Den Ritter beseelte das Gefühl der Ehre, wenn er einem anderen Ritter gegenüberstand. Sobald der Kampf aber gegen jene gerichtet war, die als minderwertig angesehen wurden – man nannte sie Barbaren –, waren die Spielregeln vergessen. Das lässt sich bis zu den Kriegen der Moderne beobachten: wird der Gegner zum Untermenschen erklärt, gibt es kein Halten mehr beim Verüben von Grausamkeiten. Wenn der Krieg jegliche Verbindung zum Spiel und zum Wettkampf verliert, dann wird er barbarisch und menschenverachtend.

So ist in den schrecklichen Kriegen des 20. Jahrhunderts nur noch ein schwacher Schimmer der alten ritterlichen Spielhaltung zu beobachten, und dieser war letztlich unbedeutend angesichts der Massenmorde, die begangen wurden. Dennoch wäre es falsch, das Ideal der Ritterehre als vollkommen bedeutungslos für die Kulturentwicklung der Völker hinzustellen. Wenn es auch größtenteils Phantasie und Wunschdenken war, so hat es doch in der Erziehung und im öffentlichen Leben unterschwellig gewirkt und das ethische Niveau von Gesellschaften angehoben. Freilich sollte man nie so weit gehen, den Krieg als großen Erzieher der Völker hinzustellen. Das mag für das Rittertum eine Zeit lang gegolten haben, aber die hohe Zeit der Ritter ist lange vorbei.

Der Krieger als Künstler

Erstaunlicherweise ist im Abendland das Kämpfen – ob mit oder ohne Waffe – niemals zu einer hohen Kunst ausgestaltet worden. Von einer Schwertkunst in der christlichen Ritterschaft ist nichts überliefert. Dafür war das Christentum wohl zu wenig philosophisch. Ein europäischer Ritter lernte sein Handwerk als ein geschicktes Dreinhauen, aber es fehlte eine Philosophie des Kämpfens. Die asiatische Sicht der Schwertkunst ist anders: Es geht um hohe technische Fertigkeit, aber noch mehr um tiefe geistige Erkenntnis. Beides muss eine Einheit bilden; eines bedingt das andere. In Japan und China war das Rittertum von Anbeginn mit der buddhistischen oder taoistischen Philosophie verbunden. In beiden Philosophien sind Leben und Tod nicht zweierlei Dinge. Vom Samurai, dem japanischen Ritter, wird, wenn er seiner Berufung treu sein will, verlangt, dass er sich über die Frage von Geburt und Tod, von Werden und Vergehen erhebt und jeden

Augenblick bereit ist, sein Leben hinzugeben. »Das Schwert ist die Seele des Samurai«, heißt es; es wird damit zum Sinnbild seiner Treue und Selbstaufopferung, seiner Ehrfurcht, seinem Wohlwollen und seiner Hingabe an den Glauben. Denn auch Philosophie und Religion sind im östlichen Denken eins. Auch das Schwert des Samurai hat eine eigene Seele; nur so kann es zur Seele des Samurai werden. Das verlangte wiederum nach einer Philosophie der Schwertschmiedekunst. Die japanischen Schwertschmiede waren berühmt und hatten einen fast priesterlichen Rang.

Für den Samurai ist das Schwert nicht nur ein todbringender Gegenstand, sondern vielmehr die Verkörperung des Lebens; es vertritt all jene Kräfte, die für das geistige Wohl auf Erden wirken, indem es jene bösen Mächte bekämpft, die sich dem Frieden, dem Recht und der Menschlichkeit entgegenstellen. Der Kampf selbst ist letztlich keiner auf Leben und Tod, sondern er dient stets nur dem Leben, auch wenn der Krieger dabei zu Tode kommt. Im Kampf selbst ist der Kämpfende jedoch ohne solche Gedanken; der Geist des Kämpfenden ist leer. Der Samurai kämpft intuitiv, jede Bewegung geschieht wie von selbst und um ihrer selbst willen. Kämpfen ist Kunst, nicht anders als Malen, Musizieren, Tee trinken oder Blumen in einer Vase arrangieren. Kämpfen ist ein Weg unter anderen, die Wahrheit zu finden, Weisheit zu erlangen. Der Kämpfer hat nur eines vor Augen: kämpfen und dabei weder rückwärts noch seitwärts zu schauen. Geradeaus schauen und voranschreiten, um den Gegner zu besiegen, ist alles, was von einem Samurai-Krieger verlangt wird. Um diese Aufgabe erfüllen zu können, muss er im Geist und im Körper vollkommen unbelastet sein. Hinter dem Krieger steht eine Philosophie oder Religion der Willenskraft und eisernen Disziplin. Ohne diese Grundlage ist keine Meisterschaft möglich.

Gewiss war auch der christliche Ritter bemüht, in der Führung seiner Waffe zu möglichst großer Meisterschaft zu gelangen, auch waren ihm Pflicht und Treue zum Herrn oberstes Gebot, ebenso die Fairness gegenüber dem Gegner. Doch ein Samurai ging viel weiter in seinem Bemühen. Er kämpfte in erster Linie gegen sich selbst, gegen die eigenen Schwächen, gegen Bosheit, Gier, Zorn, Torheit und was immer den Menschen vom rechten Weg abbringt. Die Schwert- oder Bogenführung war Selbstführung, eben weil Schwert und Bogen Symbole für seine Würde und Ehre waren. Die Übung an der Waffe diente nicht nur einem praktischen Zweck, sondern sie war zugleich das Mittel, den Kämpfer geistig und sittlich tüchtig zu machen. Bezeichnenderweise trug der Samurai zwei Schwerter: ein langes für den Kampf mit dem Gegner und ein kurzes zur Selbsttötung, wenn diese geboten war.

Leer geworden von allen Gedanken und Gefühlen, vor allem jenen, die aus Furcht entstehen, befreit von aller Unsicherheit und ohne jeden Willen, hat der Kämpfende kein Bewusstsein mehr davon, wie er kämpft. Vor allem kämpft er nicht mit Wut im Bauch, denn die Wut treibt einen mit absoluter Sicherheit ins Schwert des Gegners. Das klingt alles sehr mystisch – und das ist es auch. Kämpfen ist in diesem Verständnis ein zutiefst religiöser Erkenntnisweg. Das erstaunt umso mehr, als der Buddhismus, wie jede Religion, die Liebe und die Gewaltlosigkeit, nicht zuletzt das Mitleid mit allen Lebewesen predigt. Dieser Widerspruch wird vom Samurai ausgehalten, indem er seine Kampfkunst in den Dienst der guten Sache stellt. Dabei ist er sich stets bewusst, dass die höchste Form des Kampfes darin besteht, nicht zu kämpfen. Denn wozu kämpfen, wenn wir ohnehin alle sterben müssen? Buddha sagte, dass es keine Konflikte und Kriege mehr geben würde, wenn sich jeder seiner eigenen Sterblichkeit bewusst wäre.

Sun Tsus Lehre vom Krieg

Wo eine Kultur wie die chinesische oder japanische den Krieger zum Künstler erhöht, liegt es nahe, auch den Krieg zu einer Kunst zu erheben. »Die Kunst des Kriegs« nennt sich in der Tat eine berühmte Schrift, die der chinesische Philosoph und General Sun Tsu (auch Sunzi) im 5. Jahrhundert v. Chr. verfasst hat. Sie ist ganz im Stil des Taoismus geschrieben, jener alten chinesischen Philosophie mit der zentralen Lehre von den widerstreitenden und sich ergänzenden Kräften Yin und Yang, die in allen Dingen und im Kosmos als Ganzem wirksam sind. Der Taoismus gibt Anweisungen, wie diese gegensätzlichen Kräfte in Harmonie zu bringen sind, damit wir alle in uns schlummernden Kräfte entfalten können.

Sun Tsus Werk wird gemeinhin als erster und genialster Versuch betrachtet, eine allgemeine Strategie des Kriegs zu entwerfen. Unter »Strategie« versteht man die Lehre von der Führung der Truppen und der Planung eines Kriegs. Aber bei Sun Tsu ist es mehr. Seine Lehre lässt sich auf alle Gebiete zwischenmenschlichen Handelns anwenden, in denen unterschiedliche, vor allem auch gegensätzliche Interessen und Ziele aufeinander prallen, es also zu Konflikten zwischen Einzelnen oder ganzen Gruppen kommt. Was habe ich zu tun, um mit meinen Ideen und Aktionen zum Erfolg zu kommen?, lautet die grundlegende Frage.

Sun Tsu schrieb sein Werk in einer Zeit fortwährenden Bürgerkriegs, als in China gleich mehrere Königreiche während zweier Jahrhunderte um die Vorherrschaft stritten und das Land verwüsteten. Man spricht von der Zeit der »Streitenden Reiche«. Es war eine Zeit des Zusammenbruchs der alten Ordnung, die fünfhundert Jahre lang durch die kaiserliche Zhou-Dynastie gewährleistet worden war.

Als General wusste Sun Tsu, wovon er schrieb. Er kannte den Krieg mit all seinen Schrecken – und er erkannte ihn als die schwerste Krankheit, von der ein Volk befallen werden kann. So könnte man seine »Kunst des Kriegs« durchaus mit einer Heilkunst vergleichen. So wie jene Heilkunst die beste ist, die eine Krankheit erst gar nicht entstehen lässt, so ist für Sun Tsu jene Kriegskunst die beste, die es zu einem Waffengang erst gar nicht kommen lässt: »Die Armeen der anderen ohne Kampf zu besiegen, darin liegt das höchste Geschick«, schreibt Sun Tsu. Die höchste Kunst des Kriegs ist Friedenskunst. Sun Tsu lehrt die Kunst des Kriegs als einer, der den Krieg ablehnt.

Wie in der Heilkunst, so gibt es für Sun Tsu auch in der Kriegskunst verschiedene Stufen der »Therapie«. Am besten ist es, die Pläne des Feindes herauszubekommen und zu durchkreuzen (medizinisch: die Widerstandskräfte stärken). Der zweitbeste Weg ist, Bündnisse des Feindes mit anderen Mächten zu verhindern durch eigene geschickte Bündnispolitik (medizinisch: Ansteckung vermeiden). Die nächste, schon fragwürdige Stufe besteht darin, das feindliche Heer anzugreifen (medizinisch: Arznei einnehmen). Am schlechtesten aber ist es, Städte des Feindes zu belagern (medizinisch: eine schwierige Operation wagen).

Sun Tsu steht, wie schon erwähnt, ganz in der Tradition des Taoismus, indem er stets die widerstreitenden Seiten einer Sache berücksichtigt. Man kann in einem Krieg siegreich sein, sagt Sun Tsu, aber fast jeder Krieg wirkt sich auch auf den Sieger zerstörerisch aus. Und er bringt dem Sieger nur selten das, was er sich erhofft hat. Der Sieg wird dem Sieger überhaupt nur dann zum Vorteil gereichen, wenn er ohne Zorn, Habgier, Ehrgeiz oder gar Rachsucht geführt wird, sondern nüchtern, zurückhaltend, ruhig und gelassen. Wie der einzelne Krieger ohne Gefühle und Gedanken kämpfen sollte, so sollte auch der Feldherr in die Schlacht ziehen: in seinem Innern unberührt. »Sei unendlich fein und subtil, ja geh bis an die Grenze der Formlosigkeit. Sei unendlich rätselhaft, ja geh bis an die Grenze der Lautlosigkeit. So kannst du das Schicksal deiner Gegner bestimmen.« Hier spürt man deutlich die Philosophie der Zurückhaltung, die für den Taoismus so typisch ist.

Ein Erfolg im Krieg oder in einer anderen Unternehmung hängt nur von dem Wissen ab, was wann und wo zu tun ist – und nicht zu tun ist. Die Kriegskunst ist auch eine Kunst des Nichthandelns, Abwartens, Ausweichens. Doch Sun Tsus Denken verharrt nicht im Allgemeinen, sondern gibt konkrete Anweisungen für die richtige Strategie der Kriegführung. Bei jeder militärischen Unternehmung sollten fünf grundlegende Dinge genau beurteilt werden, ehe gehandelt wird: der Weg, das Wetter, das Gelände, die Führung und die Disziplin. Mit »Weg« ist hier allerdings die politische Führung gemeint, der das Heer unterstellt ist, beziehungsweise das Verhältnis von politischer Führung und Volk. Im taoistischen Verständnis muss eine rechtmäßige Regierung vom Geist des Tao durchdrungen sein; nur dann wird man das Volk dazu bewegen können, das gleiche Ziel wie die Führung zu verfolgen. Ohne diese Einheit von Volk und politischer Führung werden auch die militärischen Operationen gegen einen äußeren Feind erfolglos bleiben. Ohnehin darf niemals das Militär über Krieg und Frieden entscheiden. Andererseits sollte sich eine Zivilregierung niemals aus der Ferne unwissend in das Kommando auf dem Kriegsschauplatz einmischen. Dass das Wetter für einen Feldzugsplan von Bedeutung ist, leuchtet sofort ein, aber dieses lässt sich über längere Zeit nicht vorhersagen, weshalb ja Schlachten zu allen Zeiten bei jedem Wetter stattgefunden haben. Doch Sun Tsu denkt bei »Wetter« ohnedies an etwas anderes: man soll die Männer nicht zur falschen Jahreszeit für einen Krieg einziehen, wenn deren Kräfte für die Bewirtschaftung des Landes benötigt werden. Begibt man sich auf Feldzügen in fremdes Gebiet, sollte vorher das Gelände von einheimischen Führern genau erkundet werden. Die militärische Führung sollte die alten überlieferten Tugenden verkörpern: Intelligenz, Menschlichkeit, Vertrauen, Mut und Strenge: »Verlässt du dich allein auf deine Intelligenz, so mündet dies in Widerspenstigkeit. Lässt du allein Menschlichkeit walten, so mündet dies in Schwäche. Ist für dich Vertrauen am wichtigsten, so mündet dies in Torheit. Verlässt du dich allein auf die Stärke deines Mutes, so mündet dies in Gewalt. Befehligst du deine Truppen mit übermäßiger Strenge, so mündet dies in Grausamkeit. Wenn du über alle fünf Tugenden verfügst und jede ihrer Funktion entsprechend einsetzt, dann kannst du ein militärischer Führer sein.«

Nachdem diese fünf Grundbedingungen für eine starke Militärmacht dargelegt wurden – über die Bewaffnung und Stärke der Truppen wird kein Wort verloren –, befasst sich Sun Tsu mit der erfolgreichen Bekämpfung des Feindes. Hierbei misst er der Kunst des Täuschens und Verwirrens höchste Bedeutung bei: »Jede militärische Handlung beinhaltet Täuschung. Selbst wenn du fähig bist, erscheine unfähig. Selbst wenn du tätig bist, erscheine untätig.« Zur Täuschung kommt die Überraschung hinzu. Das setzt freilich voraus, dass man den Gegner genau kennt, während man selbst für ihn möglichst unbekannt bleibt. Geheimhaltung und Irreführung sind von allerhöchster Bedeutung in der Kriegskunst. Damit werden die alten ritterlichen Ideale des offenen, fairen Kampfs zwischen gleichwertigen Gegnern aufgekündigt.

Grundsätzlich sollte der Kampf gegen einen wesentlich stärkeren Gegner vermieden werden. Man sollte, wenn ein solcher angreift, ständig vor ihm zurückweichen, um ihn langsam zu zermürben. Gleichzeitig warnt Sun Tsu davor, einen Krieg zu sehr in die Länge zu ziehen, vor allem, wenn er weit entfernt von der

Heimat stattfindet. In diesem Fall sollte stets darauf geachtet werden, im Feindesland möglichst wenig Zerstörung anzurichten und »nicht alles und jedes, das im Weg steht, zu vernichten«. Zu Sun Tsus Zeiten war übrigens der Sprengstoff in China schon bekannt, wurde aber nicht militärisch eingesetzt, sondern ausschließlich bei friedlichen Feuerwerken. Das ist vermutlich der einzige Fall in der Menschheitsgeschichte, dass man ein Kampfmittel wegen seiner Gefährlichkeit *nicht* einsetzte. Einen Gegner in die Luft zu sprengen, widersprach den taoistischen Ehrgesetzen des Kriegerstands.

Wie schon gesagt: Das Beste ist, ohne Kampf zu siegen. Wenn das nicht möglich ist, muss man versuchen, den Feind gleich zu Beginn zu überwältigen, indem man seine Pläne auskundschaftet und vereitelt. Wenn auch das nicht möglich ist, sollte der Gegner isoliert und in eine aussichtslose, nämlich bündnislose Lage versetzt werden. Wenn der Kampf aber unausweichlich ist, sollte nur dann gekämpft werden, wenn man sich des Sieges sicher ist. Siegen wird nur derjenige, der genau weiß, wann er kämpfen muss und wann nicht. Wer sich selbst und den Gegner genau kennt, kann nicht verlieren, meint Sun Tsu. Man greift natürlich den Gegner grundsätzlich nicht dort an, wo er am stärksten ist, sondern wartet auf eine Schwäche oder einen Fehler der anderen Seite. Doch auch der geschwächte und zurückweichende Gegner kann plötzlich gefährlich werden, und zwar dann, wenn er sich in die Enge getrieben weiß und der Mut der Verzweiflung in ihm ungeahnte Kräfte freisetzt. Deshalb Sun Tsus Rat: »Halte eine Armee, die sich auf dem Rückzug befindet, nicht auf. Lass ihr einen Ausweg offen, wenn du eine Armee umzingelst. Treibe einen verzweifelten Feind nicht in die Enge.«

Der Krieg in der Kunst

Im Gegensatz zur Kultur des Ostens hat der Westen keinerlei Kriegskunst entwickelt, obwohl das Wort »Kriegskunst« bis ins 19. Jahrhundert auch bei uns durchaus gebräuchlich war. Aber spätestens seit dem Ersten Weltkrieg sprach niemand mehr von Kriegskunst. Doch auch früher verstand sich wohl kein Feldherr einer europäischen Armee als Kriegskünstler, nicht mal der große Napoleon.

Lesen wir in Sun Tsus Buch über den Krieg, so haben wir nicht das geringste Problem, die gewalttätige Aktion, die der Krieg ist, dem Bereich der Künste zuzuordnen, wie es uns auch nicht schwer fällt, von einer Kunst des Schwertkampfs, des Bogenschießens oder ganz allgemein von Kampfkünsten zu sprechen. Das hat damit zu tun, dass die tief philosophischen Religionen, die dahinterstehen, also Buddhismus und Taoismus, äußerst friedliebend sind. In ihnen nimmt die Achtung vor dem Leben einen hohen Rang ein. Alle Kampfkünste, und in gewisser Weise auch die Kriegskunst, sind ihrem tiefsten Wesen nach Kampfvermeidungskünste. Niemals wird ein »Kampfkünstler« sein Können dazu verwenden, andere anzugreifen; der Kampf wird nie von ihm ausgehen. Kriegskunst setzt eine Ethik des Kämpfens voraus.

Der Krieg aber hat noch eine andere Beziehung zu den Künsten, insofern die schönen Künste sich den Krieg bereitwillig zum Thema nehmen. Das hat mit den elementaren Mächten zu tun, die in Kriegen zum Ausbruch kommen. Der Krieg ist eine der ganz großen Katastrophen, von denen der Mensch heimgesucht werden kann. Er liefert großartigen, erschütternden Stoff für Literatur und bildende Kunst, ebenso für Musik, Tanz und Film. Geschichten vom Krieg sind extrem und deshalb besonders gut geeignet, Spannung und Emotion zu erzeugen. Auf einen Homer,

Shakespeare oder Kleist – und viele andere – übte der Krieg eine starke dichterische Anziehungskraft aus; er stimulierte ihre künstlerische Phantasie aufs höchste. Alle alten literarischen Meisterwerke, die vom Krieg handeln, sind Lobgesänge auf all jene, die im Kampf ihr Leben riskierten und heldenhaft in den Tod gingen. Bei modernen Kriegsbüchern ist es meist umgekehrt: in ihnen wird die Sinnlosigkeit des Kriegs und die Fragwürdigkeit des Heldentums geschildert. Im Zweiten Weltkrieg gab es nur noch die unbesungenen Helden, etwa jene des Widerstands gegen Hitler, die ihr eigenes Leben riskierten, um andere zu retten. Mag sein, dass deutsche Soldaten heldenhaft kämpften, aber sie kämpften in der falschen Armee – und damit war auch ihr Heldentum falsch. In totalen Kriegen gibt es Helden nur noch unter den Zivilisten – oder unter jenen Militärs, die ihr Leben einsetzen, um den Wahnsinn zu beenden. So haben wir in Deutschland die Helden des Widerstands gegen den Nationalsozialismus, wir haben all jene unbekannten Helden, die Juden und andere Verfolgte vor der Vernichtung bewahrten, indem sie sie versteckten oder ihnen die Flucht ermöglichten. Diese »stillen Helden« widerlegen all jene, die behaupten, man habe damals nichts tun können. Man konnte etwas tun, wenn man den Mut dazu hatte. Dieser Mut musste in der Tat sehr groß sein, denn man setzte sein eigenes Leben aufs Spiel. Aber das schreibt sich als Nachgeborener alles so leicht hin. Dabei weiß man, wie schwer es schon unter demokratischen Verhältnissen ist, mutig zu sein ... Aber nun sind wir abgeschweift.

Von den Kriegsbüchern war die Rede. Die großen erzählenden Kriegsbücher der modernen Literatur sind allesamt Anti-Kriegsbücher. Der erste deutsche Anti-Kriegsroman wurde allerdings schon im 17. Jahrhundert geschrieben: der »Simplicissimus« von Grimmelshausen. Auf satirische Weise wird der Krieg als Wahn und elementare Rohheit geschildert. Ältere Kriegsbücher der Weltliteratur preisen den Krieg als eine göttliche Elementarmacht, die als eine Art Naturgewalt über die Menschen hereinbricht, wobei Gott und die Götter die Regie führen. Der Urmythos unserer Kultur, die Bibel, ist, wie schon erwähnt, in weiten Teilen ein Kriegsbuch, und es ist niederschmetternd, wenn man sieht, dass auch heute im Heiligen Land mit geradezu alttestamentarischer Grausamkeit Krieg geführt wird nach dem Prinzip »Auge um Auge, Zahn um Zahn«. Das Urepos unserer Kultur, die »Ilias« des Homer, ist ebenfalls ein Kriegsbuch, wobei die großartigsten Helden am Ende alle scheitern. Der wahre Held der Literatur ist der tragische Held. An unzähligen Beispielen könnte man zeigen, wie sich dieses literarische Erbe durch die Jahrhunderte fortgepflanzt hat.

Was für die Literatur gilt, gilt auch für die Malerei: sie ist voller Kriegsbilder, angefangen bei den Reliefs an altägyptischen Tempeln oder den Fresken des Parthenon-Tempels auf der Akropolis von Athen. Da sind die berühmten Schlachtengemälde des Piero della Francesca in S. Francesco zu Arezzo, bei denen die ganze Bildfläche bis nahe an den oberen Rand von Kampfgetümmel ausgefüllt ist. Obwohl die Zahl der Kämpfenden, die wir wirklich sehen, nicht sehr groß ist, arbeitet die Einbildungskraft des Betrachters ganz von selbst an der Vorstellung eines unentwirrbaren Zusammenpralls großer Menschenmassen. Oder Tintoretto! Er war der Kriegsmaler der Republik Venedig. Dann Rubens, der versuchte, in seinen Schlachtenbildern den Krieg an sich zu gestalten, etwa in dem berühmten Gemälde »Amazonenschlacht«, in der sich seine Kriegsphantasien austobten. Aber das ist idealisierter mythischer Krieg. Den wirklichen, das heißt schrecklichen Krieg haben andere bildnerisch dargestellt, etwa der Franzose Jacques Callot (1592–1635), der die ganze Verrohung des Dreißigjährigen Kriegs getreulich in seinen Bildern überliefert hat. Ganz ähnlich zeigte der spanische Maler Francisco de Goya (1746–1828) den

Krieg: grausam und brutal. Das ganze Schreckenswesen des Kriegs kommt in seiner Radierfolge »Desastres de la Guerra« zum Vorschein, wie Goya es während des Eroberungskriegs der Franzosen in Spanien miterlebt hatte. Doch Goyas verstörende Bilder sind mehr als nur Chroniken eines realen Bürgerkriegs. Er klagt darin jeden gewesenen und kommenden Krieg an. Er weist jeden höheren Zweck des Kriegs entschieden zurück. Er will der Menschheit die Augen öffnen und den Krieg (jeden Krieg!) in seiner ganzen Abscheulichkeit zeigen: als ein einziges Morden, Foltern, Vergewaltigen, als die Enteignung jeglichen Mitleids dem Feind gegenüber, als Aufkündigung aller Zivilisiertheit. Das hat nach ihm keiner mehr auf so eindringliche Weise vermocht, außer vielleicht Pablo Picasso (1881–1973) mit seinem gewaltigen Gemälde »Guernica«.

Wie in der Literatur und Malerei, so ist auch in der Filmkunst der Krieg ein immer wiederkehrendes Thema. Dabei hält man sich nicht streng an geschichtliche Fakten, sondern strickt eifrig am Mythos vom Heldentum. Wir bewundern im Kino die Helden der Antike und der mittelalterlichen Sagenwelt genauso wie einfache Soldatenschicksale aus unserer Zeit. Selbst entschiedene Kriegsgegner haben keine Probleme, sich im Kino von einem Kriegsfilm wie »Der Herr der Ringe« faszinieren zu lassen. Der Krieg erscheint in solchen Filmen als eine Art Schicksalsmacht, der der Mensch aller Zeiten ausgesetzt ist. Es ist der ewige Kampf zwischen Gut und Böse, wobei auf der Leinwand immer klar ist, wer welcher Seite zugehört. In den wirklichen Kriegen hingegen sind die Guten und Bösen nicht immer deutlich voneinander getrennt. In vielen Produktionen Hollywoods überschreitet die Verherrlichung des Kriegs die Grenze des Erträglichen. Es werden undisziplinierte, geistig gestörte Figuren – etwa ein »Rambo« – geschaffen, die ein falsches und verlogenes Bild des Helden zeigen. Bedenklich daran ist auch, dass man Szenen von menschlichem Leid und Tod im Rahmen einer vergnüglichen Freizeitveranstaltung zu sehen bekommt, bei der man nebenbei Popcorn verzehrt, Cola trinkt und überhaupt seinen Spaß hat. Die bildlich dargestellte Gewalt wirkt dabei wie ein Magnet, dessen Anziehungskraft man sich gerade als männlicher Jugendlicher kaum entziehen kann. Gewalt und Vergnügen gehen hier eine unselige Verbindung ein.

Im Grunde ist kein schärferer Gegensatz als der zwischen dem Künstlerischen und dem Kriegerischen denkbar. Denn die Kunst ist schöpferisch, der Krieg zerstört. Andererseits schafft der Krieg jede Menge Erzählstoff, der sich wie kaum ein anderer zur künstlerischen Ausgestaltung eignet. Es stimmt also nicht, was die alten Römer meinten, dass der Lärm der Waffen die Musen zum Schweigen bringt. Von jeher sind Schriftsteller und Maler zu den Schlachtfeldern geeilt, um sich inspirieren zu lassen, so etwa der junge Goethe, der im Sommer 1792 den ersten französischen Revolutionskrieg beobachtete und die berühmte Kanonade von Valmy miterlebte. Mit ihr leitete das französische Revolutionsheer den erfolgreichen Vormarsch gegen die Österreicher und Preußen ein.

Andererseits war der Krieg stets ein Feind der Künste, weil er zahllose Künstler, die zum Heeresdienst einberufen wurden, auf der Höhe ihrer Schaffenskraft in den Tod gerissen hat. Und wer weiß, wie viele geniale künstlerische Begabungen dem Krieg zum Opfer gefallen sind, ohne dass es ihnen vergönnt war, sich zu entfalten und zu wirken?

Eine besondere, nämlich in gleichem Maße schöpferische wie zerstörerische Beziehung hatte der Krieg seit frühester Zeit zur Baukunst. Denn wo der Krieg Bauwerke zerstörte, wurden in Friedenszeiten neue errichtet. Auf einen getreuen Wiederaufbau der durch den Krieg vernichteten Bauten legte man selten Wert; meist war man dazu aus technischen Gründen auch gar nicht in der Lage. Erst die Neuzeit mit ihren exakten Forschungsmethoden hat überhaupt die Möglichkeiten geschaffen, exakte Kopien von zerstörten Bauwerken anzufertigen. Genaueste Messungen, detaillierte Aufzeichnungen und photographische Aufnahmen sowie die Fertigung von Abgüssen sind unabdingbare Voraussetzungen zur Wiederherstellung eines zerstörten Bauwerks. Doch die Menschen früherer Jahrhunderte hatten gar nicht das Verlangen, das im Krieg Zerstörte in alter Form wieder aufzubauen; es fehlte ihnen dafür der historische Sinn. Man baute lieber neu. Es ist ja auch äußerst mühselig, Kopien von Gebäuden herzustellen; hingegen lässt sich etwas Neues frei und unbeschwert schaffen. Man darf sogar davon ausgehen, dass so manche Zerstörung durch Krieg durchaus willkommen war, weil zahlreiche Bauwerke aus vergangener Zeit nicht mehr dem veränderten Formgefühl entsprachen. Der Krieg hatte so mit seiner rücksichtslosen Zerstörung die Bahn für Neues frei gemacht. Die Baukunst triumphierte zu allen Zeiten auf den Trümmern des Alten. Die Zerstörungen eines Kriegs ergreifen ja selten nur einzelne Bauwerke, meist fallen Stadtviertel oder ganze Städte seiner Gewalt zum Opfer. So wurde zum Beispiel das völlig niedergebrannte Athen nach der siegreichen Abwehr der Perser unter der gemeinsamen Arbeit genialer Baumeister reicher und herrlicher wieder aufgebaut. Viele der schönsten Plätze, die wir heute in alten Städten bewundern, sind nach Kriegen als Gesamtkunstwerke gestaltet worden. Viele Städte sind überhaupt erst nach Kriegen gegründet worden, nicht selten von den siegreichen Eroberern. Die ägyptische Stadt Alexandria ging aus der Unterwerfung Ägyptens durch den großen Makedonier-König Alexander hervor.

Doch der Krieg hat die Baukunst und den Städtebau noch auf andere Weise geprägt: man baute wehrhafte Häuser und Städte, weil man immer damit rechnen musste, von Feinden angegriffen zu werden. Also baute man so, dass die Bürger auch bei einem überraschenden Überfall zur sofortigen Abwehr in der Lage waren. Schon bei der Gründung einer Siedlung wählten die Menschen einen Ort, dessen natürliche Gegebenheiten bei der Verteidigung ganz von selbst mithelfen würden. Hügel, vor allem, wenn sie steil ansteigen, wurden bevorzugt. Besonders günstig waren Hügel, die zu einem Fluss hin abfielen. So konnte man das Land weithin überschauen und war zumindest auf einer Seite durch den Flusslauf geschützt. Das flache, offene Land wurde gemieden. In den Dörfern und Städten drängten sich die Häuser aneinander und wurden von einem engen, schirmenden Mauerring umgeben. Oft hatten die Häuser selbst Schutzwehre. So haben alte Städte auch heute noch etwas von einer Festung. Manchmal haben sich sogar ganze Reiche gegen äußere Feinde durch eine gewaltige Mauer zu schützen versucht; davon zeugen noch heute die Reste der Chinesischen Mauer, mit der sich das chinesische Reich zu Zeiten seiner höchsten kulturellen Blüte (3. Jahrhundert v. Chr.) gegen nördliche Grenzvölker zu schützen versuchte. An ihr wurde über Jahrhunderte hinweg gebaut. Sie ist 6250 Kilometer lang.

Aber nicht nur das Bedürfnis nach Schutz vor feindlichen Angriffen prägte den Städtebau bis in die Moderne hinein, sondern ebenso das Gefühl überlegener Kraft nach gewonnenen Kriegen. Siegreiche und mächtige Völker statteten ihre Städte mit Prachtbauten aus, die aller Welt verkünden sollten: Seht her, das alles hat ein Volk hingestellt, das die Welt beherrscht, weil ihm die Herrschaft gebührt. Auch die großen Denkmäler einer Stadt künden meist von siegreichen Kriegen.

Bevor wir dieses Kapitel beenden, wollen wir noch einmal an unseren ursprünglichen Gedanken anknüpfen: Kampf und Spiel haben die gleichen Wurzeln. So muss nicht verwundern, dass so manches Spiel in einem bösen Kampf endete, der nicht nur die

Spieler, sondern viel mehr noch die Zuschauer erfasste. Das gilt vor allem für Mannschaftsspiele wie Fußball oder Eishockey, bei denen sich die Zuschauer nicht zufällig als »Schlachtenbummler« bezeichnen. Unter den Sportarten gibt es nun eine, die gemeinhin gar nicht dem Sport zugerechnet wird, sondern dem Spiel: das Schach. Da stehen sich tatsächlich zwei Heere gegenüber, holz-geschnitzte Figuren auf einem Brett mit 64 Feldern, vorne die einfachen Soldaten (Bauern), dahinter die Offiziere, dazu der König und seine Königin (Dame), die freilich nicht nur zusieht, sondern die mächtigste Figur des Spiels darstellt, während der König immer nur so stark ist wie die Stellung seiner Armee. Schach ist die sympathischste und geistreichste Form des Kriegs als Spiel. Auch stehen sich, was bei echten Kriegen fast niemals der Fall ist, zwei vollkommen gleiche »Heere« gegenüber. In den wirklichen Kriegen entscheidet oft nur die Masse des Materials, das einer Kriegspartei zur Verfügung steht. Im Schachspiel wie im Krieg hängt jeder Schritt der einen Seite vom vorhergehenden Schritt des Gegners ab. Man muss sehen, was der Gegner vorhat, um die nötigen Gegenzüge machen zu können und dabei gleichzeitig eigenen Druck zu entwickeln. Früher, als die Heere tatsächlich noch in geordneten Formationen gegeneinander marschierten, war man geneigt, den Kriegsschauplatz mit einem riesigen Schachbrett zu vergleichen. Die Kriegskunst, so dachte man, bestehe darin, die eigenen Kräfte so zu bewegen, dass die größte Zahl von Soldaten am entscheidenden Punkt – und das war der Schwachpunkt des Gegners – zusammengezogen wurde. So wurden die Einheiten der Armeen wie Schachfiguren hin und her geschoben und geschlagen. Wie im Schachspiel, so entwickelte sich auch ein Feldzug anhand von Konfliktsituationen, wobei stets zwei Ebenen wirksam sind: die Vorgänge auf dem Schlachtfeld (Schachbrett) und die Vorgänge in den Köpfen der Feldherrn (Spieler), also deren Pläne und Strategien. Die Gefahr für Feldherrn und Spieler liegt darin, nur eine der beiden Ebenen zu sehen und von dieser auf den gesamten Vorgang der Schlacht (des Spiels) zu schließen. Doch zwei entscheidende Faktoren sind beim Schachspiel ausgeschaltet, die hingegen so manchen Krieg entschieden haben: der Zufall und das Glück. Das Schach zählt man ja deshalb nicht zu den Spielen, sondern zu den Sportarten, weil der Glücksfaktor bei ihm ausgeschlossen ist. Von daher gleicht der Krieg eigentlich mehr einem Kartenspiel als dem Schach. Dennoch: dass Schach gespielter Krieg ist, bleibt unbestritten, und das mag letztlich auch der Grund sein, wieso sich das weibliche Geschlecht wenig zum Schach hingezogen fühlt – so wenig wie zum Krieg.

Die große Anziehungskraft des Kriegs – in seiner spielerischen Form – zeigt sich heutzutage vor allem in der Welt der Computerspiele. Vor dem Bildschirm fällt die natürliche Tötungshemmung weg, weil es sich ja beim Gegner nur um einen künstlichen handelt. Es sind nur Pixel, auf die man schießt, denkt der Spieler, sofern er überhaupt noch darüber nachdenkt, was er da spielt. Zwei Drittel aller Computerspiele befassen sich mit Eroberungen und Zerstörungen. Die gewalttätigsten unter ihnen sind regelrechte Anleitungen zum Massaker. Längst weiß man aber, dass auch das simulierte Töten Wirkungen im Gehirn hinterlässt. Je öfter man solche Kriegsspiele spielt, umso stärker verwischen sich die Grenzen von Spiel und Wirklichkeit im Bewusstsein des Spielers. Es geht dabei nicht nur um Verherrlichung männlicher (soldatischer) Brutalität, sondern es werden allgemein nutzbare Tötungsanleitungen geliefert. Kriegerische Gewalt erscheint als etwas Gewöhnliches, Alltägliches. Die Empfindsamkeit für Gewalt nimmt langsam ab. Unter dem Deckmantel des mythischen Kampfs der Guten gegen die Bösen wird jedes Kampfmittel zum heiligen Mittel, das nicht weiter hinterfragt werden muss. In solchen Spielen wird Gewalt grundsätzlich mit Gewalt bekämpft; gewaltlose Möglichkeiten des Widerstands werden erst gar nicht angeboten. So liegt das eigentliche Problem dieser Spiele darin, dass Gewalt als einziges angemessenes und notwendiges Mittel erscheint, um Macht und Kontrolle in diesem Spiel und über dieses Spiel zu erlangen. Das Töten von Menschen ist die einzige Möglichkeit, das Spiel zu gewinnen. Gewalt wird direkt an Erfolgserlebnisse gekoppelt. Gewalt bringt einen ans Ziel, so lautet die Botschaft.

Dummerweise werden die aggressivsten Computerspiele vor allem von solchen männlichen Jugendlichen gespielt, die ohnehin schon eine hohe Aggressivität in sich tragen. Immer realistischere Formen der Darstellung lassen den Spieler regelrecht mit der handelnden Figur auf dem Bildschirm verschmelzen. Man wird selbst zur Spielfigur. Damit löst sich jede Distanz zum Dargestellten auf. Bei den so genannten Ego-Shooter-Spielen sieht der Spieler das Geschehen tatsächlich aus dem eigenen Blickwinkel: *Ich* richte die Waffe auf den Menschen, *ich* ziehe den Abzug durch und töte *meinen* Feind. Das heißt zwar noch lange nicht, dass der Spieler nicht mehr zwischen Spiel und Wirklichkeit unterscheiden kann, aber es werden im Spiel Regeln eingeübt, die im wirklichen Leben um jeden Preis vermieden werden sollen. Gefühle wie Mitleid, Schuld, Reue, Rücksicht, Angst vor Strafe, auch Werte wie Gerechtigkeit oder das Aufrechterhalten der sozialen Ordnung werden in den Computer-Kriegsspielen ausgeblendet. Dadurch werden genau jene Werte, die eine Gesellschaft zusammenhalten, geschwächt. In der Tat sind im echten Krieg alle diese Werte auch nicht mehr gefragt.

Es ist nur logisch und konsequent, dass kriegerische Computerspiele auch bei der Ausbildung von Soldaten eingesetzt werden. In den USA werden sogar Soldaten mit Hilfe solcher Computerspiele angeworben. Die Werbeabteilung der US-Armee ließ für 7,6 Millionen Dollar ein Computerspiel namens »America's

Army« entwickeln und im Internet verbreiten. Der Spieler steigt in der Rolle eines Rekruten in das Spiel ein und kann in Trainingseinheiten, etwa Schießübungen, Fallschirmspringen und Waffenkenntnis, seine Fähigkeiten unter Beweis stellen. Danach zieht er in den virtuellen Krieg. Wer seine Vorliebe fürs Kriegerische in der Praxis erproben will, kann sich per Mausklick bei den Streitkräften bewerben.

Selbst der wirkliche Krieg, an dem der Soldat später teilnimmt, hat in vieler Hinsicht etwas von einem Computerspiel. Der Gegner wird kaum noch als menschliches Wesen wahrgenommen. Die Zielerfassung moderner Waffensysteme geschieht über computergesteuerte Sensoren, wobei der Feind zur bloßen Zahl oder zum Symbol auf dem Bildschirm wird. Das Wesen des zukünftigen Kriegs wird darin sichtbar. Doch davon handelt ein eigenes (das achte) Kapitel.

In seiner engen Verbindung zur Kunst und zum Spiel erweist sich aufs Neue das widersprüchliche und schillernde Wesen des Kriegs. Man kann ihn nicht einfach nur verdammen. Das Schlechte hat auch sein Gutes, mag Ersteres auch bei weitem überwiegen. Ohne dieses Gute ließe sich der Krieg nicht so leicht ins Spielerische und Künstlerische wenden. Wir haben gesehen, dass in der Philosophie des Ostens der Krieg sogar als ein Weg der Erkenntnis und Weisheit betrachtet wird. Kampfkunst ist dort höchste Lebenskunst. Im sportlichen Wettkampf scheint die Möglichkeit auf, dass der Mensch irgendwann den Krieg ganz sein lässt und seine Lust auf Streit nur noch im Wettstreit, im Kampfspiel befriedigt. Die Welt des Friedens wäre vermutlich eine Welt der Spiele.

3. KAPITEL

Der Krieg und die Religion

Eigentlich sollte die Religion mit dem Krieg nichts gemeinsam haben, denn alle Religionen verbieten das Töten von Menschen. Im Zentrum aller Religionen steht die Liebe: die Liebe zu Gott und die Liebe zu den Menschen. Manchmal ist auch von der Liebe zu den Tieren und Pflanzen die Rede, allerdings nicht im Christentum.

Ein Widerspruch, der ins Auge fällt: die Religion spricht von Liebe und Frieden, stiftet aber, wenn sie praktisch wird, sehr oft Hass und Unfrieden. Die großen heiligen Bücher der Religionen, etwa das hochphilosophische hinduistische Epos Bhagavadgita oder die Bibel, erzählen in weiten Teilen vom Krieg. In der Bhagavadgita geleitet Krishna, die menschliche Gestalt des Gottes Vishnu, den Helden Arjuna als dessen Wagenlenker in die Schlacht. Als Arjuna seine Verwandten, Freunde und Lehrer vor sich in den Reihen der Feinde erblickt, zögert er vorzugehen, wird unschlüssig und kleinmütig. Wie soll er mordend gegen diese von ihm geliebten Menschen kämpfen? Da ermahnt ihn Krishna, solche Bedenken fahren zu lassen und seine Pflicht als Krieger zu erfüllen. Seine oberste göttliche Sittenlehre lautet: »Tue deine Pflicht! Nach dem Erfolg des Handelns frage nicht!« Unter dieser Devise sind in allen Jahrhunderten die Menschen gegeneinander in den Krieg gezogen. Und alle hatten die Gewissheit, Gott oder die Götter auf ihrer Seite zu haben.

Jeder Krieg ist von daher als ein heiliger Krieg zu deuten. Bereitwillig haben die Priester aller Religionen die Waffen ihrer Krieger gesegnet – und tun es heute noch. Selbst das gottlose System der Nazis mochte nicht darauf verzichten: »Gott mit uns!« stand auf dem Koppelschloss der Wehrmachts-Soldaten. Wen wundert's, dass der Soldat, der Gott auf seiner Seite wähnt, nicht auf den Gedanken kommt, dass seine Taten – und erst recht seine Untaten – vielleicht gottlos sein könnten. Sehr schön kommt diese soldatische Selbstblindheit in einem Text aus dem Dreißigjährigen Krieg zum Ausdruck. Darin behauptet der Landsknechtführer Caspar Wurmbser im Jahre 1643 in seiner Sterbestunde von sich selbst, während er in seinem Notizbüchlein blättert: »Es ist wahr, ich habe getötet 416 Männer, 928 Weiber und 56 unmündige Kindlein, nicht gerechnet der Männer, so ich im Kampfe erschlagen; habe auch gebrandschatzt an die 500 Höfe und den roten Hahn aufs Dach gesetzet, auch genotzüchtiget an die 800 Jungfrauen. Dennoch, so hoffe ich, dass ich eingehen werde ohne Verzug zur ewigen Seligkeit und entgehen den Flammen des Gerichts immerdar. Denn nie und nimmermehr bin ich gewichen von meinem Herrn und Erlöser und abgeirret auch nur einen Finger breit von dem reinen geoffenbarten Wort Gottes.«

Auch in der Bibel zeigt sich Gott als ein Freund des Kriegs, was den Schriftsteller Ödön von Horváth in einem seiner Dramen zu den Worten verleitet hat: »Und Gott sprach: Es werde Krieg! Und es ward Krieg. Und Gott sah, dass es gut war …« Gott verheißt seinem auserwählten Volk Israel das Gelobte Land, wohl wissend, dass in diesem bereits ein anderes, freilich nicht auserwähltes Volk lebt: das der Kanaaniter. Das Gelobte Land wird in einem harten und langwierigen Krieg erobert und muss später immer wieder gegen äußere Feinde verteidigt werden.

Auch der Koran, das heilige Buch der Muslime, ist von einem

kriegerischen Geist beseelt, was nicht zu verwundern braucht, da der Gott der Muslime mit dem der Juden und Christen identisch ist. Selbst Jesus, dieser leidenschaftliche Verkünder der Nächstenliebe, zeigt sich zuweilen durchaus aggressiv und kämpferisch. Allein Buddha verkörpert den Geist absoluter Gewaltlosigkeit und gelassener Passivität. Doch Buddha hatte es auch leichter als Jesus; er wirkte in einer weitgehend friedlichen Welt, während Jesus sich buchstäblich im Krieg befand, nämlich jenem der römischen Besatzer gegen das Volk der Juden. Sein grausamer Tod am Kreuz ist Sinnbild dieses Kriegs. Hunderttausende unliebsame Juden haben die Römer ans Kreuz geschlagen.

Nun könnte man sagen, dass die Religionen trotz ihres göttlichen Liebesgebots fast zwangsläufig zum Kriegerischen neigen, weil sie selbst ein Teil der Menschheitsgeschichte sind – und diese ist nun mal eine von Kriegen gezeichnete. Was war eher, der Krieg oder die Religion? Wir wissen es nicht, aber der Gedanke drängt sich auf, dass beides von Anbeginn da war. Die Bibel sieht das auch so: der erste Krieg, jener Bruderkrieg zwischen Kain und Abel, hatte direkt mit Gott zu tun. Auch in der Religion des Menschen spiegelt sich das Kriegerische seines Wesens. Und damit ist auch sie, wie der Mensch selbst, etwas in sich Widersprüchliches. Sie will dem Guten im Menschen zum Sieg verhelfen, aber schon das Wort »Sieg« setzt den Kampf voraus. Von diesem Gegensatz sind viele Religionen geprägt, ja innerlich zerrissen: Liebe und Gewalt.

Diesen Gegensatz haben die Religionen in unterschiedlicher Schärfe ausgetragen, wobei man den Eindruck gewinnt, dass sich die Religionen des Ostens (Hinduismus, Buddhismus, Taoismus) in der Geschichte als wesentlich friedvoller erwiesen haben als die Religionen des Westens (Judentum, Christentum, Islam). Das hat mit dem Monotheismus zu tun: der eine Gott duldet selber keine anderen Götter neben sich. Dieser göttliche Egoismus scheint auch auf seine Gefolgschaft abzufärben, die wenig Toleranz gegenüber Andersgläubigen zeigt, sie sogar als Ungläubige verunglimpft. Wer, wie im Hinduismus, viele Götter verehrt, stört sich nicht an den Göttern der andern. Und Buddhismus und Taoismus kommen von vornherein ohne Gott und Götter aus. So ist der Ferne Osten von Religionskriegen weitgehend verschont geblieben. Das hat nicht zuletzt auch damit zu tun, dass die Religionen des Ostens niemals eine Kirche ausgebildet haben; so konnten sie auch keine weltliche Macht ausüben. Die Priester genießen dort zwar hohes Ansehen, aber sie haben keine weltliche Macht. Macht und Krieg gehören aufs engste zusammen.

Man kann wohl davon ausgehen, dass die menschliche Kultur von Anbeginn den Akt des Tötens mit höheren Mächten, seien es Dämonen, Geister oder Gottheiten, in Beziehung setzte. Vor der Jagd beschwor man den Segen der Götter, nach der Jagd bat man sie um Vergebung für das Töten der Tiere und opferte ihnen einen Teil der Beute. Auch in den Krieg zogen die Götter symbolisch mit; man schrieb sich die Götter auf die Fahnen. Letztlich waren sie es, die über den Ausgang eines Kriegszugs entschieden. Oft zog man in alten Kulturen nur deshalb in den Krieg, um Gefangene zu machen, die man seinen Göttern, vornehmlich dem Kriegsgott, opfern konnte. Gerade in den Kriegsgottheiten, die zumeist einen hohen Rang einnahmen, äußert sich die enge Verbindung von Krieg und Religion. Wurde ein Krieg verloren, so war man von seinem Kriegsgott im Stich gelassen worden, vielleicht, weil man ihm zu wenig geopfert hatte. Und nicht zu vergessen: die Götter führten zuweilen selber Krieg gegeneinander.

Die Herausbildung der Religionen ist ohne Krieg gar nicht denkbar. Bei den alten Germanen zum Beispiel war der Krieg eine Art von nationalem Gottesdienst. Sieg oder Niederlage waren Entscheidungen der Götter. In den Augen der Götter war ohnehin nur der Tod in der Schlacht ein ruhmvoller Tod, soll heißen: ein männlicher Tod im Gegensatz zum »Strohtod«, also dem Tod im Bett. Fast alle germanischen Götter haben etwas Kriegerisches an sich. Gott Ziu – mit dem Beinamen Things – war der Beschützer des Rechts und des Gerichts, aber zugleich auch ein Kriegsgott. Entsprechend stellten die Heerführer in Friedenszeiten die Richter. Die Gerichtsversammlung eines germanischen Stammes hieß Thing. Und weil Religion und Recht ursprünglich eins waren, war das Recht in erster Linie Kriegsrecht. Wer das Recht brach, also zum »Verbrecher« wurde, wurde mit kriegerischen Mitteln bekämpft. Die Religion prägte mit ihrem kriegerischen Charakter das Recht; Religion und Recht wurden mit dem Schwert verteidigt. Und so ist noch heute im Völkerrecht der Krieg das letzte Mittel, Rechte geltend zu machen und den Frieden wiederherzustellen. Dahinter steckt, freilich nur noch ganz verschwommen, die Idee eines den Krieg gutheißenden Gottes.

Seit Urzeiten hatten die Stämme und Völker ihre besonderen Gottheiten. Durch Eroberung und Unterwerfung verschmolzen verschiedene Götter zu einem neuen, mächtigeren Gott. So befremdlich es klingt: der Krieg war auch ein Motor der Religionsbildung. Auch im Alten Testament finden sich viele Hinweise, dass die Kriege zwischen den Stämmen auch als Kriege zwischen den Stammesgottheiten aufgefasst wurden. Man hat es dabei mit zwei Arten von Kriegen zu tun: der Krieg gegen ein Volk, das Gott selbst zum Feind erklärt hat, etwa das Volk der Amalekiter; und dann der Krieg, der einem heiligen Ziel diente, etwa der Eroberung des Gelobten Lands, das von den Kanaanitern bewohnt war.

Wenn man so will, dann findet im 5. Buch Mose die erste »ethnische Säuberung« statt, von der wir wissen. Gott selbst gab den Befehl zu diesem Massenmord. Es sollte nicht der letzte sein. Josua rottete den ganzen Stamm Ai aus; an einem Tag wurden 12000

Männer und Frauen ermordet. Da mag nun viel Großsprecherei in diesen biblischen Berichten am Werk sein, aber man preist ja nur, was man insgeheim zu tun geneigt ist. Doch die Israeliten handelten in biblischer Zeit nicht anders als ihre Nachbarn, etwa die Ägypter, Phönizier und Assyrer: die Gegner wurden möglichst vollständig vernichtet. Das war der Zweck des Kriegs und der Wille Gottes oder der Götter. Jeder heilige biblische Krieg (hebräisch: Milchemet mitzvah) war ein erbarmungsloser Krieg und spiegelte die grausame Seite des alttestamentarischen Gottes wider, dem diese Kriege ein Anliegen waren. Wer daran teilnahm, durfte dem Feind gegenüber kein Mitleid zeigen. Männer, Frauen und Kinder, ebenso das Vieh der Besiegten, mussten getötet werden. Der islamistische Terror unserer Tage knüpft an diese biblischen Schreckensgeschichten wieder an. Neben den heiligen Kriegen kennt die Bibel aber auch »gewöhnliche« Kriege, an denen sich Gott nicht beteiligte; sie wurden weit weniger grausam geführt.

Was das Christentum betrifft, so kann man sich nur wundern, wie aus dem Geist des Friedens und der Liebe, der das Neue Testament durchweht, so viel Unfrieden und Hass hervorgehen konnte. Die Geschichte des Christentums wird seiner Heiligen Schrift nicht gerecht. Immerhin heißt es im Matthäus-Evangelium (Kapitel 26, Vers 52): »Alle, die das Schwert ergreifen, werden durch das Schwert zugrunde gehen.« In der Frühzeit des Christentums, als man noch schwach war und Verfolgung zu erleiden hatte, wurde man diesem Wort Jesu auch gerecht; man verzichtete auf den Krieg, weil einem ohnehin die Mittel fehlten, einen zu führen. Je mehr Macht aber der Christenheit zuwuchs, umso stärker rückte man davon ab und hielt es lieber mit den kriegerischen Vorbildern des Alten Testaments, die wie Moses, Josua oder David Kriege führten. Dummerweise wollten ja auch das von Jesus verkündete Ende der Welt und das Reich Gottes nicht kommen. So sah sich das Christentum vor die Aufgabe gestellt, sich in dieser Welt, die partout nicht untergehen wollte, dauerhaft einzurichten. Wenn das Reich Gottes ausblieb, so war es die Aufgabe der Kirche, dieses Reich Gottes wenigstens in dieser Welt sichtbar zu machen. Man deutete die katholische Kirche als eine von Christus selbst gestiftete Kirche – und der Papst sollte der Stellvertreter Christi auf Erden sein. Die Kirche sollte bereits im Diesseits eine Macht entfalten, die schließlich stärker als alle Staaten der Welt sein würde. Mit dem Anspruch, eine mächtige Kirche aufzubauen, entstand ganz von selbst eine Rangfolge ihrer Würdenträger, wie es auch bei der weltlichen Macht üblich ist. Der Papst entsprach dem König. Irgendwann kümmerten sich die Päpste, Kardinäle und Bischöfe nicht mehr allein um religiöse Belange, sondern mischten sich zunehmend in politische Machtkämpfe und andere weltliche Angelegenheiten ein. Die Kirche häufte auf diesem Weg ungeheure Besitztümer an und stand in der Prunkentfaltung den weltlichen Herrschern in nichts nach. Aus der Kirche, einer ursprünglich rein geistigen, eher weltabgewandten Gemeinschaft der Gläubigen, ging der Kirchenstaat hervor, der irgendwann sogar sein eigenes Heer unterhielt. Damit wurde auch der Krieg ein Teil der kirchlichen Politik.

Gottes Reich ist halt doch von dieser Welt; das gilt zumindest für die Religionen des Westens. So lagen von Anfang an auch Judentum und Christentum in heftiger Feindschaft miteinander. Von Kriegen kann man dabei aber nicht sprechen, da das Judentum seit der Zerstörung Jerusalems durch die Römer im Jahre 70 n. Chr. keine staatliche Geschlossenheit und somit keine politische Macht mehr besaß.

In den Juden und Muslimen sah das Christentum die vom Heil ausgeschlossenen Feinde Gottes, schlimmer noch: die Juden wurden zu Mördern Christi erklärt. Umgekehrt konnten die Juden niemals verstehen, dass ein Teil ihres Volks den Glauben der Väter aufgab, um aus dem einen, unteilbaren Gott einen dreifaltigen zu machen und aus dem Propheten Jesus einen göttlichen Sohn, den Gott mit einer Sterblichen gezeugt haben soll. Damit hatte sich das Christentum als ursprünglich jüdische Sekte aus dem Judentum losgerissen und in diesem eine tiefe Wunde hinterlassen. Andererseits muss man natürlich sehen, dass das Judentum selbst das Christentum hervorgebracht hat – gleichsam als ein Geschenk an die Welt.

Das Verhältnis zwischen Judentum und Islam war hingegen in all den Jahrhunderten eher von Toleranz geprägt – von den Anfängen des Islams einmal abgesehen, als Mohammed die Juden verfolgen ließ. Von ihnen hatte er erwartet, dass sie sich freudig und dankbar der neuen Religion anschließen würden, die doch der jüdischen so wesensverwandt war. Aber die Juden dachten nicht daran. Und für diese bittere Enttäuschung rächte sich Mohammed. Doch gar nicht lange nach dem Tod des Propheten, als der große Kalif Omar die Grundlagen für das islamisch-arabische Weltreich schuf, trat an die Stelle des Religionshasses jene weitblickende Toleranz und verwandtschaftliche Anerkennung des Judentums. Dieses entsprach ja in vielem der Natur des Islams, vor allem natürlich in der Gottesvorstellung, die in beiden Religionen gleich ist: eine abstrakte, rein geistige Gottheit, von der sich der Mensch kein Bild machen kann – ein außerordentlich hochstehender Gottesbegriff.

Auch gegenüber den Christen verhielt sich der Islam weitgehend tolerant. Dass zur ersten Jahrtausendwende beide Religionen dann doch kriegerisch aneinander gerieten, war unvermeidlich, da beide auch politische Mächte darstellten, die ihre Einflussgebiete ständig auszudehnen suchten. Anders als das Christentum, das den Frieden auf Erden predigte, den es nie zu stiften vermochte, trat der Islam ohne Scham mit dem Schwert bewaffnet auf. Schon der Stifter Mohammed war Prophet, Heerführer und Staatsmann in einer Person gewesen. Der heilige Krieg und die Eroberung der Welt waren für den Islam von zentraler Bedeutung, seit er die Grenzen der arabischen Halbinsel durchbrach. Was sich im Christentum erst langsam über Jahrhunderte herausbildete, war im Islam von Anfang an da: die Einheit von religiöser, politischer und militärischer Macht. Der Islam breitete sich als kriegerisch erobernde Staatsmacht aus, nicht einfach nur mit der Macht des Worts.

Den Begriff des »heiligen Kriegs« bringen wir vor allem mit dem Islam in Verbindung, aber er ist eine christliche Wortschöpfung. Die Idee des christlichen heiligen Kriegs (gegen den Islam!), also des Kreuzzugs, war im Grunde die Idee eines einzigen Mannes: Papst Urban II. (1088–1099). Oder genauer: Die Kreuzzugsidee gab es schon vor ihm, aber er suchte sie als Erster in die Tat umzusetzen. Das war möglich, weil das Papsttum im 10. Jahrhundert zu einer überragenden geistigen und weltlichen Macht im Mittelmeerraum aufgestiegen war, die bereits weit nach Mitteleuropa ausstrahlte. In Osteuropa herrschte Byzanz (Konstantinopel), dem der vordringende Islam bereits große Teile des Reichs entrissen hatte. Auch der südliche Teil der spanischen Halbinsel stand zu dieser Zeit noch immer unter islamischer Herrschaft. Die Stadt Granada war bis zum christlichen Einmarsch im Jahre 1492 die letzte muslimische Bastion in Westeuropa. Zwischen dem katholischen Rom und dem griechisch-orthodoxen Konstantinopel gab es schon seit längerem Rivalitäten und offenen Streit um die Vorherrschaft über die Christenheit. Eigentlicher Anlass, einen Kreuzzug auszurufen, war die Eroberung Jerusalems im Jahre 1070 durch die türkischen Seldschuken, wodurch die Pilgerfahrten von Christen ins Heilige Land erschwert wurden. Von den Seldschuken ging auch eine immer stärkere Bedrohung für Konstantinopel aus. Dadurch sah sich der byzantinische Kaiser genötigt, Rom um Hilfe zu bitten. In dieser Situation erschien es Papst Urban II. günstig, mit den Heeren des nach Landbesitz und Fürstenhoheit verlangenden mitteleuropäischen Adels einen Gegenstoß gegen den Islam zu führen. Die heiligen Stätten Palästinas – und damit die Wiege des Christentums – sollten erobert werden, um von dort aus über Syrien und Kleinasien das griechisch-orthodoxe Christentum endlich unter das römische Papsttum zu zwingen und die gespaltene Christenheit wieder zu einen.

Die Kreuzzüge

Im Grunde ist die Frage, ob der Christ für sein Land und für seinen Glauben kämpfen darf, so alt wie das Christentum selbst. Diese Frage stellt sich einer Religion, die sich als eine des Friedens versteht, ganz von selbst. So herrschten unter den frühchristlichen Kirchenlehrern (den Kirchenvätern) in dieser Frage auch gar keine Zweifel: Krieg bedeutete für sie Massenmord. Erst als die Christenheit auch durch die weltliche kaiserliche Macht verkörpert wurde, stellte sich die Frage neu. Die byzantinische Kirche des Ostens verneinte sie weiterhin. Ihr großer Rechtsgelehrter, der heilige Basilios, rückte die Soldaten in die Nähe von Mördern. Jeder, der sich im Krieg der Tötung von Menschen schuldig mache, müsse zur Buße drei Jahre lang auf den Empfang des heiligen Abendmahls verzichten, so verkündete er. In der Wirklichkeit war man weniger streng. Der byzantinische Soldat wurde nicht als Mörder behandelt, aber Ruhm und Ehre brachte ihm sein Beruf auch nicht ein. Der Tod auf dem Schlachtfeld, selbst wenn es gegen »Ungläubige« ging, galt nicht als Märtyrertod. Der wahre Märtyrer sterbe mit nichts anderem bewaffnet als mit seinem Glauben. Gegen Glaubensbrüder in den Kampf zu ziehen, galt als verwerflich. Tatsächlich wird man in der byzantinischen Geschichte kaum Angriffskriege finden. In Byzanz hatte es Tradition, den friedlichen Methoden der Konfliktlösung den Vorzug vor den kriegerischen zu geben.

Im katholischen Rom sah man das anders. Schon der Kirchenvater Augustinus (354–430) hatte eingeräumt, dass auf Befehl Gottes Kriege geführt werden dürften. Die Bibel mit ihrem kriegerischen Gott diente ihm dafür als Beleg. Das passte zum Ehrbegriff des Rittertums und zur Kampfes- und Abenteuerlust des westeuropäischen Adels. Der Friedliebende galt als Schwächling, ja Feigling. Wenn also Papst Urban II. zum heiligen Krieg aufrief, der letztlich ein Krieg im Interesse der kirchlichen Macht war, so muss es nicht verwundern, dass der christliche Adel sofort begeistert bei der Sache war. Schon Papst Leo IV. hatte um die Mitte des 9. Jahrhunderts erklärt, dass jeder, der zur Verteidigung der katholischen Kirche in die Schlacht ziehe, eine himmlische Belohnung erhalten würde, die der eines Märtyrers gleichkäme.

So wurde im 11. Jahrhundert der Kampf gegen den Islam in Spanien als heiliger Krieg verstanden, wobei die Päpste selbst in seine Führung eingriffen. Damit war im ausgehenden 11. Jahrhundert der Gedanke des heiligen Kriegs längst kein fremder mehr. Papst Urbans Idee war nur insofern neu, als es jetzt darum gehen sollte, ein Heer Tausende von Kilometern weit ins Heilige Land zu entsenden. Niemand wusste, ob so etwas überhaupt funktionieren konnte. Dennoch folgten die Ritter des Westens begeistert seinem Aufruf, den er auf dem Konzil zu Clermont im November 1095 erlassen hatte. Darin rief er die Christenheit des Westens auf, den bedrängten Christen des Ostens beizustehen. Sein Aufruf galt also nicht nur der Ritterschaft, sondern allen Gläubigen, egal, ob Arm oder Reich. Die Christen sollten endlich aufhören, sich untereinander zu bekriegen, sondern einen »gerechten Krieg« gegen die »Ungläubigen« führen. Das sei der Wille Gottes – und Gott selbst werde sie im Kampf anführen. Wer sein Leben in diesem heiligen Krieg verliere, gehe sofort ins Paradies ein. Jeder Teilnehmer am Kreuzzug solle als Sinnbild seiner Weihe ein rotes Kreuz auf der Schulter des Überrocks tragen.

In frommer, ja fanatischer Begeisterung gelobten Tausende, ihre Heimat zu verlassen und nicht eher zu ruhen, als bis Jerusalem wieder eine christliche Stadt sei. Die Beweggründe der Ritterschaft waren freilich nur zum Teil von religiöser Art; materielle Gründe spielten bei vielen eine ebenso große Rolle. Viele Ritter waren wegen des Erstgeburtsrechts ohne Landbesitz, sie mussten selber zusehen, wie sie zu einem solchen kommen konnten. Ruhelosigkeit und Abenteuerlust kamen hinzu, besonders bei den Normannen, die erst seit wenigen Generationen sesshaft waren. Der Kreuzzug bot ihnen die Aussicht, christliche Pflichterfüllung mit dem Erwerb von Land zu verbinden. Es war auch Papst Urbans ausdrückliche Absicht, für die gelangweilten und aufsässigen Barone eine Beschäftigung in der Fremde zu finden, damit sie nicht zu Hause auf umstürzlerische Gedanken kamen.

Viele der Kreuzritter wollten den Abmarsch des Hauptzuges erst gar nicht abwarten. Ihr aufgewühlter Glaubenseifer, aber mehr noch ihr angefachter Hass gegen alles Nichtchristliche suchte sich sofort Luft zu machen. Opfer waren rasch gefunden. »Weshalb«, so sagten sie, »sollen wir den Krieg gegen die Ungläubigen erst im Morgenland führen, wo doch in unserer Mitte die Nachkommen derer leben, die den Erlöser gekreuzigt haben? Erst müssen die Juden im Abendland vertilgt werden, dann erst wollen wir gegen die Türken ziehen.« Bereits während der spanischen Kriege gegen den Islam hatten die christlichen Heere auch die Juden

Spaniens misshandelt. Doch jetzt, im allgemeinen Kreuzzugstaumel, den der Papst entfacht hatte, steigerte sich der alte unterschwellige Unmut gegen die Juden zu brutaler Mordlust. Viele der verarmten Ritter waren bei Juden verschuldet und witterten die Chance, nicht nur ihre Schulden loszuwerden, sondern sich an jüdischem Besitz zu bereichern, um so das kostspielige Kreuzzugsunternehmen zu finanzieren. Die Kreuzzugsidee lieferte also den Vorwand, hemmungslos gegen die Juden loszuschlagen. Aber noch schlimmer als die Ritter wüteten unter den Juden die zügellosen Banden bewaffneter Bauern und Abenteurer, die das Hauptheer begleiteten oder ihm vorauszogen. Zuerst fielen sie über die Juden in Frankreich her, aber diese fanden meistens Schutz bei der Obrigkeit. Dagegen waren die jüdischen Gemeinden in den rheinischen Bischofssitzen wie etwa Trier, Speyer, Worms oder Mainz vollkommen wehrlos. Dort wurden die fürchterlichsten Massaker an den Juden begangen. Allein in Mainz wurden 1300 Juden ermordet. Viele Juden gaben sich selbst den Tod, um dem martervollen Gemetzel zu entgehen. Gewiss enthielt sich der Kern des Kreuzritterheeres solcher Gräuel, aber dass die Gesinnung auch unter den Rittern nicht grundsätzlich anders war, zeigt das barbarische Abschlachten von Muslimen und Juden bei der Einnahme Jerusalems am 15. Juli 1099.

Im zweiten (1147–49) und dritten Kreuzzug (1189–92) wiederholte sich der ganze Schrecken, wobei die Exzesse des Judenhasses von Deutschland auch auf Nordfrankreich und England übergriffen. Das Kreuzzugssymbol des roten Kreuzes war zum Blutkreuz geworden: Symbol einer Zeit, die krank war von religiösem Hass und Fanatismus.

Eine rühmliche Ausnahme stellt der Kreuzzug des Kaisers Friedrich Barbarossa dar, der dabei im Jahre 1190 zu Tode kam. Bis zu seinem Tod war der dritte Kreuzzug tatsächlich von so etwas wie christlichem Ethos beseelt, was freilich nichts daran ändert, dass auch er ein Kriegszug war. Friedrich Barbarossa tat alles, um der Judenverfolgung ein Ende zu bereiten. So sorgte er dafür, dass Juden während des Durchmarsches der Kreuzzugsscharen auf sichere Burgen gebracht wurden. Wer sich dennoch gegen einen Juden gewalttätig zeigte, wurde hart bestraft. Aber Barbarossas edle Gesinnung änderte auch nichts daran, dass die Kreuzzüge das Fundament legten für die zukünftige Situation des Judentums im christlichen Europa. Diese war bis in die jüngste Geschichte von Isolation, Feindseligkeit und Verfolgung geprägt.

Doch die Kreuzzüge waren nicht nur gegen den Islam und gegen das Judentum gerichtet, sondern gegen das Christentum selbst. Das gilt vor allem für den vierten Kreuzzug (1202–1204). Nachdem der zweite und dritte katastrophal gescheitert waren, machte sich in der westlichen Christenheit Niedergeschlagenheit breit. Gott war offensichtlich nicht auf der Seite der Kreuzritter; ihr Untergang erschien als Strafe, die der Allerhöchste den Mördern an den Juden und Muslimen zuteil werden ließ. Das führte leider nicht dazu, den unseligen Kreuzzugsgedanken endlich fallen zu lassen; vielmehr suchte man sich einen neuen Gegner – und fand ihn in Konstantinopel, der Hauptstadt der östlichen Christenheit.

Im Laufe der ersten drei Kreuzzüge hatte sich im Westen die Ansicht breit gemacht, dass Konstantinopel die Sache der Kreuzfahrer nur halbherzig unterstützt, ja zeitweise sogar hintertrieben und verraten habe. Wenn es schon nicht möglich war, das Heilige Land auf Dauer den Muslimen zu entreißen, so sollte doch wenigstens die griechische Ostkirche unter die Herrschaft Roms gebracht, das heißt ein Teil der katholischen Christenheit werden. Allerdings war es nicht Papst Innozenz III. (1198–1216), der diese Ansicht vertrat. Er hatte zwar zu diesem vierten Kreuzzug aufgerufen, doch dabei nicht Konstantinopel im Visier gehabt. Letzteres ging von Venedig aus, das die Führung in diesem Kreuzzug übernommen hatte. Venedig war zu jener Zeit *die* seefahrende Großmacht schlechthin; ihr ging es aber weniger um die Einheit der Christen als um die Vergrößerung ihres Einflusses. Und die Kreuzritter lockten die sagenhaften Reichtümer Konstantinopels und seiner blühenden Provinzen. Also zog man gegen die prächtige Stadt am »Goldenen Horn«.

In den Morgenstunden des 13. April 1204 drangen die Kreuzfahrer in die Stadt ein. Am Vorabend hatten sie ein Feuer gelegt, dem ein Fünftel Konstantinopels zum Opfer fiel. Diese Stadt war die schönste, stolzeste, reichste und geschichtsträchtigste der damaligen Zeit. Sie war die Stadt aller Städte. Rom, in dessen Ruinen Schafe und Ziegen weideten, konnte sich mit diesem Glanz nicht messen. Und dennoch hatten die griechischen Kaiser ihre armen Verwandten in Rom um Hilfe gegen die vordringenden Türken in Kleinasien bitten müssen, was der Anlass zum ersten Kreuzzug gewesen war. Die Helfer von einst kamen jetzt, zweihundert Jahre später, als Feinde.

Drei Tage dauerte das unchristliche Wüten der Kreuzritter in der allerchristlichsten Hauptstadt – ein Blutrausch, Vernichtungsrausch, ein rasendes Morden, Vergewaltigen, Rauben und Zerstören. Die Altäre der christlichen Kirchen wurden unter dem Zeichen des Kreuzes geschändet. Besonders hatten es die Eindringlinge auf Reliquien abgesehen. Vieles, was noch heute in deutschen oder italienischen Kirchen an Reliquien aufbewahrt wird, stammt aus diesem Raub. Das Gleiche gilt für viele der byzantinischen Kunstschätze, die heute in Venedig oder im Pariser Louvre zu bewundern sind. Doch das meiste, das aus den Kirchen und Palästen entwendet wurde, ging verloren. Was aus Gold und Silber war, ließ man einschmelzen, nachdem man die Edelsteine herausgebrochen hatte. Niemals zuvor sind mit einem Schlag so viele antike Kunstwerke vernichtet worden. Neun Jahrhunderte lang war diese Stadt mit Kunstschätzen angefüllt worden.

Nach drei Tagen des Grauens war ganz Konstantinopel ein von Leichen übersäter Trümmerhaufen. Eine christliche Zivilisation war von Christen tödlich verwundet worden. Doch was sich Rom erhofft hatte, trat auch nicht ein: Ganze 57 Jahre dauerte die lateinische Herrschaft in Konstantinopel, dann erlosch sie. In diesem halben Jahrhundert verringerte sich die Einwohnerzahl der Stadt von 700 000 auf 40 000. Aus einer glanzvollen Weltstadt war praktisch über Nacht eine traurige Kleinstadt geworden. Und der Graben zwischen West- und Ostkirche war tiefer denn je. Bis heute ist in der griechisch-orthodoxen Kirche das Andenken an diese Barbarei lebendig geblieben und wird wohl auch niemals vergessen und verziehen werden. Von 1204 an war die Spaltung der Christenheit vollkommen, unheilbar und endgültig. In Westeuropa ist dieser absolute Tiefpunkt christlicher Geschichte im selben Maß verdrängt und vergessen worden.

Die Kreuzzüge haben auf schreckliche Weise deutlich gemacht, dass so genannte heilige Kriege eine Torheit sind. Sie werden aus religiösem Fanatismus geboren und sind ausnahmslos zum Scheitern verurteilt. Die gesamte Kreuzzugsbewegung (insgesamt sieben Kreuzzüge von 1096 bis 1270) muss als gewaltiger Fehlschlag gewertet werden. Religionskriege, das hat auch die nachfolgende Geschichte bestätigt, können nicht gewonnen werden. Verfolgung und Kampf haben Religionen immer nur stärker gemacht. Zu den Kreuzzügen wurde aufgerufen, um die griechische Christenheit vor dem Islam zu retten. Am Ende befand sich das gesamte östliche Christentum unter islamischer Herrschaft – und hatte darunter weniger zu leiden als unter den Feindseligkeiten der westlichen Kreuzritter. Bis zu den Kreuzzügen herrschten zwischen der christlichen und islamischen Welt gute Beziehungen, und auch die Juden kamen in der islamischen Welt zu hohem Ansehen. Das alles wurde durch die Zerstörungswut und religiöse Verlogenheit der Kreuzfahrer vernichtet. Ihr Hass auf den Islam erzeugte den Gegenhass der Muslime, bis beide Seiten sich am Ende mit fanatischer Engstirnigkeit gegenüberstanden. Das wirkt bis heute nach.

Die islamische Welt hat sich seit den Kreuzzügen hinter den dichten Vorhang ihres Glaubens zurückgezogen – und verharrt dort zum Teil noch heute, indem sie den Fortschritt westlicher Prägung zurückweist. Die Kreuzzugs-Geschichte war deshalb so unselig, weil in ihr eine Verquickung von echtem leidenschaftlichen Glauben mit schamloser Raffgier und Menschenverachtung stattfand. Religion scheint diese bösen Seiten im Menschen problemlos in sich aufzunehmen, wenn sie sich Vorteile davon verspricht. Auch Mord und Raub seien Gottes Wille, so dachte man. Religion, so muss man leider feststellen, lässt sich für jede noch so große Schandtat missbrauchen. Und so bleibt die Religion bis in unsere Gegenwart einer der gefährlichsten Explosivstoffe der Kultur. Steven Runciman fasst das ganze Dilemma der Kreuzzüge in seinem großen Werk über jene Zeit folgendermaßen zusammen: »So viel Mut und so wenig Ehre, so viel Hingabe und so wenig Verständnis! Hohe Ideale wurden von Grausamkeit und Habgier besudelt, Unternehmungsgeist, Ausdauer und Leidensfähigkeit von blinder und engstirniger Selbstgerechtigkeit; und der Heilige Krieg selbst war nicht mehr denn ein einziger langer Akt der Unduldsamkeit im Namen Gottes, welche die Sünde wider den Heiligen Geist ist.«

Heute, tausend Jahre danach, ist wieder vom »heiligen Krieg« und vom »Kreuzzug« die Rede. Vor 900 Jahren rief Papst Urban II. zum heiligen Krieg auf, jetzt tun dies geistige Oberhäupter in muslimischen Ländern. Was damals der Papst sagte, sagen jetzt die Islamisten: Es sei ein gerechter Krieg, und wer im Kampf mit den Ungläubigen sterbe, gelange sogleich ins Paradies und finde sein ewiges Glück. Vor acht Jahren verfasste der Terrorist Osama bin Laden eine Kriegserklärung an den Westen, die in vielen Punkten dem Aufruf Papst Urbans ähnelt: Im Kampf müssten Religion und Glaube verteidigt werden. Märtyrer des Dschihad kämen ins Paradies und würden dort belohnt. Die Kreuzritter des ersten Kreuzzugs überschrieben ihre Berichte mit »Gesta Dei per Francos«, was bedeutet: Gottes Werk von der Franken Hand. Die islamistischen Mörder von Madrid drohten mit dem »heiligen Krieg im Lande Tariq Ibn Ziyads«. Das war ein muslimischer Feldherr, der im 8. Jahrhundert die christlichen Truppen auf spanischem Boden geschlagen hatte und bei seinem Eroberungszug bis nach Frankreich vordrang. Hass auf den Westen wird von radikalen Islamisten gepredigt und Hass auf die Juden. Es zeigt sich die gleiche Bereitschaft wie bei den Kreuzfahrern zu wahllosen Menschenopfern, zum Verwüsten und Terrorisieren. Doch die islamistischen Glaubensfanatiker wollen mehr als die Kreuzfahrer von einst; sie wollen die Welt in Brand setzen, und es macht ihnen nichts aus, wenn sie dabei selbst mit untergehen. Weil sie in einem religiösen Wahnsystem leben, lassen sie sich auch mit nichts zufrieden stellen. Die Kreuzritter hörten mit ihrem barbarischen Treiben wenigstens auf, nachdem sie ihren Hass im Plündern und Morden befriedigt hatten. Bei den »heiligen Kriegern« des Islam kann man darauf nicht hoffen, weshalb uns dieser Albtraum noch lange verfolgen wird.

Europa scheint auf Grund seiner schrecklichen Geschichte vor überhasteten Reaktionen gefeit zu sein; es hat in furchtbaren Jahrhunderten die traurige Kunst erlernen müssen, Religionskriege zu beenden. Die USA aber meinen, auf den Islamismus mit einer Art von zivilreligiösem Kreuzzug antworten zu müssen. Große Teile der amerikanischen Bevölkerung sind in Kreuzzugsstimmung, voran die protestantischen Eiferer der Methodisten, denen auch Präsident Bush angehört. In dieser gefährlichen Situation ist Europas Erfahrung gefragt: seine Fähigkeit, Religionsfrieden zu stiften, etwa durch die gastfreundliche Aufnahme der Türkei in den christlichen Verein der EU. Und am besten Israel gleich mit dazu! Was ganz erstaunlich ist: auch Papst Johannes Paul II. sah das so.

Was sieht man an all dem? Nun, dass die Religion, wenn sie politisch wird, gefährlich ist. Sie lässt sich fast widerstandslos für alle möglichen weltlichen Interessen einspannen bis hin zu Krieg und Völkermord. Bei Bedarf wird der liebende Gott einfach zu einem kriegerischen umgedeutet. Bis heute tragen die Religionen zum Frieden in der Welt nichts Nennenswertes bei. Dabei wäre genau das ihr göttlicher Auftrag.
Wir wollen jetzt am konkreten Beispiel des Dreißigjährigen Kriegs zeigen, wie Religion und Politik auf unselige Weise miteinander verquickt werden können, um einen ganzen Kontinent ins Unheil zu stürzen.

1. ZWISCHENSTÜCK

Warum kam es zum Dreißigjährigen Krieg? (1618–1648)

Wie alle Kriege, so hatte auch der Dreißigjährige Krieg mehr als nur eine Ursache. Doch eine entscheidende Ursache, darüber besteht kein Zweifel, war die Religion. Ohne die religiöse Feindseligkeit zwischen den katholischen und protestantischen Christen, die seit Luthers Reformation (1517) stetig gewachsen war, wäre dieser Krieg wahrscheinlich nicht ausgebrochen oder hätte zumindest nicht diese Grausamkeit erreicht. Dieser Krieg war ein »erschreckliches und grausames Monstrum«, wie Johann Jacob Christoffel von Grimmelshausen ihn genannt hat. Der Dichter des grandiosen, 1668 erschienenen Romans »Der abentheuerliche Simplicissimus Teutsch« hat diesen Krieg auf Seiten der katholischen kaiserlichen Truppen als Trossbube, Musketier und Dragoner mitgemacht und später in seiner ganzen Schrecklichkeit geschildert – und als eine einzige menschliche Torheit.

Dieser Krieg war der erste totale Krieg auf europäischem Boden. Mit »total« ist gemeint, dass er nicht mehr nur zwischen Soldaten feindlicher Heere auf den Schlachtfeldern geführt wurde, sondern vor allem auch gegen die Zivilbevölkerung. Beim Beschreiben der Gräuel, die dabei stattgefunden haben, sträubt sich einem die Feder oder, in meinem Fall, der Bleistift. Der Historiker Golo Mann meinte: »… nie tun Tiere einander an, was hier die Soldaten den Bürgern der eroberten Städte, den Bauern auf dem

Land antaten. Entmenschlichung ja, solange man dem Menschen das Teuflische nicht zutraut. Bestialisierung … gab es wohl auch, nämlich das Essen von Menschenfleisch, das nur allzu sicher bezeugt ist.« So verlor zum Beispiel das Herzogtum Württemberg innerhalb von fünf Jahren drei Viertel seiner Bürger, vor allem durch Hunger und Krankheit. Aber auch die Schlachten zwischen den katholisch-kaiserlichen und den protestantischen Heeren gehorchten der ursprünglichen Bedeutung des Wortes »Schlacht«: ein fürchterliches gegenseitiges Abschlachten. Grimmelshausen hat das in seiner Schilderung der 1636 geschlagenen Schlacht von Wittstock eindringlich in Worte gefasst: »Die Erde / deren Gewonheit ist, die Todten zu bedecken / war damals an selbigem Ort selbst mit Todten überstreut / welche auff unterschiedliche Manier gezeichnet waren / Köpff lagen dorten / welche ihre natürlichen Herren verloren hatten / und hingegen Leiber / die ihrer Köpff mangleten. … da sahe man / wie die entseelte Leiber ihres eigenen Geblüts beraubet / und hingegen die lebendige mit fremdem Blut beflossen waren / da lagen abgeschossene Arm / an welchen sich die Finger noch regten / gleichsam als ob sie wieder mit in das Gedräng wollten / hingegen rissen Kerles auß / die noch keinen Tropffen Blut vergossen hatten / dort lagen abgelöste Schenkel / welche ob sie wol der Bürde ihres Cörpers entladen / dannoch viel schwerer worden waren.«

Grimmelshausen zeigt die ganze Widernatürlichkeit des Kriegs. »Wann einer«, so schreibt er, »aber von fernem das erbärmliche Spectacul einer Schlacht mit gesunder Vernunfft ansiehet / so wird er bekennen müssen / daß nichts unsinnigers uff der Welt sey / als eben dieses klägliche Schauspiel.« Von wegen Krieg als »Vater aller Dinge«, wie ihn Heraklit noch sah! Nein, der Krieg ist nicht schöpferisch, er ist unfruchtbar und zerstörerisch, ziellos und wider alle Vernunft. Krieg ist sinnlos, sagt Grimmelshausen. Man gewinnt durch ihn bestenfalls zurück, was man zuvor besessen hat – und verliert wieder, was gewonnen wurde.

Aber wie kam es zu dieser Urform des totalen Kriegs? Einen Grund haben wir bereits genannt: den Gegensatz zwischen katholischem und protestantischem Christentum. Doch dieser Gegensatz bestand schon seit hundert Jahren, ohne dass es zu einem Krieg gekommen wäre. Noch etwas anderes musste hinzukommen, um einen Krieg von solcher Wucht und Hartnäckigkeit zu entfesseln. Im allgemeinen Verständnis – und in der Schule noch oft so gelehrt – wird der Dreißigjährige Krieg zu den Glaubenskriegen gezählt. Auch der Schriftsteller Heinrich Böll erinnerte sich, im Geschichtsunterricht gehört zu haben, dass es in diesem Krieg ausschließlich um den Glauben gegangen sei. Nachdem er aber einiges über ihn gelesen hatte, stellte sich ihm die Frage: »Wem denn ging es um den Glauben? Den meisten Soldaten wohl kaum, wenn sie auch auf Fahnen und in Liedern einen demonstrierten, besangen und verteidigten; den Potentaten und Heerführern mit ihren gemischten Motiven im entscheidenden Augenblick nie.« Das heißt natürlich nicht, dass die Religion keine Rolle gespielt hätte. Mit ihr wurde vieles gerechtfertigt bis hin zu schlimmsten Grausamkeiten. Mit der Religion ließen sich vortrefflich Freund- und Feindbilder aufbauen und politische und materielle Interessen damit verbinden.

So war es auch kein Zufall, dass der Dreißigjährige Krieg fast genau hundert Jahre nach Luthers Thesenanschlag (1517) – dem Beginn der Reformation – ausbrach. Dieses Jubiläum heizte die allgemeine Stimmung im Reich auf, zumal der Katholizismus seit langem versuchte, durch eine Art Gegenreformation verloren gegangene Einflussgebiete zurückzugewinnen. Indem das Zeitalter ganz allgemein vom christlichen Glauben und der schmerzlichen Kirchenspaltung geprägt war, hatte auch der Dreißigjährige Krieg notgedrungen religiöse Ursachen. Doch lange Zeit hat die Geschichtsforschung diese als Hauptgründe für den »Krieg der Kriege« angesehen.

Zu fragen wäre also: Wieso ist ein solch blutiger Glaubenskrieg nicht schon hundert Jahre früher ausgebrochen? Wieso hat Luthers Reformation nicht direkt in einen großen Glaubenskrieg geführt? Die Kirchenspaltung allein reichte offensichtlich nicht aus, um ganz Europa in einen großen Krieg zu stürzen. Die Religion wurde erst ab dem Zeitpunkt zum kriegstreibenden Element, da sie gezielt mit politischen und wirtschaftlichen Interessen verwoben wurde.

Die politischen Verhältnisse im Zeitalter der Reformation sahen in Europa so aus, dass auf dem Kontinent zwei Reiche in scharfem Gegensatz zueinander standen: das »Heilige Römische Reich Deutscher Nation« mit dem habsburgischen Kaiser an der Spitze auf der einen und Frankreich auf der anderen Seite. Denn auch der König von Frankreich, Franz I. (1515–1547), wäre gerne Kaiser von Gottes Gnaden gewesen. Doch die Wahl durch die europäischen Fürstenhäuser war auf den Habsburger Karl V. (1530–1556) gefallen, einen glaubenseifrigen katholischen Christen. Diesem lag die Einheit der Kirche sehr am Herzen – aus einem einfachen Grund: weil die kirchliche Einheit die Einheit und damit Macht des Reichs stärken würde. Die Gemeinsamkeit des Glaubens sollte die zahllosen Völker seines Herrschaftsbereichs zusammenhalten. Die Religion spielte also von vornherein eine wichtige machtpolitische Rolle. Doch Frankreich verstand sich ebenfalls als »allerchristlichste Krone« des Abendlands und machte den Habsburgern die Kaiserkrone streitig. Diese wiederum schlossen sich eng mit dem Papst in Rom zusammen. Dieses Bündnis war offen gegen Frankreich gerichtet.

Das Gespinst der Kriegsgründe

Kaiser Karl V. verfügte zur Zeit der Reformation über eine beeindruckende Macht. Durch Erbschaft waren ihm die Niederlande, Spanien mit Neapel und Sizilien und den überseeischen Besitzungen zugefallen. Damit wurde die längst veraltete Idee des mittelalterlichen universalen Kaisertums wiederbelebt. Karl V. betrieb deshalb mit Nachdruck die Rückeroberung von Gebieten, die einst zum Römischen Reich gehört hatten, wie etwa Mailand und Genua, dann Burgund, ebenso Böhmen und Ungarn. Die Bestrebungen, ganz Italien dem habsburgischen Reich einzugliedern, missfielen aber nicht nur dem König von Frankreich, sondern ebenso dem Papst, der in Italien selbst eine weltliche Macht darstellte und sich als solche bedroht sah.

Der kriegerische Zusammenstoß zwischen Frankreich und dem habsburgischen Reich war unvermeidlich, zumal sich Frankreich an allen seinen Landesgrenzen von habsburgischen Besitzungen umschlossen sah. Dieser Gegensatz zwischen Habsburg und Frankreich sollte für zweieinhalb Jahrhunderte der Grundkonflikt der europäischen Politik bleiben. Ohne diesen wäre es auch nicht zum Dreißigjährigen Krieg gekommen, obwohl dessen Ausbruch erst einmal nichts mit den beiden Mächten zu tun hatte.

Doch die hundert Jahre davor waren auch schon von Kriegen geprägt gewesen, vor allem jenem zwischen Karl V. und Frankreich. Diesen hatte Karl V. zwar gewonnen, doch ohne Frankreich ernsthaft schwächen zu können. So schwelte der Machtkonflikt weiter. Durch den Tod König Ludwigs von Böhmen und Ungarn im Kampf gegen die Türken im Jahre 1526 waren diese Länder laut Erbvertrag an Ferdinand, den Bruder Karls V., gefallen, also zu Stammlanden Habsburgs geworden. Diese Machtanhäufung bei den Habsburgern missfiel zunehmend den Fürsten im Reich, auch manchen katholischen, da sie ihre Eigenständigkeit bedroht sahen. Damit brauten sich bereits zur Mitte des 16. Jahrhunderts die Konflikte zusammen, die dann im Jahre 1618 den Dreißigjährigen Krieg auslösen sollten. Das Reich hatte immer mehr fürstliche Gegner im Innern, vor allem jene, die dem Protestantismus angehörten, und in Frankreich seinen ewigen, »allerchristlichsten« Feind von außen.

Als Karl V. im Jahre 1556 abdankte, hinterließ er ein geschwächtes Reich, das er auch noch auf seinen Bruder Ferdinand und seinen Sohn Philipp aufteilte. Philipp II. (1556–1598) herrschte fortan über Spanien mit seinen italienischen, niederländischen und überseeischen Besitzungen. Ferdinand wurde von den Kurfürsten des Reichs zum neuen Kaiser (Ferdinand I., 1556–1564) gewählt.

Die Glaubenseinheit im Reich aber war spätestens mit dem Augsburger Religionsfrieden von 1555 auch rechtlich aufgegeben. Die deutschen Fürsten konnten fortan selbst entscheiden, ob sie und ihre Untertanen dem katholischen oder dem lutherischen Glauben angehören wollten. Dadurch entstand eine zunehmende Entfremdung zwischen den protestantischen Landesfürsten und dem katholischen Kaisertum. Das ohnehin territorial zersplitterte Reich verlor nun auch noch seinen religiösen Zusammenhalt, zumal der Protestantismus sich immer weiter ausbreitete. Gleichzeitig verlor der Protestantismus selbst seine innere Einheit: die Lutheraner zerfielen in eine radikale und eine gemäßigte Richtung, gleichzeitig drang von Genf aus der Calvinismus nach Deutschland vor, der die Gedanken der deutschen Reformation radikal verschärfte. In Genf hatte Calvin eine Art Gottesstaat errichtet und die Ausrottung der Feinde Gottes mit allen Mitteln – auch staatlichen – gepredigt. Alle diese religiösen Gegensätze übertrugen sich immer stärker auf das politische Gebiet, erst recht als die Katholiken unter Führung des Jesuiten-Ordens zur Gegenreformation aufriefen, um so die an den Protestantismus verlorenen Gebiete erst einmal geistig zurückzuerobern. Dass man sich dabei irgendwann auch kriegerischer Mittel bedienen würde, war naheliegend.

Bayern übernahm rasch die politische Führung der Gegenreformation. Sowohl die süddeutschen protestantischen als auch die katholischen Fürsten im Reich schlossen sich zu Bündnissen zusammen: die Protestanten 1608 zur »Union« unter der Führung des Kurfürsten von der Pfalz, die Katholiken 1609 zur »Liga« unter bayrischer Führung. Beide Bünde stützten sich auf ausländische Hilfe, die »Union« auf Frankreich, obwohl dieses katholisch war, die »Liga« auf Spanien. Die protestantischen Fürsten im Norden des Reichs hielten sich vorerst noch zurück.

Dieses verwirrende Geflecht unterschiedlicher politischer und religiöser Interessen war bestens geeignet, in einen kontinentalen Krieg zu führen. Dabei war es durchaus nicht so, dass das Jahrhundert davor ein besonders friedliches gewesen wäre. Den andauernden Konflikt zwischen Frankreich und dem Reich haben wir bereits erwähnt. Die spanische Linie der Habsburger führte unter Philipp II. seit 1566 einen erbitterten Krieg gegen die Niederlande, die zumindest in ihrem nördlichen Teil nach Unabhängigkeit von Spanien strebten. Das hatte vor allem damit zu tun, dass sich dort der kampfesfreudige Calvinismus ausbreitete. Der Unabhängigkeitskampf der Holländer war also von Anbeginn stark religiös geprägt. 42 Jahre dauerte dieser Krieg, der die Niederlande am Ende in zwei Teile zerriss, einen von Spanien unabhängigen protestantischen Norden und einen katholischen Süden, der noch hundert Jahre unter spanischer Herrschaft bleiben sollte. Gleichzeitig führte Spanien Krieg gegen England um die Vorherrschaft auf den Weltmeeren – und gegen Frankreich, das selbst durch einen dreißigjährigen Bürgerkrieg zwischen Katholiken und calvinistischen Protestanten innerlich zerrüttet war. Auch in Frankreich hatte sich eine katholische adelige »Liga« gebildet, die sich mit dem spanischen Erbfeind verbündete, um die Protestanten niederzuringen. Der französische König Heinrich IV. war ebenfalls Protestant; er bewahrte nur dadurch sein Land vor einer spanischen Eroberung, dass er 1593 zur katholischen Kirche zurückkehrte. Damit war zwar der religiöse Bürgerkrieg beendet, aber dafür gewann der alte Gegensatz zwischen Frankreich und dem habsburgischen Reich wieder an Bedeutung. Daran änderte auch das neue katholische Bekenntnis Heinrichs IV. nichts. Er verbündete sich mit dem protestantischen England und der jungen protestantischen Republik der Niederlande gegen das katholische Spanien. Frankreich war schon damals ein Land, das Glauben und Politik zu trennen wusste – im Dienste der Staatspolitik. Die Interessen des Staates zählten in Frankreich von da an stets mehr als die Interessen der Kirche.

Der Dreißigjährige Krieg bestand aus vielen Einzelkriegen

Nun aber endlich zum Dreißigjährigen Krieg! Er brach in einer eher abgelegenen Ecke Europas aus: in Böhmen. Aber er war, wie wir zu zeigen versuchten, nur ein Teil des großen europäischen Kampfs von Staaten, die nach der absoluten Macht in Europa strebten. Schon seit längerem war das habsburgische Haus bestrebt, seine Erblande miteinander zu verschmelzen und so die Stellung des Kaisers im Reich zu stärken. Das Königreich Böhmen zählte zu den Erblanden der Habsburger, wie wir weiter oben bereits erwähnten. Das »Heilige Römische Reich Deutscher

Nation« war ein einziger Flickenteppich aus Hunderten von Kleinstaaten mit unterschiedlichen Einzelinteressen, die seit der Reformation nicht immer mit den Interessen des Kaisers übereinstimmten. Wenigstens in den habsburgischen Erblanden sollten die Interessen des Kaisers gewahrt bleiben. Im Königreich Böhmen war jedoch die Reformation stark im Vormarsch. Ein bedeutender Teil der Landesfürsten war der neuen Kirche beigetreten, während die Kaiser Rudolf II. (1576–1612) und Matthias I. (1612–1619), die ja auch Könige von Böhmen waren, eine gewaltsame Neukatholisierung von ganz Böhmen versuchten. Die böhmischen Protestanten wehrten sich dagegen und probten den bewaffneten Aufstand gegen ihren habsburgischen Landesherrn Ferdinand II. (1619–1637), dem Nachfolger Matthias' I. auf dem Kaiserthron. Die böhmischen Fürsten verweigerten Ferdinand ihre Huldigung und blockierten damit seine Wahl zum böhmischen König. Sie wählten vielmehr den Kurfürsten Friedrich V. von der Pfalz, den Anführer der protestantischen »Union« in Süddeutschland, zum König von Böhmen. Das bedeutete Krieg.

Dieser kleine böhmische Krieg weitete sich sofort zu einem großen europäischen Konflikt aus, da Ferdinand II. bei den Spaniern um Waffenhilfe ersuchte und ebenso bei der von Bayern angeführten katholischen »Liga«. Zudem sicherte er sich die finanzielle Unterstützung durch den Papst und sechs italienische Kleinstaaten.

Große Kriege, das sieht man an diesem Beispiel, werden durch Bündnisse heraufbeschworen – ein Automatismus der gegenseitigen Unterstützung im Kampf gegen eine feindliche Macht, die ihrerseits auch wieder Bündnissen angehört. So wurde aus einem örtlich begrenzten böhmisch-habsburgischen Streit ein europäischer Flächenbrand. Kurfürst Friedrich V. von der Pfalz, von seinen Bundesgenossen im Stich gelassen, erlitt 1620 in der Schlacht am Weißen Berg bei Prag eine Niederlage durch die katholischen Truppen unter der Führung von Herzog Maximilian I. von Bayern. Friedrich musste als König abdanken; seine pfälzischen Erblande und seine Kurwürde gingen an Maximilian.

Bereits zu diesem Zeitpunkt – man spricht vom Böhmisch-Pfälzischen Krieg von 1618 bis 1623 – kann man sagen, dass der Anlass des Kriegs gering, die Folgen aber schwerwiegend waren – und genau das zeichnet viele Kriege aus. Das nennt man »Eskalation« (stufenweise Steigerung). Von dem Erfolg bestärkt und im Glauben, die Gunst der Stunde nutzen zu müssen, zogen die Truppen der katholischen »Liga« unter ihrem Feldherrn Tilly (1559–1632) nach Norden bis an die Grenze des protestantischen Niedersachsen. Dieses bedrohliche Muskelspiel führte auch prompt zur Auflösung der protestantischen »Union«. Angesteckt vom Erfolg der katholischen »Liga«, meinte nun auch der spanische König Philipp IV., auf die Bühne des Kriegstheaters treten zu müssen, und eröffnete aufs Neue den Krieg gegen Holland. Von England und Holland unterstützt, griff auch der dänische König Christian IV. in den Krieg ein und stellte sich dem kaiserlichen Heer unter Tilly entgegen. Sein Motiv: Stärkung der eigenen Machtbasis für den Kampf mit Schweden um die Vorherrschaft im Ostseeraum. Er musste sich allerdings 1626 in der Schlacht bei Lutter am Barenberge Tilly geschlagen geben und sich fortan zur Neutralität verpflichten.

Neben Tilly, der das Heer der katholischen »Liga« anführte, trat nun erstmals auch ein eigenes kaiserliches Heer auf den Plan, angeführt von dem böhmischen Edelmann Albrecht von Wallenstein (1583–1634). Dieser besetzte den ganzen Ostseeraum von Pommern bis Jütland und belagerte 1628 die Stadt Stralsund, die sich, unterstützt von den Schweden, erfolgreich verteidigte. Diese Phase des Dreißigjährigen Kriegs (von 1625 bis 1629) wird als Niedersächsisch-Dänischer Krieg bezeichnet. Das Erscheinen des kaiserlich-habsburgischen Heeres an der Ostsee rief nun endgültig die dritte Großmacht auf dem europäischen Kontinent auf den Plan, die in den vorangegangenen Jahren ihre Vormachtstellung gegenüber Polen und Russland durch Eroberungen ausgebaut hatte: Schweden. König Gustav II. Adolf von Schweden (1611–1632) war ein überzeugter Protestant, und so sah er im Erscheinen der habsburgischen Macht an der Ostsee auch eine Bedrohung seines Glaubens. Das katholische Frankreich bot ihm sofort finanzielle Unterstützung im Kampf gegen den habsburgischen Kaiser an, die Gustav Adolf bereitwillig annahm. Wenn es ums Geld ging, waren Glaubensunterschiede auch in diesem »Glaubenskrieg« nicht von Bedeutung.

Am 4. Juli 1630 landete der schwedische König mit seinem Heer in Pommern und stieß rasch nach Süden vor. Seine Truppen schlugen Tillys Heer 1631 bei Breitenfeld und ein Jahr später bei Rain am Lech, wo Tilly tödlich verwundet wurde. Damit standen die Schweden mitten in Bayern und an den Grenzen der habsburgischen Erblande. In seiner Not stellte ihnen der Kaiser Wallenstein entgegen, obwohl dieser zwischenzeitlich aus kaiserlichen Diensten entlassen worden war. In der Schlacht bei Lützen im November 1632 siegten zwar die Schweden, verloren dabei aber ihren König. Dennoch konnte Schweden seine politische und militärische Stärke noch eine Zeit lang behaupten, vor allem, weil sich die süd- und westdeutschen protestantischen Fürsten mit den Schweden zusammentaten. Doch bei Nördlingen verloren sie 1634 eine entscheidende Schlacht, was zum Frieden von Prag führte und zu einer Einigung zwischen den protestantischen Fürsten und dem Kaiser. Sie schlossen sich jetzt sogar mit dem Kaiser gegen die Schweden zusammen, unter deren Schutz sie sich in den Jahren davor gestellt hatten. Diese Phase des Dreißigjährigen

Kriegs wird als Schwedischer Krieg bezeichnet; er dauerte von 1630 bis 1635.

Von diesem Zeitpunkt an verlor der Krieg endgültig seine religiösen Begründungen. Zu Ende war er damit aber noch nicht. Frankreich, schon seit 1631 Geldgeber Schwedens und damit verdeckter Teilnehmer am Krieg, griff nun offen in den Kampf ein, um der zunehmenden Macht des Hauses Habsburg zu begegnen. Schon seit 1624 führte der Kardinal Richelieu (1585–1642) die politischen Geschicke Frankreichs und beobachtete die kriegerische Entwicklung genau. Jetzt, da Schwedens Macht angeschlagen war, musste Frankreich handeln, wollte es nicht vom habsburgischen Kaiserreich im Osten und dem habsburgischen Spanien im Westen und Norden erdrückt werden. Also erklärte im Jahre 1635 Frankreich Spanien den Krieg. Damit verschmolz der alte spanisch-holländische Konflikt mit dem deutschen Krieg. Diese letzte Phase des Dreißigjährigen Kriegs wird als Schwedisch-Französischer Krieg bezeichnet. Das Schlachtenglück war mal auf der Seite der Franzosen und Schweden, dann wieder auf der Seite der Kaiserlichen. Noch einmal verlagerte sich der Krieg nach Süddeutschland, doch die Kräfte aller Beteiligten versiegten langsam; das Reich war ausgeplündert, die Wirtschaft lag am Boden, die Bevölkerungsverluste waren gewaltig, in vielen Landstrichen geradezu katastrophal. Seit 1644 gab es Friedensverhandlungen, die aber erst 1648 zum Erfolg und zum Westfälischen Frieden führten. Damit endete für Deutschland das Zeitalter der Glaubenskämpfe, das mit Luthers Reformation begonnen hatte. Gewinner dieses dreißigjährigen Ringens waren Schweden und Frankreich, Verlierer war das Reich, das in den folgenden Jahrhunderten zu keiner Einheit mehr finden sollte.

Allgemeine Bewertung des Dreißigjährigen Kriegs

Das war zugegeben eine äußerst grobe und oberflächliche Schilderung eines Kriegs, der aus vier Einzelkriegen bestand und in seinem Durcheinander der Bündnisse seinesgleichen sucht – ein einziges Verwirrspiel, das schon Zeitgenossen als einen »Irrgarten« bezeichnet haben. Eine genauere Betrachtung würde zeigen, dass die vier Einzelkriege sich problemlos vermehren ließen. Statistiker kommen für die 30 Jahre mühelos auf 13 Kriege mit 10 Friedensschlüssen. Zudem franst der Krieg nach vorne und hinten aus. Man könnte seinen Beginn getrost um zehn Jahre vorverlegen und ihn erst mit dem Jahre 1659 enden lassen. Denn bis dahin führten Spanien und Frankreich ihren Kampf fort. Freilich war es nicht so, dass in diesen dreißig Jahren pausenlos gekämpft wurde. Es gab auch Phasen der Kriegsflaute, aber diese währten nur kurz. Im neuzeitlichen Durchschnitt dauern Kriege etwa zweieinhalb Jahre. Fünf Jahre scheint die Obergrenze für die menschliche Belastbarkeit durch ununterbrochenes Kriegführen zu sein.

Bis heute bleibt dieser Krieg für die Geschichtsforscher verwirrend und schwer durchschaubar. Nur eines scheint festzustehen: die vier Hauptkriege waren Kriege verschiedener europäischer Mächte gegen den habsburgischen Kaiser. Die *eine* große Ursache für diesen »Krieg der Kriege« gibt es nicht. Es gibt mehrere Kriegsgründe und auch sie sind nicht einfach zu benennen. Irgendwie hat man den Eindruck, dass sich auf deutschem Boden ein gesamteuropäischer Konflikt kriegerisch entladen hat, wobei die zahllosen deutschen Fürsten sehr bald nicht mehr wussten, wer Freund und wer Feind ist. Selbst die anfänglich noch bedeutsame Feindschaft zwischen Protestanten und Katholiken verlor im Laufe des Kriegs ihre Wichtigkeit; es wurden aus taktischen Gründen auch Bündnisse über die Konfessionen hinweg geschlossen.

Gerade am Dreißigjährigen Krieg wird deutlich, dass der Hauptkriegstreiber fast immer der Staat ist. Er ist dies umso mehr, je stärker er sich noch im Werden befindet. Zu Beginn des 17. Jahrhunderts sind im Grunde alle Staaten Europas erst noch im Entstehen. Das bedeutet, dass die Herrscher dieser sich bildenden Staaten selbst noch gar nicht wissen, was es heißt, einen Staat vernünftig, das heißt im eigenen Interesse – und dem der Untertanen – zu führen. So zeichnet das 17. Jahrhundert ein hohes Maß an politischer Unvernunft aus. Man handelt mehr oder weniger aus dem fürstlichen Bauch heraus und überdenkt nicht die Folgen des Handelns. Es scheint den Herrschern irgendwie Vergnügen zu bereiten, Schlachten zu schlagen – immer natürlich im vermeintlichen Dienst einer höheren Sache: Glaube, Reich, Abendland. In einem erst noch werdenden Staat weiß der Herrscher niemals mit Sicherheit, was denn eigentlich die obersten Interessen des Staates sind. Staatsinteressen werden nur vage vermutet. Aus dieser bloßen Vermutung heraus wird aus kurzfristigen Zielsetzungen gehandelt.

Drei unfertige Staaten ringen im Dreißigjährigen Krieg um die Vorherrschaft auf dem europäischen Festland: das habsburgische Reich mit seiner spanischen Nebenlinie, dann das seiner politischen Grenzen noch unsichere Frankreich und schließlich Schweden, das offensichtlich mehr sein will als nur die beherrschende Ostseemacht. Alle drei wollen im Grunde das Gleiche: ganz Europa beherrschen. Nur so kann man sich erklären, dass der schwedische König mit seinem Heer bis nach Bayern zieht. Was will er denn dort?, so fragt man sich. Gewiss nicht seine Interessen an der Ostsee verteidigen. Ja, und Frankreich will sich nicht vom Reich und von Spanien in dic Zange nehmen lassen. Und was das Reich will, ist klar: das Erbe des alten christlichen Weströmischen Reichs, also des Reichs Gottes auf Erden, fortsetzen in enger Verbindung mit dem Papst. Ein solcher Anspruch muss ein Reich innerlich zerreißen, sobald die Einheit der Christen verloren geht. Die Spaltung der Kirche droht zwangsläufig auch das Reich zu spalten, das ohnehin nur ein lockerer Verbund Hunderter deutscher Kleinstaaten ist mit ihren besonderen, meist sehr egoistischen Interessen. Daran drohte die beherrschende Stellung des Hauses Habsburg zu zerbrechen. Der Versuch Böhmens, sich der habsburgischen Macht zu entziehen, drohte zum Todesstoß für das Reich zu werden. Kurzum: der eigentliche Kriegsauslöser war der drohende Zerfall des Reichs.

Aus diesem ganzen Durcheinander der unvernünftigsten Machtansprüche erwuchs der Dreißigjährige Krieg. Der gesamte Konflikt war kein Gegeneinander gleichberechtigter, in sich gefestigter Staaten, sondern ein undurchdringbares Gewirr von Gegensätzen, Interessen, Zielen und Organisationsformen. Innerstaatliche und zwischenstaatliche Sicherungssysteme, wie wir sie heute kennen, gab es damals noch nicht. Daraus folgt: der Dreißigjährige Krieg war kein klassischer Staatenkrieg, weil es gefestigte Staaten in Europa noch gar nicht gab. Vielmehr war er eine Folge der Staatenbildung, die bis weit ins 18. Jahrhundert fortdauern sollte. Unfertige Staaten prallten mit ihrem Bestreben, der führende Staat auf dem Kontinent zu werden, hart aufeinander. Der Krieg war deshalb so chaotisch und unüberschaubar, weil hier nicht funktionierende Staatensysteme aufeinander stießen, sondern sich ein europäisches Staatensystem erst seinen blutigen Weg zu bahnen versuchte – eine katastrophale Übergangskrise zur modernen Staatenorganisation. Die sich herausbildenden Staaten, voran Habsburg, Frankreich und zum Teil auch Schweden, mussten schmerzhaft lernen, ihre Allmachtsansprüche über ganz Europa aufzugeben. Jeder wollte den andern daran hindern, der Stärkste zu werden – eine Art Ausscheidungskampf.

Mit dem Westfälischen Frieden gelang es immerhin, die verschiedenen Machtansprüche in eine wacklige Balance zu bringen. Die Großen mussten anerkennen, dass auch die Kleinen, etwa die Niederlande oder Böhmen, ein Recht hatten, Staaten zu werden. Was diesen Konflikt zwischen werdenden Staaten so mörderisch machte, war die Verknüpfung von Religion, Politik und Wirtschaft. Gerade die wirtschaftlichen Kriegsgründe wurden von der Forschung lange Zeit übersehen; zu ihnen zählte vor allem auch die Sicherung bewährter Handelswege und bequemer Zugänge zu Bodenschätzen. Dieser »Religionskrieg« offenbarte immer wieder, dass von den streitenden Parteien die Handelsbeziehungen für wichtiger angesehen wurden als die religiösen Gegensätze. So betrieb zum Beispiel das katholische Köln eine strikte Neutralitätspolitik gegenüber den protestantischen Niederlanden, weil ihm die vielfältigen Handelsbeziehungen zu diesem Nachbarn wichtiger waren als Glaubensfragen. Bedeutsam ist auch die Erkenntnis, dass der Dreißigjährige Krieg überhaupt nur möglich war, weil sich Europa diesen Krieg leisten konnte. Dem Krieg war nämlich ein allgemeiner starker Aufschwung der Wirtschaft vorausgegangen, vor allem in der landwirtschaftlichen Produktion. Dieser Aufschwung war mit der Marktausweitung durch den entstehenden Welthandel verknüpft. »Der Dreißigjährige Krieg«, so meinte ein Historiker, »… ist aus dem … Wirtschaftsaufschwung des 16. Jahrhunderts entstanden, er hat von dem in diesem Aufschwung produzierten Reichtum gelebt und hat diesen Reichtum schließlich zerstört.« Im 16. Jahrhundert hatte ganz besonders die Metallverhüttung ein rasantes Wachstum erlebt, was erst die Waffenproduktion für den großen Krieg ermöglichte. Während der dreißig Jahre waren etwa eine Million Söldner in den verschiedenen Heeren tätig. Das war nur möglich, weil im Jahrhundert davor die Bevölkerung Europas um etwa 25 Prozent angewachsen war. So befremdlich es sich auch anhören mag: der Dreißigjährige Krieg war möglich, weil es Europa davor sehr gut ging. Der Krieg konnte so viel an Sachwerten und Menschenleben zerstören, weil so viel davon da war. Europa hat diese Katastrophe, bei der ein Drittel der Stadtbevölkerung und 40 Prozent der Landbevölkerung umkamen, nur überleben können, weil dem Krieg ein gewaltiger Aufschwung auf allen gesellschaftlichen Ebenen vorausgegangen war. Erst die Gefahr der Selbstzerstörung zwang der europäischen Kultur nach 30 Jahren den Frieden auf. Bezeichnend, dass jene Länder, die sich lange Zeit aus dem Kampf herausgehalten hatten – Frankreich und Spanien –, den Krieg noch zehn Jahre weiterführten.

Am Ende, als alle Länder sich am Krieg erschöpft hatten, trat ein vorläufiges Gleichgewicht der Kräfte ein; aus diesem ergab sich zum ersten Mal die Möglichkeit eines Europa aus vielen eigenständigen Einzelstaaten. Dieses politische Gleichgewicht entschärfte auch die religiösen Gegensätze. Die Einflussbereiche der drei Konfessionen (Katholiken, evangelisch Reformierte und calvinistisch Reformierte) wurden abgesteckt. Die Religion war in Europa von da an kein Kriegsgrund mehr. Dennoch wirkte dieser Krieg lange nach: als ein Krieg, der weniger auf Schlachtfeldern als in den Dörfern und Städten stattfand. Dieser Krieg gehorchte dem brutalen Gesetz, dass der Krieg den Krieg zu ernähren habe. In den dreißig Kriegsjahren sank die Bevölkerungszahl in den deutschen Landen von 16 auf 11 Millionen. Die meisten Menschen starben durch Hunger und Seuchen, viele aber auch durch unbeschreibliche Grausamkeiten der verrohten Heerhaufen. So ist dieser Krieg wegen seiner Schwere, seiner Länge und der Gräuel zu einer Extremerfahrung der Menschen geworden, die über viele Generationen hinweg nachwirkte. Nicht zuletzt hat er als »Glaubenskrieg« den Glauben an Gott bei vielen Menschen zutiefst erschüttert.

Was lehrt uns der Dreißigjährige Krieg? Dass nicht die Menschen als solche übereinander herfallen, weil irgendein dubioser Aggressionstrieb in ihnen am Werk ist, sondern dass ganz wenige Herrscher ihre Macht- und Geldinteressen kriegerisch durchzusetzen versuchen. Das Volk wird nicht gefragt, sein Leid interessiert niemanden. Nicht der Mensch an sich führt Krieg, sondern »Herrschaften« tun dies für ihre eigenen Zwecke.

4. KAPITEL

Die Wissenschaft vom Krieg

Der Dreißigjährige Krieg wurde, wie wir gesehen haben, »irgendwie« geführt. Keine Spur von Kriegskunst. Einfach drauflos und sehen, wem das Kriegsglück hold ist. Hundert Jahre später zeigen die europäischen Kriege bereits ein anderes Erscheinungsbild.

Im Zeitalter der Aufklärung, also zur Mitte des 18. Jahrhunderts, als die Vernunft zur obersten Richtschnur des menschlichen Handelns erhoben wurde, sollte auch der Krieg ein vernünftig geführter, ein wissenschaftlich durchdachter Krieg sein. Nur ein vernünftig geführter Krieg, das wusste schon Sun Tsu, führt zum Sieg. Das muss nicht heißen, dass nicht auch ein unvernünftiger, allein aus Leidenschaft geführter Krieg siegreich sein kann. Aber das ist eher die Ausnahme. »Jede Kriegshandlung«, so liest man bei Sun Tsu, »birgt Unheil in sich – sie wird nur deshalb als wichtig erachtet, weil sie eine Angelegenheit von Leben und Tod darstellt, und es besteht die Gefahr, dass man sich leichtfertig darauf einlässt.«

Den Krieg wie ein Schachspiel zu planen und auszuführen – und zu gewinnen – wurde am Ende des 18. Jahrhunderts, gerade auch unter dem Eindruck der glänzenden Kriegserfolge Napoleons, ein Anliegen verschiedener Kriegstheoretiker. Unter ihnen sind vor allem Jomini und Clausewitz zu nennen. Sie sind die wichtigsten Begründer der modernen Kriegslehre. Der erste von beiden ist heute weitgehend vergessen. Clausewitz' unvollendetes Werk »Vom Kriege« wird hingegen noch immer gelesen – nicht nur von Militärs.

Antoine Henry Jomini (1779–1869) und Carl von Clausewitz (1780–1831) waren nicht nur Zeitgenossen, sondern teilten ähnliche Lebensschicksale. Beide entwickelten ihre Kriegslehren aus der eigenen praktischen Kriegserfahrung und der Beschäftigung mit alten militärischen Schriften. Beide analysierten vor allem die Feldzüge Friedrichs des Großen im Siebenjährigen Krieg. Jomini diente als Adjutant des Marschalls Ney in der Armee Napoleons und bekleidete den Rang eines Obersten im Generalstab. Er kämpfte in vielen Schlachten Napoleons in dessen unmittelbarer Nähe mit. 1808 ging er mit Marschall Ney nach Spanien und erlebte den unerbittlich und grausam geführten Krieg der Franzosen gegen die spanische Zivilbevölkerung. Diese führte eine Art Volks- oder Guerilla-Krieg gegen die französischen Eroberer.

Clausewitz gehörte zu dieser Zeit bereits zum Kreis der preußischen Heeresreformer Scharnhorst (1755–1813) und Gneisenau (1760–1831). Als Jomini sich von der französischen Armeeführung missachtet und zurückgesetzt fühlte, quittierte er seinen Dienst und wechselte in die Armee des Gegners, nämlich des russischen Kaisers Alexander I. (1801–1825). Dort stand zu jener Zeit (1811) auch Clausewitz in russischem Dienst: im Kampf Russlands gegen Napoleon. Dieser hatte Russland am 24. Juni 1812 ohne Kriegserklärung angegriffen. Clausewitz verabscheute – wie viele seiner Offizierskollegen – die Entscheidung des preußischen Königs Friedrich Wilhelm III. (1797–1840), sich Napoleons Feldzug gegen Russland anzuschließen. 1813 trat er allerdings wieder in preußische Dienste und kämpfte in den Befreiungskriegen gegen Napoleon (1813–1815) als Generalstabschef eines preußischen Armeekorps.

Die Kriegstheorien von Jomini und Clausewitz sind ohne die Napoleonischen Kriege nicht zu denken. Doch nicht weniger wichtig war für beide die Analyse der Schlachten Friedrichs des Großen, mit denen sich auch Napoleon eingehend befasst hatte. Napoleon war ein großer Bewunderer des Preußenkönigs Friedrich II., von dem er einmal meinte, dass allein die siegreiche Schlacht bei Leuthen (am 5. Dezember 1757 gegen die Österreicher) Friedrich unsterblich gemacht habe. Dort besiegte Friedrich der Große mit 30000 Soldaten das österreichische Heer, das 80000 Mann umfasste, was freilich auch damit zu tun hatte, dass die Preußen die besseren Gewehre hatten.

Für Jomini wie für Clausewitz liefert das Kriegssystem Napoleons die Grundsätze ihrer Kriegstheorien, die sich dennoch sehr stark voneinander unterscheiden. Jomini legt den Schwerpunkt mehr auf die Taktik, also auf das einzelne Gefecht, weil es für ihn der maßgebliche Faktor eines Kriegs ist. Dagegen bevorzugt Clausewitz die Strategie, also die langfristige Planung eines Kriegs auf der Landkarte. Beide wissen natürlich, dass Taktik und Strategie niemals ganz voneinander zu trennen sind.

Nun haben wir auch schon die beiden wichtigsten Begriffe der modernen Kriegstheorie genannt: »Taktik« und »Strategie«. Taktik ist die Kunst, im Gelände zu kämpfen und die Kräfte einer Armee gemäß den Örtlichkeiten und jahreszeitlichen Bedingungen optimal einzusetzen. Oder brutal ausgedrückt: die richtige Taktik soll gewährleisten, dass das Abschlachten auf dem Schlachtfeld ordentlich und wirkungsvoll vonstatten geht. Strategie ist die Kunst, den ganzen Kriegsschauplatz zu überblicken, den Krieg als Ganzen zu planen und die Gefechte zum Zweck des Kriegsziels zu gebrauchen. Hinzu tritt als Drittes noch die Logistik, also die Organisation des Nachschubs. Sie macht es überhaupt erst möglich, Strategie und Taktik in kriegerische Aktion umzusetzen.

Der Krieg ist eine gesellschaftliche Tätigkeit

Während Clausewitz in seinem Werk »Vom Kriege« fast nichts zu Fragen der Taktik sagt, entwickelt Jomini seine Grundsätze und Gedanken vor allem hierzu. Das mag letztlich auch der Grund dafür gewesen sein, dass Jominis Theorie in ihrer Bedeutung niemals an jene von Clausewitz heranreichte. Die richtige Strategie hat sich gegenüber der Taktik als das Wichtigere in einem modernen Krieg erwiesen. Mit Taktik kann man einzelne Schlachten für sich entscheiden; um aber einen ganzen Krieg zu gewinnen, der sich über viele Jahre und große Räume erstreckt, bedarf es einer durchdachten und dabei flexiblen Strategie. Und über Strategie hat, neben Sun Tsu, keiner auch nur entfernt so Bedeutendes gesagt wie Clausewitz, weshalb beide bis heute das moderne strategische Denken prägen und in Militärakademien – ebenso in Managerkursen – gelesen werden. Wir werden uns deshalb im Weiteren mehr mit Clausewitz als mit Jomini befassen.

Clausewitz ist allein schon deshalb bedeutender als Jomini, weil er als Erster erkannt hat, dass jeder Krieg ein bewusster politischer Akt ist, der zum Erreichen bestimmter Ziele von Staaten geführt wird – und zwar mit Hilfe einer vernünftigen Strategie. Die Frage, ob Kriege überhaupt etwas mit Vernunft zu tun haben, stellt Clausewitz nicht.

Wie schon gesagt: Clausewitz war von Napoleons Art der Kriegführung begeistert. Er verehrte Napoleon regelrecht als »Kriegsgott«. Napoleons Kriegführung war in der Tat neu. Neu war vor allem die Wucht, mit der seine Heere Europa gleichsam im Laufschritt überrannten. Seine Armeen waren riesig – und auch das war neu. Gegen Russland bot Napoleon eine Armee von 600 000 Soldaten auf. Seine Devise lautete: Wer wagt, gewinnt – besonders mit einer erdrückenden Übermacht, was sich im Falle

Russlands dann doch als Trugschluss herausstellte. Fünfzig Jahre davor war Friedrich der Große noch mit einigen 10000 Mann in die Schlachten gezogen. Doch Clausewitz wusste, dass Napoleons Erfolge nicht allein auf der puren Masse seiner Soldaten beruhten. Er erkannte, dass Napoleon die preußischen oder österreichischen Heere deshalb so vernichtend schlagen konnte, weil diese noch die Kriegsmethoden aus dem 18. Jahrhundert anwendeten, während Napoleons Armeen bereits das neue Zeitalter, nämlich das der Französischen Revolution, verkörperten. Sie waren Bürgerheere aus Freien und Gleichen; das setzte enorme Kräfte frei. Dagegen wurden die Soldaten der Feudalarmeen in diese noch mehr oder weniger hineingeprügelt. Frankreichs »Grande Armée« war in der Tat eine Riesenarmee, in der Napoleon die elementaren Gewalten der Französischen Revolution militärisch nutzbar machte.

Für Clausewitz war eines klar: einer derart geballten militärischen Macht konnte wiederum nur mit ebensolcher Macht begegnet werden. Am Ende würde jene Seite siegen, die am rücksichtslosesten gegen den Feind vorging. Die Idee des »totalen Kriegs« ist bei ihm schon im Keim angelegt. Clausewitz wies entschieden den Glauben an einen »menschenfreundlichen« Krieg zurück, der mit einem Mindestmaß an Gewalt geführt werden könne. »Denn«, so Clausewitz, »in so gefährlichen Dingen, wie der Krieg eins ist, sind die Irrtümer, welche aus Gutmütigkeit entstehen, die schlimmsten.«

Grundsätzlich stellt Clausewitz fest, dass jeder Krieg eine »gesellschaftliche Tätigkeit« ist. Das heißt, er ist von den gesellschaftlichen Verhältnissen geprägt, aus denen er hervorgeht. Eine revolutionäre Gesellschaft führt anders Krieg als eine Monarchie, und eine liberale Demokratie wieder anders als eine Diktatur. Die Form des Kriegs hängt also von der Regierungsform in den kriegführenden Gesellschaften ab. Daraus folgt: nicht die Völker führen

Krieg gegeneinander, sondern die Staaten, genauer: die Regierungen. Krieg ist – nach Clausewitz – die organisierte Gewalt, die von Staaten, für Staaten und gegen Staaten ausgeübt wird. Dadurch, dass nur Staaten Krieg führen, kann man den Krieg überhaupt vom bloßen Verbrechen unterscheiden. Schließlich gibt es unzählige Arten von Gewalt auf der Welt, aber die meisten sind nicht als »Krieg« zu bezeichnen.

Die Heere sind für die Regierungen die Mittel zum kriegerischen Zweck. Heere sind also militärische Organisationen im Dienst von Regierungen, egal, ob diese nun monarchistisch, republikanisch oder diktatorisch sind. Heere bestehen aus zumeist männlichen Soldaten und dem Kriegsmaterial, das sie zum Einsatz bringen. Soldaten sind Personen, die im Namen des Staates rechtmäßig bewaffnete Gewalt ausüben. Die Soldaten werden zu diesem Zweck rekrutiert, ausgebildet und in Kasernen untergebracht. Damit der Soldat richtig funktioniert, wird er gedrillt. Damit er als Soldat erkannt wird, trägt er eine Uniform und darf nur in dieser kämpfen. Er hat seine Waffen »offen« zu tragen. Er gehorcht einem Kommandeur, der für die Handlungen der Soldaten zur Verantwortung gezogen werden kann.

Die soeben aufgeführten Bestimmungen gehen allerdings nicht auf Clausewitz zurück, sondern wurden erst zum Ende des 19. Jahrhunderts Teil der Kriegskonvention. Davon wird später noch die Rede sein.

Zurück zu Clausewitz! Für ihn ist der Krieg also ein Akt der Gewalt, und bei der Anwendung dieser kriegerischen Gewalt gibt es letztlich keine Grenzen. Im Gegenteil: in einem Krieg verselbständigt sich die Gewalt, sie steigert sich von selbst, was den Philosophen Kant zu der Bemerkung veranlasste, dass der Krieg mehr schlechte Menschen schaffe, als er deren vernichte. Ein Kriegszustand tritt für Clausewitz dann ein, wenn ein Staat einen anderen durch ein Heer angreift, also dessen Staatsgrenzen überschreitet, und der Angegriffene sich seinerseits durch ein Heer verteidigt. Ein Angriff allein macht also noch keinen Krieg, erst die Verteidigung führt zum Krieg. Solange zwei Staaten ihre Grenzen anerkennen, herrscht zwischen ihnen Frieden. Werden die Grenzen verletzt, liegt ein Grund zum Krieg vor. Krieg und Frieden beruhen also auf der Grenzziehung zwischen zwei Staaten. Diese ist die Voraussetzung dafür, dass es keinen dritten Zustand zwischen Krieg und Frieden gibt.

Die Beziehungen der Staaten untereinander sind Teil dessen, was man gemeinhin als Außenpolitik bezeichnet. Für Clausewitz ist auch der Krieg ein Teil der Außenpolitik, oder mit seinen berühmten Worten: »Der Krieg ist die Fortsetzung der Politik mit anderen Mitteln.« Hieraus ergibt sich die wichtige Feststellung, dass der Krieg als Teil der Politik eine gesellschaftliche Tätigkeit ist; er geht von einem politischen Zustand aus und wird durch ein politisches Motiv hervorgerufen. Die Politik wird den ganzen kriegerischen Akt durchziehen, wobei sie durch den Verlauf des Kriegs Veränderungen erfährt. Eines ist aber stets klar: das Militär ist der Politik untergeordnet.

Mag der Krieg auch ein Teil der Politik sein, so bedeutet er doch auch ihr Scheitern: die Unfähigkeit, einen Streit friedlich zu lösen, was ja im Grunde eine Hauptaufgabe der Politik ist. So vergleicht Clausewitz zu Beginn seines Werks den Krieg mit einem Zweikampf: »Jeder sucht den andern durch physische Gewalt zur Erfüllung seines Willens zu zwingen; sein nächster Zweck ist, den Gegner niederzuwerfen und dadurch zu jedem ferneren Widerstand unfähig zu machen. Der Krieg ist also ein Akt der Gewalt, um den Gegner zur Erfüllung unseres Willens zu zwingen.«

Nach Clausewitz neigt jede Gewalt dazu, zügel- und grenzenlos zu werden, also bis zum Äußersten zu gehen. Denn solange keine Seite die andere niedergeworfen hat, muss jede fürchten, von der anderen niedergeworfen zu werden. Damit zwingt jede Seite der anderen das Gesetz des Krieges auf: in seiner Gewalt bis zum Letzten zu gehen. »Wollen wir den Gegner niederwerfen«, schreibt Clausewitz, »so müssen wir unsere Anstrengung nach seiner Widerstandskraft abmessen.« Dabei hängt die eigene Stärke wiederum von drei Grundkräften ab: »die eigentlichen Streitkräfte, das Land mit seiner Oberfläche und Bevölkerung, und die Bundesgenossen«.

Ist Angriff die beste Verteidigung?

Selbst wenn ein Krieg noch so gut geplant ist, die Kräfte des Gegners noch so genau bekannt sind, unterliegt er in hohem Maße den Gesetzen des Zufalls. Es gibt, so meint Clausewitz, »keine menschliche Tätigkeit, welche mit dem Zufall so beständig und so allgemein in Berührung stände als der Krieg. Mit dem Zufall aber nimmt das Ungefähr, und mit ihm das Glück, einen großen Platz in ihm ein.« Clausewitz rückt deshalb den Krieg in die Nähe des Spiels, bei dem ja auch verschiedene Möglichkeiten, Wahrscheinlichkeiten, Zufall, Glück und Pech eine große Rolle spielen. Und noch einen anderen Vergleich stellt Clausewitz an: er vergleicht den Krieg mit dem Handel. Auch dieser ist ein Konflikt menschlicher Interessen und Tätigkeiten. Schließlich weiß man von Handelskriegen, aus denen sich tatsächliche Kriege entwickelt haben. Der Handel – im Verein mit der Politik – ist für Clausewitz der »Schoß, in welchem sich der Krieg entwickelt«.

Die Kriegsaktion selbst setzt sich, wie wir bereits wissen, aus Angriff und Verteidigung zusammen. Hierüber hat sich Clausewitz im zweiten Teil seines Werks eingehender Gedanken gemacht. In seiner strengen, preußisch-nüchternen Art nähert er sich dem Problem: »Was ist der Begriff der Verteidigung? Das Abwehren eines Stoßes. Was ist also ihr Merkmal? Das Abwarten dieses Stoßes.« Und weiter: »Da man aber, um wirklich auch seinerseits Krieg zu führen, dem Feinde seine Stöße zurückgeben muss, so geschieht dieser Aktus des Angriffs im Verteidigungskriege gewissermaßen unter dem Haupttitel der Verteidigung (…) Man kann also in einem verteidigenden Feldzuge angriffsweise schlagen, in einer verteidigenden Schlacht angriffsweise seine einzelnen Divisionen gebrauchen, endlich, in der einfachen Aufstellung gegen den feindlichen Sturm, schickt man ihm sogar noch die offensiven Kugeln entgegen. Die verteidigende Form des Kriegführens ist also kein unmittelbares Schild, sondern ein Schild, gebildet durch geschickte Streiche.«

Nach Clausewitz ist es leichter, ein Land zu verteidigen, als es zu erobern: »Was ist der Zweck der Verteidigung?«, so fragt er. Antwort: »Erhalten. Erhalten ist leichter als Gewinnen; schon daraus folgt, dass die Verteidigung, bei vorausgesetzten gleichen Mitteln, leichter ist als der Angriff. Worin liegt aber die größere Leichtigkeit des Erhaltens oder Bewahrens? Darin, dass alle Zeit, welche ungenutzt verstreicht, in die Wagschale des Verteidigers fällt. Er erntet, wo er nicht gesät hat. Jedes Unterlassen des Angriffs, aus falscher Ansicht, aus Furcht, aus Trägheit kommt dem Verteidiger zugute.« Zu Hilfe kommt dem Verteidiger zudem die genauere Kenntnis der Örtlichkeiten. Durch diese bessere Kenntnis ist es dem Verteidiger möglich, überraschende Gegenangriffe zu führen: »Die Überraschung zeigt sich wirksam dadurch, dass man dem Feinde auf einem Punkt viel mehr Truppen entgegenstellt, als er es erwartete.« Der Angreifer muss in der Regel auf Straßen und Wegen ins fremde Land einfallen, während der Verteidiger sich verdeckt aufstellen kann und bis zum Gegenangriff dem Feind fast unsichtbar bleibt. Ein weiterer, nicht zu unterschätzender Vorteil für den Verteidiger ist der Beistand der eigenen Bevölkerung. Menschen, die sich und ihren Besitz verteidigen, entfalten meist große moralische Kräfte, die sich in zähen Widerstand ummünzen lassen.

Freilich kann kein Staat als nur verteidigender einen Krieg gewinnen. Man sollte nur so lange in der Verteidigung bleiben, wie man ihrer bedarf – der eigenen Schwäche wegen. Man muss sie jedoch aufgeben, sobald man stark genug ist, vom verteidigenden Erhalten ins angreifende Erobern überzugehen, was ja erst einmal nur das Rückerobern der vom Feind besetzten Gebiete bedeutet. Ob die Vorteile des Verteidigers letztlich ausreichen, den Angreifer zurückzuschlagen und den Krieg zu gewinnen, hängt von vielen anderen Faktoren ab, vor allem natürlich von den militärischen Kräften, also der Heeresgröße, der Qualität der Soldaten und der Qualität der Bewaffnung. Der Angreifer hat natürlich den Vorteil des überraschenden Überfalls, der schon so manchen Krieg entschieden hat, bevor er richtig losging. Das funktioniert aber meistens nur, wenn der Angegriffene große Fehler bei seiner Verteidigung macht oder nur über schwache Kräfte verfügt. So bestand von jeher das höchste Interesse des Angreifers darin, den Angriffskrieg so schnell wie möglich zum Erfolg zu führen. Denn je größer der Eroberungsraum wird, der zu durchmessen ist, umso mehr wird der Angreifer durch den Marsch, die Nachschubprobleme und die Besatzung des eroberten Gebiets geschwächt. So erging es Napoleon in Russland, ebenso erging es Hitler in der Sowjetunion.

Stockt der Angriff, so kann der Angreifer selbst sehr schnell in die Rolle des Verteidigers geraten. Daraus ergibt sich dann meistens die Notwendigkeit des Rückzugs – eine Verteidigung im Rückwärtsgang –, während der bis dahin Verteidigende zum Angreifer wird.

Die Überlegungen Clausewitz', wonach der Krieg immer auf die äußerste Gewaltanwendung, also die absolute Rücksichtslosigkeit, abzielt, bahnte dem totalen Krieg der Moderne den Weg. Diesen hätte die Moderne vermutlich auch ohne Clausewitz hervorgebracht. Dennoch ist es erstaunlich, wie in den Schriften des berühmtesten aller Kriegstheoretiker dem entgrenzten, brutalen Krieg das Wort geredet wird, so etwa, wenn er allgemeine Grundsätze der Kriegführung nennt und dabei notiert: »Der erste und wichtigste Grundsatz, den man zur Erreichung jener Zwecke sich machen muss, ist der: alle Kräfte, die uns gegeben sind, mit der höchsten Anstrengung aufzubieten. Jede Mäßigung, welche man hierin zeigt, ist ein Zurückbleiben hinter dem Ziele. Wäre auch der Erfolg an sich ziemlich wahrscheinlich, so ist es doch höchst unweise, nicht die höchste Anstrengung zu machen, um seiner ganz gewiss zu werden; denn diese Anstrengung kann nie einen nachteiligen Erfolg haben. Gesetzt, das Land würde dadurch noch so sehr gedrückt, so entsteht daraus kein Nachteil, denn der Druck wird umso schneller aufhören.« Damit kann man letztlich jede Grausamkeit gegen das feindliche Land rechtfertigen – wenn sie nur dem Sieg dient. Nach diesem Clausewitz'schen Grundsatz hat Hitler-Deutschland seinen Krieg in Europa geführt.

Clausewitz hatte zu allen Zeiten viele Bewunderer, nicht nur in Kreisen des Militärs, sondern ebenso in anderen Bereichen der Gesellschaft, etwa in der Industrie, die sich bei ihrem »Kampf« um die Märkte ebenfalls bei Clausewitz Rat holte. Auf ihn – und Sun Tsu – gehen alle einflussreichen Strategiemodelle für Kriege und andere Konflikte zurück. Doch Clausewitz hatte auch seine Kritiker. Diese wollten vor allem nicht einsehen, dass die Verteidigung gegenüber dem Angriff die stärkere Form der Kriegführung sein soll. Angriff, so argumentierten sie, ist die beste Verteidigung, vorausgesetzt, man ist im Besitz überlegener Kräfte. Denn allein im Angriff ist man in der Lage, diese überlegenen Kräfte auf den entscheidenden Punkt zu bringen, also dorthin, wo der Gegner am schwächsten ist. Das Problem dabei ist, dass dieser Schwachpunkt erst herausgefunden werden muss, was der Verteidiger dadurch vereiteln kann, dass er Schwäche nur vortäuscht.

Doch grundsätzlich ist wohl richtig: wer darauf wartet, dass der Gegner ihm das Gesetz des Handelns aufzwingt, schwächt seine Siegeschancen. Allein auf Verteidigung zu setzen bringt im besten Fall ein Unentschieden. Eine Entscheidung lässt sich in einem Krieg nur durch Angriff erzwingen. Denn so oft auch behauptet wird, dass man in der Verteidigung nicht unnötig seine Kräfte zersplittert, so passiert das doch in den Fällen, wo der Angriff konzentriert, massiv und mit Tempo vorgetragen wird. Der wuchtige und zudem überraschende Angriff durchkreuzt meist die Pläne des Verteidigers. Um die Verteidigung so stark wie möglich zu machen, muss sie notwendigerweise einen Angriffsgedanken in sich aufnehmen. Und genau so hatte im Grunde auch Clausewitz die Verteidigung verstanden: als Schild, der Stöße versetzt.

Man hat Clausewitz vor allem auch vorgeworfen, dass er darauf verzichtet habe, die Vorteile von Angriff und Verteidigung gegeneinander abzuwägen. Es kommt ja stets darauf an, *wie* man sich verteidigt und *wie* man angreift. Sowohl Angriff als auch Verteidigung haben ihre starken und schwachen Seiten. Und während eines Kriegs, der sich womöglich über Jahre hinzieht, werden Angriff und Verteidigung einander ohnehin ablösen. So mancher Feldzug, der mit einem Angriff begann, endete für den Angreifer in einem Verteidigungskampf. Oft ist eine Verteidigung auch deshalb so stark, weil der Angreifer seine Überlegenheit in der Offensive nicht auszunützen versteht. Fragwürdig ist auch, ob der Verteidiger, wie Clausewitz meint, stets vom Gelände mehr profitiert als der Angreifer, nur weil es sein heimatliches und damit vertrautes Gelände ist. In vollem Maße kann der Verteidiger diesen unbestrittenen Vorteil nur nutzen, wenn er auch dort angegriffen wird, wo er seine Verteidigungsstellungen aufgebaut hat. Das muss aber nicht sein. Der Angreifer kann zum Beispiel so kühn sein, sich gegen die Flanken und den Rücken des Verteidigers zu wenden, wodurch diesem oft nichts anderes übrig bleibt, als sein ausgesuchtes Kampffeld aufzugeben und sich in einem für ihn weniger günstigen Gelände zu schlagen. Es kann sogar sein, dass das Gelände den Angreifer in besonderem Maße begünstigt und die Verteidigung von vornherein schwierig oder gar unmöglich macht. Auch weiß man als Verteidiger nie genau, wo der Feind angreifen wird. Zahlreiche Beispiele aus der Kriegsgeschichte ließen sich anführen, wo genau das der Fall war, der Verteidiger also böse überrascht wurde, weil er den Angriff an der falschen Stelle erwartet hatte.

Clausewitz geht auch fälschlicherweise davon aus, dass Verteidigung immer im eigenen Land stattfinden müsse. Man kann sein Land aber auch im Land des Gegners verteidigen. Und umgekehrt muss ein Angriff nicht immer Invasion bedeuten; es kann der Angriff im eigenen Land stattfinden, etwa im Fall einer schon länger währenden Besatzung. Es ist ohnehin verwunderlich, dass Clausewitz der Verteidigung einen so hohen Rang beimisst, wo er sich doch die Kriegführung Friedrichs des Großen und Napoleons zum Vorbild nahm. Beide großen Feldherrn suchten gerade im schnellen Angriff ihr Kriegsglück.

Die Kriegskunst Napoleons und Friedrichs des Großen

Napoleons Ruhm als junger Feldherr begann in Italien. Er erlangte ihn vor allem durch die Schnelligkeit und Beweglichkeit seiner Truppen, womit er seine Gegner (Österreicher und Piemonteser) verwirrte. Als Oberbefehlshaber der französischen Italienarmee (1796) eroberte er die Halbinsel durch eine schnelle Folge von Märschen und strategischen Schlachten. Feste Stellungen oder gar Festungsanlagen zu beziehen, kam wegen der Kürze der Zeit erst gar nicht in Betracht. Napoleon erfand so den modernen Bewegungskrieg, der ganz auf Angriff und Überraschung setzt. Davor hatten die Militärs mehr auf den passiven Stellungskrieg mit starker Betonung der Verteidigung gebaut. Aber, wie schon gesagt, die waghalsigen Bewegungskriege Napoleons waren nur so lange erfolgreich, wie der Gegner sie durch seine eigene Passivität zuließ. Napoleon wurde am Ende bei Waterloo (18. Juni 1815) vernichtend geschlagen, weil seine Gegner Napoleons Bewegungskrieg übernommen hatten; sie schlugen ihn mit seinen eigenen Mitteln.

Im Grunde hat Clausewitz seine Ansicht selbst geschwächt, indem er die Verteidigung ohnehin als eine offensive, zustoßende verstanden hat. Die reine Abwehr muss mit der Zeit erliegen, wenn sie nicht im günstigen Moment in einen kühnen Angriff umgewandelt werden kann.

In Napoleons »Maximen der Kriegführung« heißt es: »Weder ein Fluss noch irgendeine Linie können verteidigt werden, ohne offensive Punkte zu haben; denn wenn man nichts getan hat, als sich zu verteidigen, hat man sich Gefahren ausgesetzt, ohne irgendetwas zu erreichen. Wenn man indes die Verteidigung mit einer offensiven Bewegung verbinden kann, setzt man den Feind größeren Gefahren aus als er das angegriffene Korps.« An diesem Zitat sieht man, wie stark Clausewitz von Napoleon beeinflusst war – es könnte auch von Clausewitz stammen. Dabei war Napoleon alles andere als ein nüchterner Stratege; er setzte viel mehr auf Glück und Intuition. »Das Los einer Schlacht«, so liest man bei ihm, »ist das Resultat eines Augenblicks, eines Gedankens; man nähert sich mit verschiedenen Kombinationen, man gerät untereinander, man schlägt sich einige Zeit, der entscheidende Augenblick zeigt sich, ein moralischer Funke blitzt auf, und die kleinste Reserve genügt zur Ausführung.« Das hört sich nicht nach strenger Kriegswissenschaft an, eher nach Kriegskunst. In seinen Memoiren meinte Napoleon, dass die Schlacht bei Austerlitz – dort besiegte er am 2. Dezember 1805 die Truppen des österreichischen Kaisers Franz II. und des russischen Kaisers Alexander I. –, die er so glänzend gewann, verloren gewesen wäre, wenn er sechs Stunden früher angegriffen hätte: »Der Erfolg hängt im Krieg vom Blick und vom Augenblick ab.« So einfach ist es freilich nicht und funktioniert, wenn überhaupt, nur bei einem genialen Feldherrn, wie Napoleon einer war. Aber was heißt das schon! Auch Napoleon verlor Schlachten und Feldzüge, nicht anders als König Friedrich II. von Preußen, sein großes Vorbild.

Auch Friedrich der Große hatte in seiner Schrift »Generalprinzipien des Krieges« (1747/48), die er als »Unterricht von der Kriegs-Kunst an seine Generals« verstand, das Kriegshandwerk zu ergründen versucht. Grundsätzlich sind für ihn Siege nur mit guten Soldaten zu erringen. Denn schlecht ausgebildete Soldaten kämpfen nicht nur schlecht, sondern nutzen jede Gelegenheit, sich aus dem Staub zu machen, vor allem jene, die nur für Geld kämpfen. So besteht für Friedrich die Kunst des Feldherrn nicht zuletzt darin, die Soldaten bei der Fahne zu halten. Das gelingt am besten, wenn der Feldherr selbst ganz nah bei seinen Soldaten bleibt. So verhindert er, dass sie ins Grübeln verfallen. Oder mit Friedrichs Worten: »Wenn meine Soldaten nachzudenken begännen, so bliebe kein einziger von ihnen in den Reihen.« Krieg ist nichts für vernünftige Leute.

Den Feind, so meint Friedrich, muss man stets zu dem zwingen, was er nicht will, indem man sich zum Beispiel durch einen schnellen Marsch in den Rücken der feindlichen Armee begibt, sie so von ihrem Nachschub abschneidet und zur Schlacht zwingt. »Wer einen Krieg unternehmen will«, schreibt Friedrich, »muss sich eine genaue Kenntnis von der Stärke des Feindes, den er bekämpfen will, und der Hilfsmittel, die demselben seine Verbündeten gewähren können, verschaffen, endlich seine Kräfte mit denen des Feindes vergleichen und beurteilen, auf welcher Seite die Überlegenheit ist.« Ein Krieg ist nur dann gerechtfertigt, wenn man ein großes Ziel im Auge hat. Doch sollte man nur ausführbare Sachen unternehmen und diese bis ins kleinste Detail planen. Je kürzer ein Krieg, umso besser. Das hat Friedrich den Großen freilich nicht daran gehindert, selbst einen siebenjährigen Krieg zu führen.

In vielem erinnern Friedrichs Ansichten zur Kriegskunst jenen des alten Chinesen Sun Tsu, so etwa, wenn er schreibt: »Dass die Eröffnung eines Feldzuges dem Feinde wie ein Rätsel sei, das ihn zu erraten hindert, von welcher Seite eure Truppen einbrechen werden und welche Absicht ihr hegt.« Oder: »Haltet stets am Grundsatz fest, den Krieg, sobald sich die Gelegenheit bietet, in die Offensive zu verwandeln. Dahin müssen eure Bewegungen zielen.« Oder: »Greift den Feind nicht an, solange er in Ordnung ist, aber benutzt ohne Zeitverlust den geringsten Fehler. Wer die Gelegenheit vorübergehen lässt, ist nicht wert, sie zu fassen.« Oder: »Benutzt gewonnene Schlachten, verfolgt den Feind bis aufs Äußerste und treibt euren Vorteil so weit ihr ihn nur ausdehnen könnt; denn diese glücklichen Ereignisse sind nicht alltäglich.« Aber auch für den Fall des Rückzugs weiß Friedrich der Große Rat, hat er doch selbst so manche wichtige Schlacht verloren: »Wenn ihr euch in der Defensive nach einer verlorenen Schlacht befindet, muss euer Rückzug kurz sein; ihr müsst eure Truppen wieder daran gewöhnen, dem Feind ins Auge zu sehen, sie nach und nach kühner machen, die erlittene Beleidigung zu rächen. Gebraucht Kniffe, Listen, falsche Nachrichten, die ihr dem Feind zukommen lasset, um den günstigen Augenblick herbeizuführen, ihm mit Wucherzinsen den Schaden zurückzugeben, den er euch zugefügt hat.«

Allen großen Feldherrn war vermutlich klar, dass man die einleuchtendsten Theorien über den Krieg entwerfen und in der Kriegswirklichkeit dennoch kläglich scheitern kann. Friedrich der Große hat sogar zugegeben, dass er sich auch nicht immer an seine Lehren gehalten habe und ihm auf dem Schlachtfeld so mancher grobe Fehler – meist aus Unvorsichtigkeit – unterlaufen sei. Das hatte auch damit zu tun, dass die eigene Strategie nur so lange greift, wie die Strategie des Gegners sie greifen lässt. In einem Krieg fallen unzählige Faktoren ins Gewicht, die sich gar nicht vorhersehen oder beeinflussen lassen. Bei Clausewitz sind es vor allem die »Ungewissheit« und die »Friktion«, die jeden Feldzug von vornherein zu einer Unternehmung mit offenem Ausgang machen. Den Begriff »Friktion« hat Clausewitz wahrscheinlich aus der Physik entlehnt, und zwar aus der Mechanik, wo er den Widerstand und Energieverlust durch Reibung meint.

Bezogen auf das Heer versteht Clausewitz unter »Friktion« alles, was den reibungslosen Verlauf einer militärischen Aktion stört. Oder mit seinen eigenen Worten: »was den wirklichen Krieg von dem auf dem Papier unterscheidet«. Je größer eine Streitmacht ist, umso größer wird die Gesamtreibung zwischen den Teilen – und umso größer wird auch die Wahrscheinlichkeit, dass eines davon kaputtgeht. Ein Heer funktioniert nur, wenn alle Teile aufeinander eingespielt sind und optimal zusammenwirken. Das gilt für die Soldaten nicht anders als für das Kriegsgerät. Deshalb wird ja auch versucht, den Soldaten durch den Ausbildungsdrill zu einem funktionierenden Maschinenteil zu machen. Eine maschinenhafte Gleichförmigkeit soll hergestellt werden mit Hilfe antrainierter Disziplin, harter körperlicher Ausbildung, hoher Kampfmoral und klarer Befehlsstrukturen innerhalb einer perfekten Organisation auf allen Ebenen. Diese Ebenen müssen möglichst störungsfrei in ständigem Kontakt zueinander stehen. Durch zu starke »Reibung« in einzelnen Truppenteilen kann sehr schnell eine ganze Armee lahmgelegt werden. Zwar wachsen die Siegeschancen einer Armee mit ihrer Größe, aber mit der Größe eines Körpers, auch eines »Armee-Körpers«, nimmt seine Trägheit zu. Mit der Größe wächst die Schlagkraft, aber es wachsen auch die Probleme bei der Aktivierung dieser Schlagkraft. So werden die Befehlsketten immer länger und unübersichtlicher; entsprechend lang wird die Zeit, die zwischen dem obersten Befehl und seiner Ausführung in den Einheiten vergeht. So weiß man, dass ein großes Armeekorps nicht auf mehr als zwei bis drei Befehle innerhalb von 24 Stunden reagieren kann, nicht einmal mit den modernen Kommunikationsmitteln von heute. Seit den Zeiten Napoleons hat sich in diesem Punkt nichts Grundlegendes geändert. Hinzu kommt die Ungewissheit über die gegnerische Armee und das, was sie vorhat. Denn auch bei bester Spionage kann man über den Feind niemals alles wissen. Der erfahrene preußische Feldmarschall Helmuth von Moltke (1800–1891) meinte, dass der Feind von den drei Wegen, die er einschlagen kann, für gewöhnlich den vierten nimmt.

Zusammenfassend lässt sich sagen, dass die Wissenschaft vom Krieg bis heute bruchstückhaft geblieben ist. Denn in jedem Krieg spielt der Zufall eine wichtige Rolle – neben der Stärke der Armee, der Kampfkraft der Soldaten und dem taktischen und strategischen Geschick der Führung. Die Wissenschaft vom Krieg ist der Versuch, ein an sich chaotisches Ereignis irgendwie zu organisieren. Die zerstörerische Kraft des Kriegs zerstört oftmals auch die Kriegspläne. Clausewitz' Lehre vom Krieg ist im Wesentlichen der Versuch, das Kriegs-Chaos in Grenzen zu halten. Doch gerade die modernen Kriege zeigen, dass jede Kriegstheorie nur so gut ist wie die Sache, für die gekämpft wird. Man kann sogar einen Krieg gewinnen und irgendwann doch der Verlierer sein. Das hat sich vor allem in den Kolonialkriegen gezeigt, um die es im folgenden Kapitel geht.

5. KAPITEL

Der koloniale Krieg

Die häufigste Form des Kriegs ist die zwischen Nachbarstaaten. Benachbarte Länder haben mehr Gründe zum Streit als solche, die weit entfernt voneinander liegen. Bei Kriegen zwischen benachbarten Staaten geht es meistens um Gebietsansprüche, um »offene Rechnungen« aus vergangenen Kriegen oder um Vorherrschaft auf einem Kontinent. Dabei handelt es sich in der Regel um kriegerische Konflikte zwischen Staaten, die sich auf annähernd gleichem wirtschaftlichem und militärischem Niveau befinden. Ist der Krieg beendet und gibt es Sieger und Verlierer, so hat der Verlierer oftmals Gebiete an den Sieger abzutreten und Reparationsgelder zu zahlen, bleibt aber als (verkleinerter und geschwächter) Staat erhalten. Nach Friedensschluss zieht der Sieger aus dem besiegten Land wieder ab, und beide Staaten existieren unter den neuen Bedingungen nebeneinander fort – bis zum nächsten Krieg.

Hingegen zeichnen sich koloniale Kriege dadurch aus, dass sie zwischen Ländern geführt werden, die bis Kriegsbeginn nichts miteinander zu tun hatten. Koloniale Kriege sind Eroberungskriege, die mit dem Ziel geführt werden, das eroberte Land vollständig in Besitz zu nehmen, die dort lebenden Menschen zu versklaven oder auf andere Weise zu unterdrücken, womöglich sogar auszurotten. Man will anderen, fern von einem selbst lebenden Menschen das Land und dessen Schätze wegnehmen. Das heißt dann: man hat eine Kolonie. Das hört sich gut an, ist aber nichts anderes als Raub und Mord im globalen Maßstab.

Der Kolonialkrieg stellt also eine Verschärfung des klassischen Staatenkriegs dar. Allerdings darf man nicht übersehen, dass auch Kriege zwischen benachbarten Staaten oftmals den Charakter von Kolonialkriegen annahmen, also die Auslöschung eines Staats und damit die Zerstörung der Kultur zum Ziel hatten. Als modernes Beispiel sei hier die Eroberung Tibets durch die Volksrepublik China genannt, die die Auslöschung des tibetischen Volks und seiner Kultur verfolgt. Dieses Beispiel beweist, dass ein Kolonialkrieg auch gegenüber einem Nachbarvolk geführt werden kann.

Doch die besondere Grausamkeit von Kolonialkriegen beruht gewöhnlich auf der großen Entfernung zwischen eroberndem Staat und erobertem Land. Mit der Entfernung wächst das Fremde. Dem Fremden und Anderen gegenüber aber hat der Mensch meist weniger Respekt als gegenüber dem Ähnlichen und Vertrauten. Kolonialkriege sind Kriege der totalen Missachtung des Menschlichen im Fremden; es sind rassistische Kriege. Und es sind besonders feige Kriege. Sie waren von jeher bei mächtigen Staaten beliebt, weil sie weitgehend gefahrlos und dabei äußerst gewinnbringend waren.

Als Urform des neuzeitlichen Kolonialkriegs kann die Eroberung des amerikanischen Kontinents durch die Spanier und Portugiesen im 15. und 16. Jahrhundert betrachtet werden. Unter dem christlichen Zeichen des Kreuzes und der Idee der gewaltsamen christlichen Mission drangen die Truppen der Konquistadoren (Eroberer), getrieben vom Goldrausch, mordend in die »Neue Welt« ein. Noch heute wird in den Geschichtsbüchern diese koloniale Eroberung als »Entdeckung« hingestellt. Amerika aber war schon da, ehe Kolumbus kam, und es lebten auch Menschen dort mit eigener faszinierender Kultur. Kolumbus hat diese Menschen und ihre Kultur kaum wahrgenommen; er tat so, als hätte er ein unbekanntes, menschenleeres Gebiet gefunden, das man von Grund auf neu vermessen und verteilen konnte, um es wirtschaftlich auszubeuten. Und noch heute ist es so, dass die »Entdeckung« Amerikas im europäischen Geschichtsbewusstsein nicht als Völkermord wahrgenommen wird. Wer weiß hierzulande schon, dass im Amerika des Jahres 1500 etwa 80 Millionen Menschen lebten? Um 1550 waren es nur noch 10 Millionen. Allein die Bevölkerungszahl von Mexiko betrug vor der spanischen Eroberung 25 Millionen, im Jahre 1600 nur noch eine Million. Nicht anders war es in Afrika: im belgischen Kongo sind bis zu 10 Millionen Menschen unter der Regentschaft Leopolds II. (1865–1909) mit teilweise unbeschreiblicher Grausamkeit umgebracht worden. Es scheint wohl für alle Jahrhunderte bis heute zu gelten: Überall dort, wo Menschen absolute Macht über andere erlangen, bricht über kurz oder lang jede Achtung vor dem menschlichen Leben, überhaupt jede Werteordnung, zusammen. Und das bis dahin »Unvorstellbare« wird grausame Wirklichkeit.

Und doch – so ganz falsch ist es nicht, die Eroberungen in der »Neuen Welt« als Entdeckung hinzustellen. Diese kolonialen Eroberungsfeldzüge erweiterten den Horizont der »Alten Welt« und erschlossen der Wissenschaft neue Forschungsfelder. Es stimmt, dass es nichts Schlimmeres als den Krieg gibt, aber man darf nicht unterschlagen, dass dieses Schlimmste auch so manches Gute hervorgebracht hat. Es ist die Macht, die das Wissen vermehrt, und es war der Krieg, der in den Jahrtausenden die Völker auf blutige Weise miteinander in Kontakt brachte und sie zwang, sich auch geistig mit dem Fremden und Anderen auseinander zu setzen – falls man es nicht vollkommen vernichtete. Und so ist die Geschichte der Wissenschaft auch eine Geschichte der Gewalt: der Kolonialismus der alten Griechen, die weltumspannenden Feldzüge Alexanders des Großen, die hellenischen und römischen Weltreiche, die Eroberungszüge der islamischen Araber, die Kolonisierung Amerikas. Letztere stand im 18. und 19. Jahrhundert ganz im Zeichen der Aufklärung. Die Aufklärung wurde zum Begleiter des Kolonialismus. Ein liberaler, aufgeschlossener, hochgebildeter Mann wie Alexander von Humboldt (1769–1859) profitierte von der europäischen Eroberungspolitik in Amerika; er war, wie er das selbst sah, ein Nutznießer imperialer europäischer Macht. Er sprach selbst von der »Macht der Intelligenz«, die auszieht, um »den weiten Erdkreis zu erobern«. Im Voranschreiten der Forscher (= »Fortschritt«) werden die gewalttätigen Schritte der Soldaten hörbar. Alexander von Humboldt schwankte zwischen der Begeisterung über die Erfolge der Wissenschaft, zu denen er selbst in hohem Maße beitrug, und der bedrückenden Einsicht, dass diese oft genug mit Vernichtung und Versklavung einhergingen.

Von Anbeginn war die Folter eines der grausamen Mittel der kolonialen Herrschaft. Die Foltermethoden der spanischen und portugiesischen Eroberer waren in den Mutterlanden von der katholischen Inquisition (Ketzergericht) zum perfekten Instrument des Glaubensterrors entwickelt worden. Durch die Folter wurden Geständnisse der vermeintlichen Glaubensabweichler erzwungen. Nichts hemmte in der »Neuen Welt« die perverse Lust der Folterer, da man die Bewohner ohnehin als »Wilde«, »Primitive« und »halbe Tiere« ansah. Hierin offenbart sich die ganze Widerwärtigkeit kolonialer Kriege – auch der modernen: es wird der Mensch zum Tier gemacht, um ihm so, ohne jedes schlechte Gewissen, jede denkbare Grausamkeit antun zu können. Das funktioniert freilich nur, wenn das Tier als eine Kreatur betrachtet wird, die man quälen darf. Um die Missachtung der Tiere noch zu vervollständigen, werden menschliche Grausamkeiten auch noch als tierisch, viehisch oder bestialisch bezeichnet. Dabei weiß doch jeder, dass Tiere zur Grausamkeit gar nicht fähig sind. So etwas wie Folter oder Vergewaltigung gibt es im Tierreich nicht.

Neben Folter und Vernichtung tritt die Versklavung als drittes Schreckensmerkmal des Kolonialkriegs in Erscheinung. Kolonialismus und Sklaverei gehören zusammen. Schon das Wort »Sklaverei« ist eigentlich eine Verharmlosung. Sklavenhandel ist massenhafte Deportation, also Verschleppung von Menschen, wobei ihr Tod mit einkalkuliert wird.

Afrika, der Sklaven-Kontinent

Unter dem Kolonialismus als rassistischem Krieg hatte während der vergangenen 1200 Jahre vor allem der afrikanische Kontinent, genauer: Schwarzafrika, zu leiden. Millionen versklavter Afrikaner wurden von den Spaniern, Portugiesen, Engländern, Holländern und Franzosen in ihre abgelegenen Kolonien in der »Neuen Welt« transportiert. Auf den Plantagen und in den Bergwerken Nordbrasiliens, der Karibik und den späteren Südstaaten der USA, erarbeiteten die Sklaven unvorstellbare Reichtümer. Bei genauer Betrachtung wird man allerdings feststellen, dass streng genommen nicht die Europäer diese Menschen versklavten; das besorgten vor allem arabische und afrikanische Sklavenjäger, die die bedauernswerten Menschen an die Europäer verkauften. So erlangten manche schwarzafrikanischen Stämme nur deshalb eine Vormachtstellung gegenüber anderen, weil sie jahrhundertelang ihre Nachbarn versklavten. Die herrschenden Schichten in heutigen afrikanischen Staaten stammen meist von solchen Sieger-Stämmen aus der Sklavenzeit ab. Die Kolonien der Europäer »importierten« im Lauf von 350 Jahren über 11 Millionen Sklaven von der westafrikanischen Küste nach Amerika, wobei viele der unglücklichen Opfer den qualvollen Schiffstransport, bei dem sie wie Vieh unter Deck eingepfercht waren, nicht überlebten. Nicht nur Tote, sondern auch Kranke, warf man einfach über Bord. Jene, die überlebten, wurden zu käuflicher Ware erniedrigt, ausgebeutet oder durch Arbeit vernichtet, aus nichtigsten Anlässen gequält und getötet.

Aber nicht nur der frühe Kolonialismus der Europäer bediente sich der Sklaverei, sondern, was meist übersehen wird, auch die islamische Welt raubte Schwarzafrika mindestens so viele Menschen. Denn auch das islamische Reich, das im 7. und 8. Jahrhundert in atemberaubendem Tempo entstanden war, war ein Kolonialreich, das durch Eroberungskriege geschaffen wurde. Es reichte von Spanien im Westen über Nordafrika, Kleinasien bis nach Indien im Osten. In diesem gewaltigen islamischen Herrschaftsraum entstand ein großer Bedarf an Sklaven. Wie in der Bibel, so gilt auch im Koran die Sklaverei nicht als Verbrechen.

Je weiter sich die islamische Herrschaft ausdehnte, umso mehr wurde Schwarzafrika zum »Hauptlieferanten« von Sklaven. Das kriegerische Vordringen des Islam nach Schwarzafrika diente ohnehin nur dem Zweck, Sklaven zu machen; die Ausbreitung des Glaubens war reine Nebensache. Solche Sklavenkriege, die auch schon im antiken Griechenland und bei den Römern geführt wurden, sind keine »normalen« Kriege; es geht in ihnen nicht um Macht, Ruhm und Territorien, sondern allein um die Menschen der eroberten Gebiete. Ganze Regionen wurden so, wenn nicht vollständig entvölkert, in ihrer sozialen und politischen Einheit zerstört. Hier von Völkermord zu sprechen, ist keine Übertreibung. Schwarzafrika krankt noch heute an den Folgen der Sklaverei durch den islamischen und christlich-europäischen Kolonialismus. Man schätzt, dass Schwarzafrika innerhalb von 1250 Jahren mehr als 40 Millionen Menschen durch die Sklavenjagd verloren hat.

Der frühe islamische (7./8. Jahrhundert) und europäische (15./16. Jahrhundert) Kolonialismus hatten zur Versklavung Schwarzafrikas geführt, doch der späte europäische Kolonialismus des 19. Jahrhunderts beendete diese auch wieder. Das war vor allem christlichen Minderheiten in den europäischen Mutterländern zu verdanken, die, anders als die herrschenden Kirchen, die Sklaverei als unchristlich verdammten. Die europäischen Kolonialmächte teilten Afrika unter sich auf und beendeten dabei den Sklavenhandel in kürzester Zeit – um sich ganz auf die wirtschaftliche Ausbeutung der Länder (»Kolonialwaren« wie Kaffee, Kakao oder Tee und Bodenschätze) konzentrieren zu können. Dabei wurde nicht gefragt, ob das vielleicht nicht auch unchristlich sei. Dennoch ist es wichtig zu betonen, dass die westliche Kultur große Anstrengungen unternahm, die Sklaverei weltweit zu bekämpfen, ja sie überhaupt zu einem Menschenrechtsthema zu machen. Das war eine der großen politischen Leistungen der westlichen Kultur – neben der Entwicklung der Demokratie –, die in der islamischen Welt bis heute auf sich warten lässt. Am schärfsten wurde dieser Kampf gegen die Sklaverei in Nordamerika ausgetragen: als einer der furchtbarsten Bürgerkriege der Geschichte. 360 000 amerikanische Nordstaatler starben zwischen 1861 und 1865 im Kampf gegen die Sklaverei in den Südstaaten. Ausgegangen war die Bewegung gegen die Sklaverei von christlichen Freikirchen der Nordstaaten.

Dagegen ist in der islamischen Welt bis heute die Sklaverei nicht vollständig abgeschafft. Vor allem in arabischen Ländern wie Jemen, Mauretanien, Saudi-Arabien und Sudan werden Menschen noch heute versklavt. Im Sudan ist die Lage am schlimmsten. Dort führt die islamistische Zwangsherrschaft mit Hilfe arabischer Reitermilizen einen rassistischen Krieg gegen schwarzafrikanische Stämme, deren Mitglieder getötet, vergewaltigt und versklavt werden.

Kolonialismus und Rassismus

Die westliche Welt kann sich also immerhin zugute halten, im 19. Jahrhundert die Sklaverei abgeschafft zu haben. Sie muss sich allerdings den Vorwurf machen lassen, dies nur im Rahmen ihrer kolonialistischen Welteroberung zuwege gebracht zu haben. Die Menschen der kolonisierten Länder wurden zwar nicht mehr versklavt, aber dafür auf »humanere« Weise unterdrückt. Der Rassismus blieb in abgeschwächter Form bestehen; die Kolonialvölker wurden als minderwertig angesehen und entsprechend schlecht behandelt. Dies kommt am schrecklichsten in der Art und Weise zum Ausdruck, wie diese Länder im 19. Jahrhundert von den europäischen Armeen erobert wurden: brutal und menschenverachtend. Es ging auch im 19. Jahrhundert nie um etwas anderes als um Ausweitung der Macht innerhalb des europäischen Kräftefelds zwischen den Großmächten. Die Tradition des 15. und 16. Jahrhunderts wurde fortgesetzt. Statt der spanischen und portugiesischen Eroberer kamen im 19. Jahrhundert zu allem entschlossene englische, französische oder belgische Soldaten, Landvermesser, Ingenieure und Kaufleute. Während Europa im 19. Jahrhundert von Kriegen weitgehend verschont blieb und die wenigen einigermaßen zivilisiert, das heißt unter Schonung der Zivilbevölkerung, geführt wurden, tobte sich in den Kolonialkriegen eine erschreckende Grausamkeit aus. Den Grund hierfür haben wir schon genannt: man trennte zwischen »zivilisierten« und »barbarischen« Völkern, wobei man sich selbst zu Ersteren zählte. Solche Trennlinien zu ziehen, fällt dem Menschen von Natur aus sehr leicht; gern teilt er die Welt in »Wir« und »die Anderen« ein, in »Gute« (wir) und »Schlechte« (die Anderen), »Wertvolle« und »Wertlose«. Das bedeutet im schlimmsten Fall, dass dem »Anderen« das Menschsein schlechthin abgesprochen wird. Zumindest aber wird er für minderwertig erklärt. Und so liest man in einer der typischen rassistischen Schriften, die um 1900 verbreitet wurden, als auch Deutschland sich anschickte, Kolonialmacht zu werden: »Die Stählung des Willens und der Menschen machen die Überlegenheit der Kinder kalter Erdgürtel über die verweichlichten Bewohner warmer Länder aus.«

In einem so genannten »demokratischen Liederbuch« aus dem Jahre 1898 findet man zum Beispiel folgenden Liedtext: »Was treiben wir Deutschen in Afrika? / Hört, hört! / Die Sklaverei wird von uns allda zerstört. / Und wenn so ein Kaffer von uns nichts will, / Den machen wir flugs auf ewig still. / Piff paff, piff paff, hurra! / O glückliches Afrika! / Wir pred'gen den Heiden das Christentum. / Wie brav! / Und wer's nicht glauben will, den bringen wir um. / Piff, paff! / O selig die Wilden, die also man lehrt / die christliche Liebe mit Feuer und Schwert. / Piff paff, piff paff, hurra! / O glückliches Afrika!«

Dieser unverhohlene Rassismus prägte die Kriegführung aller europäischen Großmächte in den Kolonialgebieten; es waren oftmals grausame Vernichtungsfeldzüge gegen die einheimische Bevölkerung. Alle Brutalitäten des Dreißigjährigen Kriegs zeigten sich gleichsam in moderner Verkleidung wieder, und hierbei unterschieden sich englische, französische oder deutsche Eroberer nicht voneinander. Wie im Dreißigjährigen Krieg, so setzten sich auch die Kolonialtruppen hauptsächlich aus Söldnern zusammen, während auf dem europäischen Kontinent seit der Französischen Revolution die Söldnerarmeen durch große Massenheere aus wehrpflichtigen Soldaten ersetzt wurden. Diese Heere wurden geradewegs zu Bildungsstätten der Nation, was zur »Humanisierung« der europäischen Kriegführung im 19. Jahrhundert beigetragen hat. Außerhalb Europas aber dienten weiterhin Söldner in den Armeen der Kolonialmächte, ja sie bildeten geradezu das

Fundament der Kolonialarmeen; sie trugen in hohem Maße zur Brutalisierung der kolonialen Kriegsmethoden bei. Geradezu berühmt-berüchtigt – und bis heute existierend – ist die französische Fremdenlegion, in der seit dem 19. Jahrhundert Gestrauchelte, Kriminelle, Abenteurer, aber auch Wirtschaftsflüchtlinge und Krisenopfer aus allen möglichen Ländern dienen.

Da die eroberten Länder meist über keine regulären Armeen verfügten und besonders in Afrika die Männer traditionell allesamt auch Krieger waren, richteten sich die Feldzüge der Kolonialherren meist gegen die ganze einheimische Bevölkerung. So mähten etwa im Jahre 1898 britische Truppen in Ägypten die mit Speeren bewaffneten Krieger des aufständischen Mahdi allein mit sechs Maschinengewehren zu Tausenden nieder. Das war keine Schlacht zwischen ebenbürtigen Armeen, sondern ein Massaker. Die Krieger des Mahdi verstanden die brutale Feuerkraft dieser modernen Waffen nicht sogleich und stürmten verzweifelt gegen die britischen Stellungen an.

Die Kolonialkriege waren koloniale Menschenschlächtereien. Der ungleiche Kampf diente den Eroberern auch als Experimentierfeld zum Ausprobieren neuartiger Waffen und anderer Vernichtungsmittel. Während man in Europa längst internationale Konferenzen abhielt, in denen es um eine »Vermenschlichung« in der Kriegführung ging – etwa die Bestimmungen der Haager Konferenz von 1899 –, kümmerte man sich in den Kolonialkriegen nicht um solche Rücksichtnahme gegenüber dem Feind.

Für Europa war man zum Beispiel übereingekommen, dass die Zivilbevölkerung, soweit es die »militärischen Notwendigkeiten« erlaubten, von Gewalt verschont bleiben sollte. Krieg sei Sache zwischen Soldaten, die durch Uniform als solche zu erkennen sein müssen und einem Kommandeur zu unterstehen haben. So hatte man für die Kolonien geradezu einen Freibrief für eine Kriegführung, die gegen die gesamte Bevölkerung gerichtet war. Denn dort gab es keine scharf gezogenen Grenzen zwischen Regierung, Armee und Bevölkerung; es gab keine uniformierten Soldaten, sondern nur Krieger – und das waren alle Männer eines Stammes. Wann immer sie zu den Waffen griffen, um sich gegen die Eroberer zur Wehr zu setzen, wurden sie von diesen als Banditen und Partisanen betrachtet – und die Frauen und Kinder gleich mit! Damit war der Weg zu Gräueltaten aller Art frei gemacht. In den Kolonien verhielten sich die europäischen Besatzer so, als ob sie nicht Krieg führten, sondern auf Treibjagd gingen. Sie hielten die dort lebenden Menschen ohnehin für wilde Tiere.

Den Unterschied zwischen europäischer und kolonialer Kriegführung kann man auch an folgendem Beispiel ersehen: Bereits im Jahre 1874 waren auf einer Konferenz in Brüssel alle Gewehrgeschosse geächtet worden, die unnötige Schmerzen verursachen, also etwa die so genannten Weichblech-Geschosse ohne vollständige feste Ummantelung; diese reißen fürchterliche Wunden. Die europäischen Staaten einigten sich, derartige Munition nicht mehr einzusetzen – auf europäischem Boden! Exakt zur gleichen Zeit hörte man Berichte von neuen, fürchterlichen Geschossen, die die Engländer erfunden hatten und von ihnen unter dem Namen »Dum-Dum« in den Kolonialkriegen in Indien und im Sudan eingesetzt wurden. »Die Wirkungen«, so liest man in einem Bericht aus jener Zeit, »sollen geradezu grauenerregend sein und die Verletzungen infolge des Zerreißens der Muskelpartien an der getroffenen Stelle derartig schwer, dass in den meisten Fällen an eine Heilung nicht zu denken sei.« So abstoßend wie dieses Geschoss ist auch seine Entstehungsgeschichte: In den Kämpfen gegen die Inder hatten die Engländer mehrfach die Erfahrung gemacht, dass die von den herkömmlichen Geschossen ihrer kleinkalibrigen Gewehre getroffenen Gegner nicht kampfunfähig wurden, sondern trotz ihrer Verwundung weiter voranstürmten. Also kamen die Engländer auf den Gedanken, die Spitze des harten Geschossmantels bis auf den weichen Bleikern abzufeilen und so ein Geschoss mit furchtbarer Wirkung zu schaffen. Denn diese weiche Spitze wird beim Eindringen in den Körper platt gedrückt und reißt dadurch riesige Wunden, die über jeden Kriegszweck hinausgehen. Niemand kam auf den Gedanken, diese Dum-Dum-Geschosse im Kampf gegen »unzivilisierte Eingeborene« zu verbieten.

Deutschland und Italien als Kolonialmächte

Deutschland, das seit 1871 als Deutsches Reich existierte, war als Kolonialmacht erst spät auf den Plan getreten, dafür aber besonders rigoros. Es musste mit dem vorlieb nehmen, was die anderen Kolonialmächte übrig gelassen hatten. Noch heute existiert in Deutschland die Mär vom »guten Kolonialismus«, den die Deutschen in Afrika betrieben hätten – und dass man in diesen Ländern noch heute froh sei, die Deutschen und nicht die Engländer, Franzosen oder Belgier als Kolonialherren gehabt zu haben. Gewiss, »Belgisch-Kongo« nannte der Schriftsteller Joseph Conrad wohl zu Recht das »Herz der Finsternis«, doch »Deutsch-Südwestafrika« (das heutige Namibia), das zu einem deutschen Land gemacht werden sollte, kann man dann getrost als »Herz der Hölle« bezeichnen. Die deutschen Kolonialtruppen betrieben von 1904 bis 1908 einen beispiellosen Vernichtungskrieg gegen das Hirtenvolk der Herero: der erste deutsche Völkermord! Aber auch in »Deutsch-Ostafrika« (das heutige Tansania) herrschten die Deutschen mit brutaler Härte. Dass sich heute im Süden Tansanias das größte, fast menschenleere Wildreservat Afrikas befindet, ist eine Folge der deutschen Kolonialherrschaft, das heißt der Ausrottung ganzer Völkerschaften. Und in Namibia ist der Großteil des fruchtbaren Landes noch immer im Besitz von Weißen – Land, das einst den Herero gehörte, einem Volk, das zu Beginn des 20. Jahrhunderts etwa 81 000 Menschen zählte, von denen nach vier Jahren Krieg nur noch 15 000 lebten. Dieser Krieg, der in der Nacht vom 11. auf den 12. Januar 1904 begann, war in weiten Teilen ein bewusst geführter Vernichtungskrieg. Gewiss, alle Kolonialkriege wurden von den europäischen Großmächten mit besonderer Grausamkeit geführt, doch in »Südwest« wurde systematisch Massenmord betrieben. Das hebt diesen Krieg aus der Reihe der zeitgenössischen Kolonialkriege heraus. Denn eigentlich passt die Vernichtung eines Volks nicht ins koloniale Konzept. Der weiße Herr braucht ja seine schwarzen Sklaven und Knechte – und zwar in großer Zahl –, damit diese für ihn arbeiten; nur lebend bringen sie ihm Gewinn.

Wer in jener Januarnacht des Jahres 1904 den ersten Schuss abgab, weiß man nicht. Doch auch so kann man mit Sicherheit sagen, dass deutsche Provokationen die Herero in einen Aufstand trieben, der zu ihrer Vernichtung führte. Der zunehmende Land- und Viehverlust an die Weißen – 1884 war Südwestafrika offiziell zum »Schutzgebiet« des deutschen Kaiserreichs ernannt worden – und das brutale Auftreten vieler deutscher Siedler trieb die Herero zu Verzweiflungstaten. Vor allem waren es die Misshandlungen der Arbeiter und viel mehr noch die Vergewaltigungen von Herero-Frauen durch Weiße, die einen Volksaufstand entfachten. Man demütigte ganz bewusst, um den Stolz und die Würde dieser Menschen zu brechen.

Zunächst war ihr Aufstand trotz einfachster Bewaffnung militärisch so erfolgreich, dass sich die Deutschen nur noch in wenigen Ortschaften halten konnten. Vor allem in abgelegenen Siedlungen töteten die Herero 123 weiße Siedler, wobei sie, entgegen der deutschen Gräuelpropaganda, Frauen, Kinder und Missionare schonten. Die Herero eröffneten also einen klassischen Befreiungskrieg von Männern gegen Männer, der von den Deutschen allerdings nicht entsprechend erwidert wurde. Zwar warnte der deutsche Gouverneur Leutwein vor »unüberlegten Stimmen, welche die Herero nunmehr vollständig vernichtet sehen wollen«, aber er hatte da schon nicht mehr das Sagen. Aus Berlin schickte man als Oberbefehlshaber Lothar von Trotha nach Südwestafrika, der sich schon bei der Niederschlagung des »Boxeraufstands« in China im Jahre 1900 einen Ruf als rücksichtsloser Krieger erworben hatte. Von Trotha sah diesen Krieg von Anfang an als »Rassenkrieg« an, in dem es gelte, »die aufständischen Stämme mit Strömen von Blut« zu vernichten.

Und so geschah es auch. Die entscheidende Schlacht fand am 11. August 1904 am Waterberg statt, wo sich etwa 6000 Herero-Krieger mit ihren Frauen, Kindern und dem ganzen Vieh verschanzt hatten. Obwohl sie von den deutschen Truppen eingekreist und militärisch bereits geschlagen waren (von Trotha standen 4000 gut ausgebildete Soldaten zur Verfügung, dazu 36 Geschütze und 14 Maschinengewehre!), konnten Tausende von ihnen in die Omaheke-Wüste fliehen. Damit war der Krieg entschieden. Aber von da an begann der systematische Völkermord. Bei den Verfolgungsritten der deutschen »Schutztruppe« wurden wahllos Frauen und Kinder, Junge und Greise ermordet. Planmäßig wurden die wenigen Wasserstellen in der Wüste besetzt und die Menschen so dem qualvollen Verdursten ausgeliefert. Von Trotha erließ seinen berüchtigten »Vernichtungsbefehl«: »Innerhalb der deutschen Grenze wird jeder Herero mit oder ohne Gewehr, mit oder ohne Vieh erschossen, ich nehme keine Weiber oder Kinder mehr auf, treibe sie zu ihrem Volk zurück oder lasse auf sie schießen.« Für die meisten Herero gab es aus der Wüste keine Rückkehr. Ein deutscher Offizier notierte: »Das Röcheln der Sterbenden und das Wutgeschrei des Wahnsinns verhallten in der erhabenen Stille der Unendlichkeit.« Noch in der Brutalität neigt der Deutsche zur Poesie. Als der Völkermord an den Herero im Norden des Landes geschehen war, schickte man die deutschen Truppen in den Süden, wo sich mittlerweile das Volk der Nama erhoben hatte. Es führte einen äußerst intelligenten und erfolgreichen Kleinkrieg, der die deutschen Truppen an den Rand einer Niederlage brachte. Wieder ließ man die Bevölkerung in der Wüste verdursten oder brachte sie in »Konzentrationslager«, die inzwischen überall im Land errichtet worden waren. Der Begriff »Konzentrationslager« tauchte damals zum ersten Mal in der deutschen Sprache auf, um später im »Dritten Reich« zum Inbegriff des Schreckens für alle Verfolgten zu werden. Wie bei den Nazis wurden auch in diesen afrikanischen »Konzentrationslagern« Frauen und Kinder gefangen gehalten, von denen viele durch Vernachlässigung langsam ermordet wurden. So starben zum Beispiel im »Konzentrationslager« auf der Haifischinsel innerhalb eines halben Jahres von 1795 Gefangenen 1032.

Nach dem Ende des Kriegs wurden die Überlebenden einem strengen Kontrollsystem unterworfen. Alle Männer und Frauen über 14 Jahre mussten eine Passmarke tragen und hatten Zwangsarbeit zu leisten. Ziel war die Schaffung eines total durchgeplanten Zwangssystems: ein Rassenstaat. Dieser weist auf das voraus, was die Nationalsozialisten dreißig Jahre später mit ihren Vernichtungskriegen und Völkermorden über die Welt bringen sollten.

Die Herero und Nama überlebten als Völker, aber sie leiden bis heute an den Folgen des Völkermords. Ein solcher liegt ja nicht erst dann vor, wenn ein Volk vollständig ausgerottet ist, sondern, gemäß der UN-Völkermordkonvention, bereits dann, wenn damit begonnen wird, »eine nationale, ethnische, rassische oder religiöse Gruppe als solche ganz oder teilweise zu zerstören«. Schon der Versuch des Völkermords *ist* Völkermord.

Der Herero-Krieg ist zweifellos das schrecklichste Kapitel der deutschen Kolonialgeschichte, die mit dem kaiserlichen Traum vom »Platz an der Sonne« begann und schon während des Ersten Weltkriegs wieder zu Ende war. Weil aber das 20. Jahrhundert noch weitaus schrecklichere deutsche Vernichtungskriege und Völkermorde brachte, wurde der Völkermord an den Herero und Nama schnell wieder vergessen, falls er überhaupt ins allgemeine Bewusstsein drang. Die Herero haben ihn bis heute nicht vergessen. Deutschland lehnt es ab, sich für dieses Verbrechen offiziell zu entschuldigen, denn eine Entschuldigung könnte für die Bundesrepublik teuer werden.

Obwohl der deutsche Kolonialismus nur wenige Jahrzehnte währte, hat diese Zeit ausgereicht, um bis heute Spuren in unserer Alltagssprache zu hinterlassen. Kaum jemand spürt den Rassismus, der sich in Formulierungen wie »Ich bin doch nicht dein Neger« oder »Hier sieht es aus wie bei den Hottentotten« offenbart. Auch allgemein gebräuchliche Wörter wie »Mulatte«, »Eingeborener«, »Entwicklungsland«, »Mischling« werden einfach so dahingesagt, ohne dass man darüber nachdenkt, welchen Ursprungs sie sind – eben kolonialen Ursprungs. So leitet sich zum Beispiel das Wort »Mulatte« von Muli ab, also dem Wort für die Kreuzung aus Pferd und Esel, die unfruchtbar ist. Auch gibt es beim Menschen keine »Mischlinge« wie etwa bei Hunden, da es keine Menschenrassen gibt. Wenn, dann sind wir alle »Mischlinge«, insofern sich in jedem die Gene von Mutter und Vater gemischt haben. Und was das Wort »Eingeborener« betrifft, das wir gerne für Bewohner von Ländern der »Dritten Welt« verwenden, vor allem, wenn sie noch in enger Bindung zur Natur leben, so drückt sich darin eine koloniale Herablassung aus. Schließlich sind wir doch alle irgendwo (hin-)eingeboren. So ganz zu Ende ist also der deutsche Kolonialismus noch immer nicht, zumindest in unseren Köpfen. Aber man weiß ja, dass Kolonialismus und Rassismus auch im Kopf entstehen.

Auch die anderen Kolonialmächte übten oftmals eine brutale, viele Menschenleben fordernde Herrschaft in ihren Kolonien aus, doch systematische Völkermorde begingen sie nicht – bis auf eine Ausnahme: Italien. Auch in Italien ist dieser Völkermord weitgehend vergessen. Das faschistische Italien unter Benito Mussolini (1883–1945) besaß mit den afrikanischen Ländern Eritrea und Somalia bereits zwei Kolonien, die sich Italien 1890 angeeignet hatte. 1935 sah man die Zeit für gekommen, sich auch noch das Kaiserreich Abessinien (Äthiopien) unter den Nagel zu reißen und die drei Länder zur italienischen Kolonie »Italienisch-Ostafrika« zusammenzufassen. Damit wollte man der Welt beweisen, dass Italien endgültig in den Kreis der Großmächte aufgerückt war.

Der Angriffs- und Eroberungskrieg gegen Abessinien war der erste große Konflikt, den eine europäische Macht nach dem furchtbaren Ersten Weltkrieg anzettelte. Ohne Beispiel war auch die Art der Kriegführung: ein Überfall ohne formelle Kriegserklärung, ein massiver Einsatz von Panzern, dazu Terrorangriffe aus der Luft, auch auf zivile Ziele, und Massaker gegen die Zivilbevölkerung. Als Siegermacht des Ersten Weltkriegs hatte Italien in den zwanziger Jahren seine Armee ungehindert modernisieren können. Dabei setzte es vor allem auf Motorisierung des Heeres, Ausbau einer modernen Luftwaffe und Weiterentwicklung seiner chemischen Kampfstoffe, jener ersten Massenvernichtungswaffen der Menschheitsgeschichte, die den Ersten Weltkrieg so unglaublich brutalisiert hatten.

Als Italien Abessinien überfiel, gingen die Machthaber in Rom von einem schnellen Sieg ihrer modernen Armee über die schlecht ausgerüstete abessinische Armee aus. Anfangs schien diese Rechnung aufzugehen. Doch als die abessinischen Streitkräfte im Dezember 1935 eine erfolgreiche Gegenoffensive starteten, entschied sich Mussolini ohne Zögern zur Entgrenzung des Kriegs durch Einsatz von Giftgas aus der Luft, und zwar nicht nur gegen das abessinische Militär, sondern ebenso gegen die Zivilbevölkerung. Das Gas wurde direkt über Siedlungen oder über Wasserstellen und Viehherden versprüht. »Diesen Maßnahmen«, so schreibt der Schweizer Historiker Aram Mattioli, »hatte das Kaiserreich Abessinien nicht viel entgegenzusetzen. Die meisten Soldaten zogen barfuß in den Kampf und verfügten weder über Schutzanzüge und Spezialschuhe noch über Gasmasken, die den feinen Kampfstoffregen abhalten und die gefahrlose Durchquerung von verseuchtem Gelände erlaubt hätten. Selbst die für die Kaiserliche Garde schnell zusammengekauften Gasmasken boten gegen ätzende Kampfstoffe wie Yperit, die sich durch Hartgummi fraßen, nur einen unzureichenden Schutz. Die zivile Bevölkerung war den Verheerungen aus der Luft schutzlos preisgegeben ...«

Zum Einsatz kam vor allem Yperit (auch Senfgas genannt), das während des Ersten Weltkriegs von den deutschen Truppen erstmals eingesetzt worden war, und zwar im Juli 1917 in der Schlacht bei Ypern. Auch Mitte der dreißiger Jahre war es noch der giftigste unter allen damals bekannten chemischen Kampfstoffen; er führt schon bei geringster Konzentration zu einem langsamen und qualvollen Tod.

Obwohl die Welt vom Vernichtungskrieg der Italiener in Abessinien wusste – die abessinische Regierung hatte die Staatengemeinschaft des Völkerbunds schon frühzeitig über die italienischen Kriegsverbrechen informiert –, ließen die Großmächte Mussolini gewähren. Damals hoffte man noch, das faschistische Italien für ein

Bündnis gegen Hitler gewinnen zu können. Aber wieso schreckte Italien nicht selbst vor dem Einsatz dieser international geächteten Massenvernichtungswaffe zurück? Die gleichgültige Haltung des Völkerbunds war gewiss nicht der entscheidende Grund. Der Hauptgrund war vermutlich moralische Skrupellosigkeit, gepaart mit einem eiskalten militärischen Nützlichkeitsdenken und militärischer Feigheit. Denn man wusste, dass Abessinien nicht die Mittel besaß, einen chemischen Gegenschlag auszuführen; es hatte nicht einmal wirkungsvolle Mittel gegen Panzer und Flugzeuge. Und den letzten, gewichtigsten Grund für eine grausame Kriegführung in Kolonien kennen wir ohnehin: Rassismus. Dieser war im faschistisch geprägten italienischen Heer besonders stark verbreitet. Schließlich, so dachte man in diesen Kreisen, setzte man das Giftgas »nur gegen Neger« ein.

Der Einsatz des Giftgases war zutiefst unmenschlich – als gelte es, Insekten zu vernichten. Wie der Kolonialkrieg der Deutschen gegen die Herero, so erscheint auch der Krieg der Italiener gegen die Abessinier als schreckliches Menetekel, mit dem sich noch größere, geradezu unfassbare Schrecken ankündigten: jene des Zweiten Weltkriegs. Bezeichnend, dass das nationalsozialistische Deutschland den Zweiten Weltkrieg von Anbeginn als einen Welt-Kolonialkrieg und damit Welt-Rassenkrieg verstand: die ganze Welt sollte deutsche Kolonie werden.

Der Kolonialismus wirkt bis heute fort

Die Kriege in fernen Ländern wurden von den Großmächten nicht nur geführt, um sich diese anzueignen, sondern die aufeinander eifersüchtigen europäischen Großmächte kämpften in den Kolonien auch gegeneinander mit dem Ziel, sich gegenseitig ihre

Beute abzujagen. Vor allem das große britische Kolonialreich war zum Teil den anderen Kolonialmächten Schritt für Schritt mit Waffengewalt abgerungen worden. Dabei spielten die großen Handelsgesellschaften der Kolonialmächte eine zentrale Rolle. Ihnen wurden nicht nur die staatlichen Hoheitsrechte übertragen, sondern auch beträchtliche Kriegsmittel zur Verfügung gestellt. Dadurch fiel den Handelsgesellschaften sehr oft die militärische Eroberung der Kolonien zu. Zwischen ihnen kam es zu erbitterten Kämpfen um den »Futterplatz«. Dabei hatten zuletzt die brutalsten, im Kriegshandwerk tüchtigsten Handelsgesellschaften den Sieg davongetragen.

Doch nicht nur die Errichtung und der Erhalt eines Kolonialreichs waren mit fortwährenden Kriegen verbunden, sondern auch die ganze Entkolonialisierung nach dem Zweiten Weltkrieg verlief kriegerisch. »Die Ursprünge eines Weltreichs sind oft Anlass für Kummer; seine Auflösung immer«, liest man bei dem Schriftsteller Evelyn Waugh. Der »Kummer« liegt vor allem bei der einheimischen Bevölkerung in den Kolonien. Die kolonialisierten Völker pochten in dieser kritischen Phase der Weltpolitik nach 1945 massiv auf ihr Selbstbestimmungsrecht, das schon nach dem Ersten Weltkrieg vom amerikanischen Präsidenten Woodrow Wilson (1913–1921) erdacht worden war. 1947 musste Indien nach jahrzehntelangem Freiheitskampf von England in die Unabhängigkeit entlassen werden. Die Freiheit führte aber sogleich zum Bürgerkrieg zwischen hinduistischen und muslimischen Indern. Das Problem suchte man durch die Gründung eines muslimischen indischen Staats (Pakistan) zu lösen, wobei man sich eine absurde Staatskonstruktion ausdachte: ein zweigeteiltes Pakistan (West- und Ostpakistan) mit Indien zwischen den beiden Teilen. Das führte schließlich 1971 zur Ablösung »Ostpakistans«, das zum selbständigen Staat Bangladesch wurde, was dort wiederum einen

Bürgerkrieg auslöste. Zwischen dem ehemaligen »Westpakistan« (heute Pakistan) und Indien schwelt bis heute ein gefährlicher Streit um die Grenzprovinz Kaschmir, an der jeder der beiden Staaten Anteil hat, die aber jeder für sich allein beansprucht.

Viele Konflikte zwischen Staaten der so genannten Dritten Welt rühren von den alten, willkürlich gezogenen Grenzen der Kolonialgebiete, die oft mitten durch Volksgruppen führen. Nach Auflösung der Kolonialreiche entstanden überall auf der Welt künstliche Staatsgebilde mit unterschiedlichsten und oft miteinander verfeindeten Volksgruppen. Man hatte zusammengezwängt, was nicht zusammenpasste. Als Beispiele seien hier die Länder Syrien, Irak und Iran genannt, staatliche Kunstgebilde, die aus dem Nachlass des britischen Kolonialreichs hervorgingen, wobei das Volk der Kurden auf alle drei Staaten verteilt ist und zu seinem größten Teil ohnehin in der Türkei lebt. Die großen politischen Probleme in dieser Region rühren letztlich vom einstigen Kolonialismus, der zuerst ein türkischer (Osmanisches Reich) und danach ein englischer war. Zwar gehörte Persien (Iran) nie zum englischen Kolonialreich, doch in Krisenzeiten war England stets schnell vor Ort, um Teile Persiens zu besetzen – des Erdöls wegen. Aber auch hier war es weniger das britische Militär als die »Anglo-Persian Oil Company«, die Englands Interessen im Nahen Osten vertrat, auch mit Waffengewalt. »Aus strategischer Sicht«, so verkündete die britische Admiralität bereits im Jahre 1922, »ist es entscheidend, dass Großbritannien die Gebiete kontrolliert, in denen sich Öl befindet.«

Ein anderes Beispiel: Sudan. In diesem künstlichen Staatsgebilde verläuft die Schnittstelle zwischen islamisch-arabischer Kultur einerseits und schwarzafrikanischer Kultur andererseits, die stark christlich geprägt ist. In gewisser Weise hat man dort die Nachkommen der einstigen arabischen Sklavenjäger und die Nachkommen der versklavten Schwarzen in einen Staat gepresst. So etwas kann nicht gut gehen und schafft blutige Konflikte bis auf den heutigen Tag.

Auch der israelisch-arabische Konflikt in Palästina hat zum Teil seine Wurzeln im Kolonialismus. Palästina war bis zum Ende des Ersten Weltkriegs Teil des Osmanischen Reichs, also türkische Kolonie. Mit dem Untergang des Osmanischen Reichs kam Palästina unter britisches Mandat. Zu dieser Zeit war das Verhältnis zwischen Juden und Arabern in Palästina noch sehr gut. Im Ersten Weltkrieg kämpfte sogar eine jüdisch-arabische Brigade gegen die Türken, und noch zu Beginn der fünfziger Jahre gab es in Israel Kibbuzim (kollektiv organisierte ländliche Siedlungen), in denen Juden und Araber gemeinsam lebten. Die Geschichte selbst liefert also den Beweis, dass Frieden zwischen Juden und Arabern möglich ist. Hierzu gibt es den nicht ganz ernst gemeinten Vorschlag, es sollten sich doch Araber und Juden wieder unter britische Mandatsherrschaft begeben, da offensichtlich beide Seiten nicht die politische Fähigkeit besitzen, das Problem ihrer Beziehungen zu lösen. England würde dankend ablehnen, das ist gewiss; es hat seit dem Irak-Krieg Probleme genug am Hals – einem Krisenherd, der ebenfalls seinen Ursprung im britischen Empire hat. Der britische Außenminister Jack Straw gab unlängst ganz offen zu: »Ein großer Teil der Probleme, die uns heute zu schaffen machen, ist eine Folge unserer Kolonialvergangenheit.« Er zählte Indien und Pakistan auf, ebenso Afghanistan, und eben auch den Irak: »Die krummen Grenzen wurden von den Briten gezogen.«

Aus den afrikanischen Kolonien zog sich England nach dem Zweiten Weltkrieg auffallend schnell zurück – zu schnell, wie manche Historiker meinen. Denn die ebenfalls meist künstlich gebildeten Staaten waren mit ihrer plötzlichen Unabhängigkeit vollkommen überfordert, zumal die weißen Herren im Land blieben und nicht bereit waren, ihren Machteinfluss aufzugeben. Die Unabhängigkeit war nur zum Schein.

Im Gegensatz zu England sträubte sich Frankreich lange, seine Kolonien in die Unabhängigkeit zu entlassen. Am schwersten tat es sich in Indochina und in Algerien. Erst nach einem blutigen, sieben Jahre dauernden Entkolonialisierungskrieg gewährte Frankreich Algerien die volle Unabhängigkeit. In Indochina kämpfte es sechs Jahre um seine Kolonien – vergebens. Nach dem Scheitern in beiden Fällen gab Frankreich den Rest seines Kolonialreichs bis auf wenige kleine Besitzungen kampflos auf.

Die Belgier zogen sich aus dem Kongo zurück, die Holländer kämpften verzweifelt um Indonesien, mussten aber am Ende erfolglos abziehen. Spanien war so vernünftig, seine Besitzungen in der Sahara kampflos an Marokko und Mauretanien (erst 1976) abzugeben. Dagegen kämpften die Portugiesen in Angola und Mosambik jahrelang, ehe sie aufgaben und den Ländern die Unabhängigkeit zugestanden. Der Begriff »Unabhängigkeit« ist ohnehin äußerst fadenscheinig, wenn es um ehemalige Kolonien geht. Das gilt vor allem für Afrika. Die neuen Herren waren zwar nicht mehr von weißer Hautfarbe, sondern schwarz, aber sie genossen zumeist das Vertrauen der früheren weißen Herren oder waren gleich von diesen in ihre politischen Ämter eingesetzt worden. Sie hatten ihre zumeist militärischen Laufbahnen bei den Kolonialherren gemacht. Kaum war die Unabhängigkeit erklärt, gebärdeten sie sich wie Stammesfürsten und »regierten« ihre Länder oft noch brutaler als die weißen Kolonialherren. Sie vertraten zumeist die Interessen der westlichen Großmächte und bereicherten sich persönlich auf maßlose Weise. Die Schreckensregime eines Mobutu (im Kongo), Bokassa (in der Zentralafrikanischen Republik) oder Idi Amin (in Uganda) wirken bis heute in diesen Ländern traumatisch nach. Der Kolonialismus hatte nur die Gestalt gewechselt, aber sein ausbeuterisches Wesen beibehalten. Mit großem Geschick gelang es dem Westen, in den ehemaligen Kolonien die willfährigsten Handlanger einzusetzen oder zu unterstützen, um seinen Einfluss in den mit Bodenschätzen gesegneten Regionen der Erde zu wahren – ein versteckter Kolonialismus, wenn man so will. In diesem globalen Marionettenmachtspiel ziehen heute vor allem die USA die Fäden – zu ihrem eigenen Nutzen, versteht sich.

Im Kolonialismus, so kann man zusammenfassend sagen, zeigte der Krieg eine seiner hässlichsten Fratzen. Aus den Menschen der eroberten fernen Länder machte man kurzerhand Tiere, die man ohne moralische Bedenken jagen und niedermetzeln konnte. In den Kolonialkriegen zeigten sich Soldaten und Offiziere als feige Mörder, die auch vor dem Mord an Frauen und Kindern nicht zurückschreckten. Als treibende Kraft hinter den Eroberungen wirkten – was sonst? – Macht- und Geldgier. Die großen europäischen Mächte hielten sich für das Zentrum der Welt und teilten diese unter sich auf. Dabei kamen sie sich oft genug gegenseitig ins Gehege. Die Folgen des Kolonialismus, der nach dem Zweiten Weltkrieg nach und nach zu Ende ging, sind bis heute in den Ländern der so genannten »Dritten Welt« zu spüren. Dass viele von ihnen, vor allem in Afrika, nicht auf die Beine kommen, hat im Kolonialismus seine Wurzeln.
Auch im Ersten Weltkrieg, um den es im folgenden Kapitel geht, suchten die Großmächte ihre kolonialen Einflusssphären zu behaupten oder auszuweiten.

1 Auf diesem Holzschnitt von Albrecht Dürer ist der Mord Kains an seinem Bruder Abel dargestellt, von dem die Bibel berichtet. Mit diesem Mord, so könnte man sagen, beginnt die Menschheitsgeschichte. Der Krieg ist nichts anderes als massenhafter Brudermord. Es geht dabei immer um das Gleiche: aus Neid und Missgunst etwas haben zu wollen, was einem anderen gehört. Und um die Unfähigkeit anzuerkennen, dass der Andere anders ist.

2|3 Im Gegensatz zu Asien, wo Kampf und Krieg in alter Zeit als Künste angesehen wurden, hat Europa niemals eine Kriegskunst hervorgebracht. Dafür kannte das mittelalterliche Europa den Kampf als Spiel: das Ritterturnier (Bild oben). Die Abbildung rechts oben zeigt eine Schlacht zwischen japanischen Samurai (Kriegern) des 12. Jahrhunderts.

4 Der Kolonialismus aller Zeiten hat die grausamsten Kriege hervorgebracht. Das hat damit zu tun, dass die Bewohner der eroberten fernen Länder nicht als Menschen, sondern als Untermenschen oder gleich als Tiere angesehen wurden. Die zeitgenössische Darstellung rechts unten zeigt das Gemetzel der spanischen Eroberer in Amerika zu Beginn des 16. Jahrhunderts. Doch das 20. Jahrhundert kennt ähnliche Schreckensbilder.

5 Im Dreißigjährigen Krieg (1618–1648) nahm der Krieg zum ersten Mal in der Geschichte totale Züge an. Ganz Mitteleuropa wurde flächendeckend mit Krieg überzogen. Dieser gehorchte dem Prinzip, dass der Krieg den Krieg zu ernähren habe. Das machte ihn so besonders grausam gegen die Zivilbevölkerung, was in dieser zeitgenössischen Radierung von Hans Ulrich Franck (1603–1675) zum Ausdruck kommt (oben). Sie zeigt, wie Soldaten Bauern misshandeln und deren Vieh wegtreiben.

6 Die ganze Brutalität und Grausamkeit des Kriegs hat der spanische Maler Francisco de Goya (1746–1828) in seiner Radierfolge »Desastres de la Guerra« (rechts oben) dargestellt. Goya hat darin seine eigenen Erlebnisse während des Eroberungskriegs der Franzosen in Spanien verarbeitet.

7 In dem fast 8 Meter langen und 3,5 Meter hohen Gemälde »Guernica« schuf der spanische Maler Pablo Picasso (1881–1973) *das* moderne Wandbild gegen den Krieg (rechts unten). Anlass dazu gab ihm der Luftangriff der deutschen »Legion Condor« am 26. April 1937 auf die baskische Stadt Gernika-Lumo während des Spanischen Bürgerkriegs. Die Stadt wurde durch Bomben völlig zerstört.

8 Die Schlachtfelder des Ersten Weltkriegs glichen Mondlandschaften, in denen Mensch und Tier buchstäblich zerfetzt und zermahlen wurden. Im zerschossenen Gelände an der Westfront, wo die Erde durch Granateneinschläge immer wieder umgepflügt wurde, kamen ständig abgetrennte Gliedmaßen und Fetzen menschlicher Körper zum Vorschein. Das Foto zeigt einen Soldaten im Kampfgelände von Armentières im April 1918.

9 Im Zweiten Weltkrieg fand der moderne totale Krieg seine äußerste Entgrenzung: er ist der bislang verheerendste militärische Konflikt in der Menschheitsgeschichte. Er forderte unter Zivilisten weit mehr Opfer als unter den Soldaten. In Osteuropa, vor allem in der Sowjetunion, zielte der von Deutschland entfesselte Krieg auf die Vernichtung ganzer Bevölkerungen. Das Foto zeigt eine russische Bauernfamilie vor ihrer zerschossenen Kolchose im Sommer 1941.

10 Nazi-Deutschland verfolgte im Zweiten Weltkrieg zwei grundlegende Ziele: die Erringung der Weltherrschaft und die Vernichtung der Juden. Die systematische Ermordung von 6 Millionen Juden ist mit ihren unfassbaren Grausamkeiten das Menschheitsverbrechen schlechthin. Das Foto der beiden Jungen – sie hießen Sril und Selig Jacob – wurde vom Lagerfotografen des Vernichtungslagers Auschwitz-Birkenau gemacht. Sie kamen am 27. Mai 1944 mit einem Deportationszug aus Ungarn an. Wenige Stunden nach der Ankunft lebten sie nicht mehr – ermordet in der Gaskammer.

11 Der Zweite Weltkrieg endete in einem apokalyptischen Schrecken, der nur Sekunden dauerte, aber dabei Hunderttausenden von Menschen das Leben nahm. Mit dem Abwurf zweier amerikanischer Atombomben auf die japanischen Städte Hiroshima und Nagasaki am 6. und 9. August 1945 führte sich die Menschheit die Möglichkeit der Selbstausrottung vor Augen. Wer der Vernichtung durch die Atombombe entgangen war, lebte weiterhin in einer Todeszone der radioaktiven Verseuchung, so wie auf dem Bild rechts die Mutter mit ihrem Kind. Noch Jahrzehnte später starben viele Menschen an den Spätfolgen der atomaren Verstrahlung.

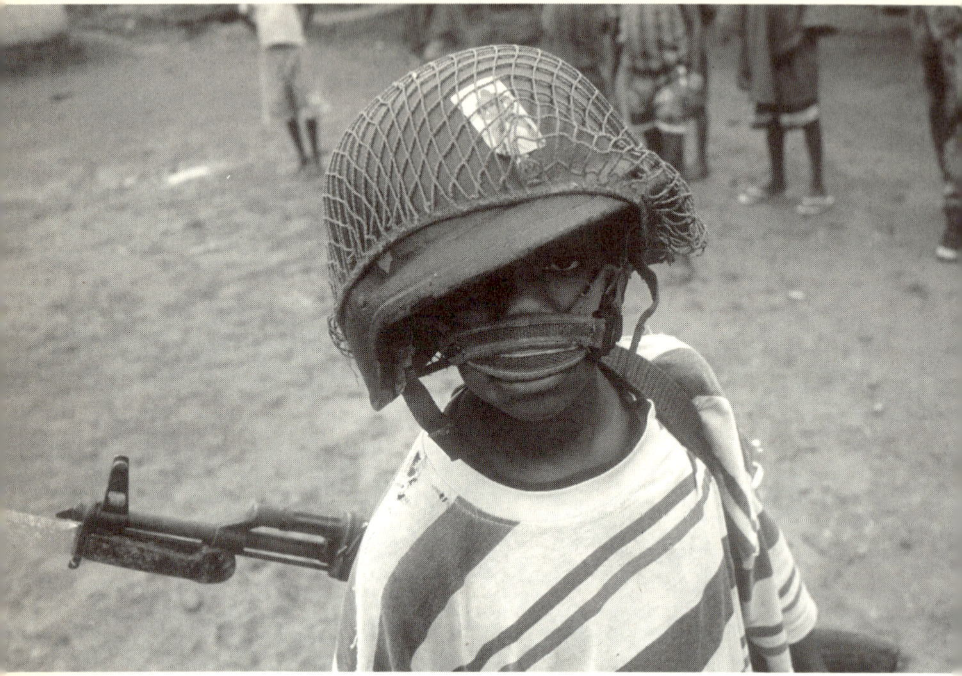

12 Eine der abstoßendsten Erscheinungen des modernen Kriegs unserer Tage ist der »Kindersoldat«, wie er vor allem in afrikanischen Bürgerkriegsregionen zum Einsatz kommt. Kinder, so heißt es, sind die zuverlässigsten und grausamsten Killer, weil sie, zum Töten und Foltern abgerichtet, alles tun, was man von ihnen verlangt. Das Foto zeigt einen Kindersoldaten mit automatischem Gewehr und aufgepflanztem Bajonett in Sierra Leone 1999.

2. ZWISCHENSTÜCK

Warum kam es zum Ersten Weltkrieg? (1914–1918)

Wenn man sich die europäische Geschichte unter dem Aspekt des Krieges anschaut, so gewinnt man den Eindruck, als sei in jedem Krieg schon der Keim für den nächsten angelegt. 1870/71 führte Preußen einen kurzen siegreichen Krieg gegen Frankreich. Ursache dieses Kriegs war die gegnerische Haltung Frankreichs zum preußischen Versuch, die vielen deutschen Staaten zu einem starken Reich zu vereinigen und so Frankreichs Vormachtstellung auf dem europäischen Kontinent einzuengen. Frankreich erklärte den Krieg und verlor ihn. Es musste die Provinzen Elsass und Lothringen abtreten; diese wurden Teil des Deutschen Reichs, das mit Beendigung der Kriegshandlungen vom preußischen König Wilhelm I. (1861–1888) ausgerufen wurde, was ihn selbst zum deutschen Kaiser machte. Politisch gestaltet aber wurde das neue Reich nicht von ihm, sondern von seinem Kanzler Otto von Bismarck (1815–1898). Der hatte 1870 durch einen raffinierten politischen Schachzug (»Emser Depesche«) die Kriegserklärung Frankreichs provoziert. Mit einem Schlag existierte im Zentrum Europas ein mächtiges Reich, das freilich längst überfällig war. Es erlebte in den folgenden Jahrzehnten einen ungeheuren wirtschaftlichen Aufschwung und baute so seine Macht immer weiter aus. Dazu trugen nicht zuletzt die 5 Milliarden Franken bei, die ihm Frankreich als Kriegsentschädigung zu zahlen hatte.

Auf dem Deutschen Reich lag also von Anfang an ein Fluch: es war aus einem Krieg mit einem Nachbarland hervorgegangen. Das ist zwar nichts Besonderes, denn Staaten und Nationen sind von jeher aus Kriegen entstanden. Der besondere Fluch im Falle des Deutschen Reichs liegt darin, dass Bismarck mit der Aneignung von Elsass-Lothringen seine Reichsschöpfung ohne Not mit einer schweren Hypothek belastet hatte, die mit den Jahren immer bedrückender wurde. Durch diesen Landraub war das Verhältnis zwischen Frankreich und Deutschland endgültig vergiftet. Beide Staaten fühlten sich in einem schleichenden gegenseitigen Belagerungszustand. Frankreich empfand sich durch den verlorenen Krieg ohnehin nur noch als zweitrangige Macht und war deshalb zutiefst gekränkt.

Bismarck wusste sehr wohl um diesen Fluch, und so war seine ganze Außenpolitik des folgenden Jahrzehnts davon geprägt. Sie litt unter einem regelrechten Albdruck der Bündnisse. Bei diesen Bündnissen ging es immer nur darum, Frankreich daran zu hindern, sich mit einer der anderen großen europäischen Mächte gegen das Deutsche Reich zu verbünden – und diese Mächte waren England, Russland und Österreich-Ungarn. Also versuchte Bismarck, sie alle in sein eigenes Bündnissystem einzubinden. Österreich-Ungarn machte dabei die geringsten Probleme. Der Vielvölkerstaat, der tief in den Balkan hineinreichte, war morsch und zerbrechlich und eigentlich froh, sich an die Seite des aufstrebenden und kraftstrotzenden Deutschland stellen zu können. Frankreich gegenüber versuchte Bismarck, dessen koloniale Bestrebungen zu unterstützen, um es so gegen die große Kolonialmacht England in Position zu bringen. Besonders intensiv pflegte Bismarck mit Russland Freundschaft. Aber auch das hatte letztlich nur mit Frankreich zu tun: um Russland daran zu hindern, zum idealen Partner Frankreichs zu werden und Deutschland in die

Zange zu nehmen. England kam dieser Bismarck'sche Bündnispoker wie gelegen, denn es sah in Frankreich und Russland von jeher Gegner, die jetzt durch eine neue Kontinentalmacht (Deutschland) in Schach gehalten wurden. Andererseits musste England natürlich fürchten, dass Deutschland Weltmachtgelüste bekommen und England die Rolle des Weltherrn streitig machen könnte. Diese Angst war nicht unbegründet: Deutschland begann nämlich, kaum dass es ein Reich geworden war, eine Kriegsflotte aufzubauen. Das gefiel England gar nicht; auf den Meeren duldete es keinen Rivalen.

Alles in allem war Bismarcks Bündnispolitik eine äußerst wacklige Angelegenheit, ein Spiel mit vielen Risiken und Unwägbarkeiten. Eines der größten Risiken, das erkannte Bismarck selbst, war der politisch spannungsreiche Balkan. Ein Konflikt dort konnte sich rasch zu einem Krieg zwischen Österreich-Ungarn und Russland auswachsen, denn beide Staaten hatten auf dem Balkan machtpolitische Interessen. Deshalb handelte Bismarck 1878 ein Abkommen aus, das den Balkan zwischen Russland und Österreich-Ungarn in Einflusszonen aufteilte, um so eine Entspannung herbeizuführen. Ob die vielfältig durchmischten Völker des Balkans dabei mitspielen würden, stand auf einem anderen Blatt. Bismarck selbst ahnte wohl, dass ein großer europäischer Krieg höchstwahrscheinlich durch einen kleinen politischen Funken auf dem Balkan ausgelöst werden würde. Seine Ahnung sollte sich bestätigen.

Als Bismarck im Jahre 1890 die Bühne der Politik verließ, hinterließ er ein Bündnissystem, das sich bereits in Auflösung befand. Seinen Nachfolgern gelang es nicht, die Bindung Russlands an Deutschland aufrechtzuerhalten. Damit wurde Russland auf einmal für Frankreich als Verbündeter verfügbar. Also schlossen beide Länder im Jahre 1891 ein Bündnis, das eindeutig gegen Deutschland und Österreich-Ungarn gerichtet war. Aber auch England sah dieses Bündnis anfangs mit großer Besorgnis und hätte eigentlich zum Ausgleich ein Bündnis mit Deutschland eingehen müssen. Das tat es jedoch nicht, weil England sich traditionell ungern auf Bündnisse mit Mächten auf dem Kontinent einließ. Und Deutschland hatte, wie schon erwähnt, begonnen, eine Kriegsmarine aufzubauen, was England als freche Herausforderung empfand. Es intensivierte nun seinerseits den Flottenbau; es kam zu einem »Flottenwettlauf« zwischen England und Deutschland, und die bis dahin eher guten Beziehungen zwischen beiden Ländern verschlechterten sich rapide. Gleichzeitig arrangierte sich England mit seinen traditionellen Gegnern Frankreich und Russland. Alle suchten ihr Heil nur noch in den Festungen der Bündnisblöcke. Man versuchte erst gar nicht, die Spannungen durch Diplomatie, also durch einvernehmliche Gespräche, zu lösen.

Im Jahre 1912 brauten sich über dem Balkan die ersten dunklen Wolken zusammen; sie entluden sich in zwei so genannten Balkankriegen. Diese hatten ursächlich mit der schleichenden Auflösung des Osmanischen Reichs zu tun. Die Türken verloren ihren Einfluss auf dem Balkan, was die slawischen Völker dort, voran die Serben, in ihrem Freiheitsdrang bestärkte. Hinter ihnen baute sich Russland mehr und mehr als Schutzmacht auf. Nun hatte aber auch die österreich-ungarische Monarchie ihre Besitzungen auf dem Balkan. 1908 hatten die Österreicher Bosnien-Herzegowina besetzt, was Europa schon damals an den Rand eines großen Kriegs gebracht hatte. Davor, im Jahre 1905, gab es schon die so genannte erste Marokkokrise: Frankreich baute seine Machtposition in Marokko aus, was Deutschland als Störung seiner eigenen kolonialen Interessen empfand. 1911 kam es deswegen zur zweiten Marokkokrise. Auch sie hätte leicht zu einem Krieg zwischen Frankreich und Deutschland führen können.

Im ersten Balkankrieg (Oktober 1912 bis Mai 1913) kämpfte der Balkanbund (Serbien, Bulgarien, Griechenland und Montenegro) gegen die Türken, die endgültig von der Balkanhalbinsel vertrieben werden sollten. Dies gelang auch. Das kleine Makedonien teilten die Sieger unter sich auf und schufen ein unabhängiges Albanien. Bei der Aufteilung Makedoniens kam es jedoch zum Streit zwischen den eben noch Verbündeten – der zweite Balkankrieg folgte. Nach den beiden Kriegen, aus denen vor allem Serbien und Rumänien gestärkt hervorgingen, blieb die Lage auf dem Balkan weiter angespannt – ein politisches Pulverfass, das es bis heute geblieben ist.

Besonders in Serbien, das in den beiden Kriegen seine Bevölkerung verdoppelt hatte, war der Ehrgeiz gewaltig angestachelt. Man träumte von einem »Großserbien«. Vor allem wollte man die bosnischen Serben aus österreichischer Herrschaft »befreien«. Eine offen operierende serbische »Befreiungsbewegung«, die auch vor terroristischen Anschlägen nicht zurückschreckte, schürte die Furcht in Österreich-Ungarn vor einem unaufhaltsamen Vormarsch der Serben auf dem Balkan. Als am 28. Juni 1914 in Sarajewo, der Hauptstadt Bosnien-Herzegowinas, der habsburgische Thronerbe Erzherzog Franz Ferdinand zusammen mit seiner Frau von einem erst siebzehnjährigen Attentäter ermordet wurde, war die Lunte am Pulverfass Balkan gezündet.

Europa schlittert in den großen Krieg

Die Gefahr eines großen Weltbrands sah zuerst niemand. Krisen auf dem Balkan hatte es seit 1908 ständig gegeben; man hatte sich daran gewöhnt. Nun würde es halt zu einem weiteren Balkankrieg kommen, so dachte jeder. Für Österreich-Ungarn war klar, dass man auf das Attentat antworten musste, und zwar nicht nur mit einer begrenzten »Strafaktion« gegen die Serben, sondern mit einem massiven Feldzug, der den »serbischen Störenfried« für immer lahm legen sollte. Doch diese Angelegenheit allein in die Hand zu nehmen, getraute man sich in Wien nicht. Man wusste um die eigene Schwäche, gerade auch auf militärischem Gebiet. Zudem war klar, dass Russland einen solchen Krieg gegen die serbischen Brüder niemals dulden würde. Also holte man sich in Wien die Zusicherung aus Berlin, im Falle eines Kriegs unterstützt zu werden. So hoffte man, Russland von einem Eingreifen abhalten zu können, wenn man gegen die Serben ins Feld zog. Der deutsche Kaiser Wilhelm II. (1888–1918) sagte seine Unterstützung auch sofort »in gewohnter Bündnistreue« zu.

Von da an rastete die Automatik der Bündnisverpflichtungen ein: Am 28. Juli erklärt Österreich Serbien den Krieg. Am 29. Juli verkündet England, es werde im Fall eines großen Kriegs Frankreich beistehen. Am 30. Juli mobilisiert Russland seine gesamte Militärmacht. Am 31. Juli droht Deutschland dem russischen Zaren mit Krieg, falls Russland nicht sofort seine Mobilmachung zurücknehme. Gleichzeitig macht Frankreich mobil. Am 1. August erklärt Deutschland Russland den Krieg und macht ebenfalls mobil. Am 3. August erklärt Deutschland Frankreich den Krieg und marschiert auch sogleich ins neutrale Belgien ein, um so die als uneinnehmbar geltenden französischen Festungsanlagen in Ostfrankreich zu umgehen und – so dachte man – Frankreich innerhalb weniger Wochen in einem massiven und schnellen Angriff von Norden her niederzuwerfen. Anschließend, so die Überlegung, würde man sich gegen Russland wenden. Am 4. August erklärt England Deutschland den Krieg und begründet dies mit dem völkerrechtswidrigen Einmarsch deutscher Truppen in Belgien. Der Erste Weltkrieg hatte begonnen. Er sollte vier Jahre dauern und etwa 15 Millionen Menschen das Leben kosten, darunter rund 6 Millionen Zivilisten.

Man kann nun leicht den Eindruck gewinnen, als wäre der Erste Weltkrieg ein pures Versehen gewesen, als wären die Großmächte in etwas hineingeschlittert, das niemand wollte. Tatsächlich wurde durch das System der Bündnisse ein Automatismus in Gang gesetzt, der direkt in einen großen Krieg hineinführte. Friedrich Engels (1820–1895), zusammen mit Karl Marx (1818–1883) der Begründer der kommunistischen Idee, hatte schon 1887 mit verblüffender Hellsichtigkeit einen großen Weltkrieg vorausgesehen, einen »Weltkrieg von einer bisher nie gekannten Ausdehnung und Heftigkeit«. »Acht bis zehn Millionen Soldaten«, so schreibt Engels, »werden sich untereinander abwürgen.« Und auch die Folgen eines solchen Kriegs sah Engels mit erstaunlicher Schärfe: »Die Verwüstungen des Dreißigjährigen Kriegs zusammengedrängt in drei bis vier Jahre und über den ganzen Kontinent verbreitet. Hungersnot, Seuchen, allgemeine … Verwilderung der Heere wie der Volksmassen, rettungslose Verwirrung … in Handel, Industrie und Kredit, endend im allgemeinen Bankrott; Zusammenbruch der alten Staaten … derart, dass die Kronen zu Dutzenden über das Straßenpflaster rollen und niemand sich findet, der sie aufhebt; absolute Unmöglichkeit, vorherzusehen, wie das alles enden und wer als Sieger aus dem Kampf hervorgehen wird.«

Dennoch wäre man über Verhandlungen und beschwichtigende Diplomatie vielleicht in der Lage gewesen, das Unheil abzuwenden. Doch so weit kam es erst gar nicht. Und warum nicht? Weil auf dem europäischen Kontinent aus Bismarcks Bündnispolitik zwei Machtblöcke hervorgegangen waren, die einander zunehmend feindlich gegenüberstanden. Da waren auf der einen Seite die Mittelmächte Österreich-Ungarn und das deutsche Kaiserreich – eine schwächelnde Doppelmonarchie, die noch verträumt im 19. Jahrhundert lebte, und ein junges, kraftstrotzendes Reich, das unverhohlen nach Vorherrschaft in der Welt strebte, sich also selbst total überschätzte. Auf der anderen Seite stand die so genannte »Entente« (das Wort bedeutet Einverständnis) aus französischer Republik, verfassungsmäßiger britischer Monarchie und einem rückständigen, selbstherrlichen Zarentum in Russland. Diese »Entente« war im Grunde nur wegen des gemeinsamen Gegners Deutschland zustande gekommen. Erst der aggressive Machthunger des deutschen Kaiserreichs hatte Franzosen, Briten und Russen zusammenrücken lassen, obwohl diese seit Jahrzehnten wegen ihrer kolonialen Interessen miteinander verfeindet waren. Hieraus lässt sich schon ein erster, vielleicht sogar der entscheidende Kriegsgrund ableiten: das Deutsche Reich – genauer: der Kaiser und seine militärische Führung – hatte einen großen Krieg schon seit langem im Auge, und die anderen Mächte spürten das und schlossen sich wider Willen zusammen, um Deutschland in die Schranken zu weisen.

Ein so gewaltiges geschichtliches Ereignis wie den Ersten Weltkrieg auf eine Ursache (die Weltmachtgelüste Deutschlands) zurückzuführen, geht natürlich an der geschichtlichen Wahrheit, die immer kompliziert ist, vorbei. Ja in diesem Falle ist alles so kompliziert, dass die Geschichtsforscher sich bis heute nicht darüber einig sind, was die tieferen Gründe für diese »Urkatastrophe des 20. Jahrhunderts« gewesen sind. Unbestritten ist nur, dass der deutsche Kaiser Wilhelm II. und seine Generäle eine Hauptschuld tragen, ebenso der greise österreichische Kaiser Franz Joseph I. (1848–1916) und seine Berater in Wien. In Berlin und Wien, also in einem kleinen Kreis um zwei Monarchen, fielen letztlich die Würfel. Es sind immer konkrete Menschen, die Kriege heraufbeschwören und schließlich Millionen von jungen Männern auf die Schlachtfelder schicken kraft ihrer Entscheidungen und Befehle. Die Bevölkerungen der beteiligten Länder haben gerade in Monarchien nichts mitzuentscheiden, ganz davon abgesehen, dass sie von den Herrschenden ohnehin nicht in die Tatsachen eingeweiht werden. Jedem Volk wird weisgemacht, dass es das bedrohte und angegriffene Volk sei und sich verteidigen müsse. Das nennt man Propaganda; sie ist in Kriegen von entscheidender Bedeutung. Kriege werden in hohem Maße herbeigeredet, oder besser: herbeigeschrien.

Die Frage ist, ob mit anderen Herrscherpersönlichkeiten in Berlin und Wien dieser Krieg zu vermeiden gewesen wäre. Mit einem besonnenen, vernünftigen deutschen Kaiser – solche hat es in der Geschichte ja auch gegeben – wäre ein Krieg wohl zu verhindern gewesen, da Deutschland dann keine Weltmachtansprüche erhoben hätte. Von daher war es ein großes Unglück, dass Deutschland zu einem Zeitpunkt, da Europas Staatengeflecht instabil wurde, in Wilhelm II. einen Kaiser bekam, dessen Persönlichkeit in hohem Grad kriegsfördernd war. Er war durch und durch Militarist der alten preußischen Schule, besessen von einem übersteigerten Ehrgeiz; auch litt er unter einem krankhaften Minderwertigkeitskomplex. Schon in Friedenszeiten trat der deutsche Kaiser stets in Uniform, umgeben von seinen hohen Militärs, als oberster Kriegsherr auf. Das sah zwar für ausländische Beobachter eher komisch als unheilverkündend aus, entpuppte sich aber in der Krise vom Juli 1914 als ein Getue, das ernst gemeint war.

Bereits um die Jahrhundertwende trat Wilhelm II. in ein »Seewettrüsten« mit England ein und schuf sich so einen mächtigen Gegner. Einen solchen hatte Deutschland seit 1870/71 ohnehin schon in Frankreich. Diese Gegnerschaft bezog sich nicht nur auf die Machtverhältnisse in Europa, sondern erstreckte sich auch auf die Kolonialgebiete, wo die Europäer danach trachteten, sich die noch nicht besetzten Teile der Erde einzuverleiben oder einander schon bestehende Kolonien abzujagen. Dieses Wetteifern und

Wettrüsten, das sich ab 1911/12 mehr und mehr von den See- auf die Landstreitkräfte verlagerte – weil Deutschland die finanzielle Kraft fehlte, mit der riesigen englischen Flotte gleichzuziehen –, zielte letztlich auf einen kontinentalen Krieg. Man häuft nicht Waffen zum Spaß an, sondern um sie irgendwann einzusetzen. Das Tempo des Wettrüstens bestimmte Deutschland durch seine enorme Wirtschaftskraft. 1914 besaß es mit Abstand das mächtigste Landheer auf dem Kontinent.

Dennoch hätte eine nüchterne Betrachtung der Lage für Deutschland und Österreich-Ungarn die Einsicht bringen müssen, dass ein Krieg gegen die drei anderen Großmächte nur in einer Katastrophe enden konnte. Vor allem der deutsche Kaiser überschätzte die Position des Reichs maßlos, während er die Möglichkeiten der Gegner grob unterschätzte. Vor allem täuschte er sich in England. Er ging davon aus, dass es sich als klassische Seemacht aus einem Landkrieg auf dem Kontinent heraushalten würde.

Jede Entscheidung für Krieg, das wusste schon Sun Tsu, ist voller Risiken, aber im Jahre 1914 waren diese Risiken extrem hoch. Wieso ging man sie in Berlin trotzdem ein? Wohl aus purer Selbstüberschätzung, aus Fehleinschätzungen bezüglich der Stärke der Gegner und aus Illusionen über die Art des Kriegs. Er würde kurz und heftig sein, so dachte man.

Durch das seit der Jahrhundertwende andauernde Wettrüsten lag ein großer Krieg ohnehin in der Luft. Dass er dann nach dem Attentat auf den österreichischen Thronfolger innerhalb von vier Wochen ausbrach, bestätigt diese Einschätzung. Die Rüstungsspirale führte nahtlos in eine Kriegsspirale hinein. Alle waren immer stärker davon überzeugt, dass ein Krieg unvermeidbar war, wobei jeder glaubte, die Existenz seiner Nation stehe auf dem Spiel. Der allgemeine Nationalismus bestärkte die Menschen in diesem Gefühl. Ein regelrechter Sog in den Abgrund setzte ein, der zur Selbstzerfleischung Europas führen sollte. Man sah den drohenden Krieg wie eine drohende Naturkatastrophe an, der man einfach ausgeliefert war. Krieg als Schicksal, dem man sich zu ergeben hatte.

Am meisten wollte der deutsche Kaiser den Krieg; er war für ihn nichts anderes als der verlockende Griff nach der Weltherrschaft. Eine Großmacht war Deutschland ja bereits. Das deutsche Kaiserreich hatte sich in dem Jahrzehnt vor dem Ersten Weltkrieg geradezu in einen Weltherrschaftsrausch hineingesteigert. Zum ersten Mal in seiner Geschichte war Deutschland zu einem Nationalstaat geeint – viel zu spät eigentlich – und war in kürzester Zeit in die Spitzenriege der Industrie- und Handelsnationen aufgerückt. Man fing an, sich als allen überlegene Nation zu fühlen. Das spätere Herrenmenschentum der Nazis hatte hier seine Wurzeln. Am »deutschen Wesen«, so meinte man, solle »die Welt genesen«. Man redete sich ein Sendungsbewusstsein ein, und dieses war aggressiv gegen den »englischen Krämergeist«, die »welsche (= romanische) Falschheit« und die »russische Barbarei«, wie man sich ausdrückte, gerichtet. Vor allem aber wollte man das britische Weltreich aus den Angeln heben.

Noch lange nach dem verlorenen Krieg wurde in Deutschland so getan, als habe man nur auf Selbstverständlichem bestanden: auf Gleichberechtigung zwischen Weltmächten. Und diese habe man Deutschland vorenthalten wollen. Die Geschichtswissenschaft aber hat anderes zu Tage gefördert: Bereits im so genannten Septemberprogramm gleich zu Beginn des Ersten Weltkriegs waren die allgemeinen Kriegsziele Deutschlands für den nahe geglaubten Sieg formuliert worden: »Sicherung des Deutschen Reichs nach West und Ost auf erdenkliche Zeit. Zu diesem Zweck muss Frankreich so geschwächt werden, dass es als Großmacht nicht neu erstehen kann, Russland von der deutschen Grenze nach Möglichkeit abgedrängt und seine Herrschaft über die nicht-russischen

Vasallenvölker gebrochen werden.« Was den »Erbfeind« Frankreich betraf, so würde man konkret die Abtretung aller französischen Kolonien an Deutschland fordern, ebenso die Abtretung der nordöstlichen Gebiete Frankreichs, eine Kriegsentschädigung von 10 Milliarden Goldmark, Abschaffung aller Einfuhrzölle auf deutsche Waren nach Frankreich, Abschaffung der allgemeinen Wehrpflicht in Frankreich, Schleifung aller Festungen und anderes mehr. Insgesamt waren es zehn Punkte, die Frankreich zu einem Vasallenstaat Deutschlands machen sollten. Darüber hinaus sollten Belgien und Luxemburg ins Deutsche Reich eingegliedert werden. Man sieht: das Deutsche Reich war geblendet von einem frevelhaften Übermut, einer geradezu selbstmörderischen Überheblichkeit. Man war also nicht, wie nach dem Krieg behauptet wurde, in den Schlamassel »reinen Herzens« hineingetappt, sondern hatte von Anbeginn hochgestochene Kriegsziele.

Die militärische Führung Deutschlands hielt es für vorteilhafter, den ohnehin unabwendbaren Krieg möglichst früh, am besten überfallartig zu führen – solange Frankreich und Russland militärisch noch wesentlich schwächer waren als Deutschland. Und das waren sie 1914. In zwei oder drei Jahren, so dachten viele Militärs in Berlin, würden beide Gegner militärisch zu Deutschland aufgeschlossen haben, und an einen siegreichen Krieg wäre dann nicht mehr zu denken. Vor diesem Hintergrund wird auch der Ausruf des deutschen Kaisers auf das Attentat von Sarajewo verständlich: »Jetzt oder nie!« Ob er damit einen großen Krieg meinte, ist allerdings wieder fraglich, denn er fügte hinzu: »Mit den Serben muss aufgeräumt werden, und zwar bald.« Dass ein Krieg Österreich-Ungarns gegen die Serben in einen großen Krieg münden musste, dürfte freilich auch dem deutschen Kaiser bewusst gewesen sein, zumal Russland einer Vernichtung der Serben nicht tatenlos zusehen konnte. Wenn also gesagt wird, dass Europa in den Ersten

Weltkrieg hineingestolpert sei, so ist das nur zum Teil richtig. Das Deutsche Reich und auch Österreich-Ungarn nahmen das Risiko eines Weltbrands bewusst in Kauf, wobei aber keiner der Verantwortlichen wusste, wie ein solcher Krieg aussehen würde. Das weiß man vorher nie. Einen totalen Krieg hatte so auf jeden Fall niemand gewollt. Selbst Kaiser Wilhelm II. sah wohl sehr bald nach Beginn des Kriegs ein, welch ein Unglück er mit seiner Politik angerichtet hatte. Er erlitt einen Nervenzusammenbruch, der ihn für die ganze Dauer des Kriegs schwächte. Eines steht allerdings fest: Deutschland hat durch die Kriegserklärungen an Russland und Frankreich den Ersten Weltkrieg eröffnet und sich mit dem Überfall auf das neutrale Belgien auch gleich einen Bruch des Völkerrechts zuschulden kommen lassen.

Mit Hurra ins Schlachtfeld

Der Erste Weltkrieg, das hat die moderne Geschichtsforschung bewiesen, war von der deutschen Machtelite – voran Kaiser und hohe Militärs – gewollt. Aber wie stand es mit der deutschen Bevölkerung? Lange Zeit vertrat man in den Geschichtsbüchern die Auffassung, dass die Volksmassen begeistert die Kriegserklärungen Deutschlands an Russland vom 1. August 1914 und an Frankreich vom 3. August bejubelt hätten. Es stimmt, dass man in Berlin den Kriegsausbruch mit Begeisterung begrüßte. Das war in Wien, Paris, London und Sankt Petersburg aber nicht anders. Der Schriftsteller Stefan Zweig (1881–1942) beschreibt in seiner Autobiographie »Die Welt von gestern« den Kriegstaumel des Sommers 1914, den er in Wien miterlebte und dem er sich selbst nicht entziehen konnte, als »etwas Großartiges, Hinreißendes und sogar Verführerisches«. Und weiter liest man: »Jeder Einzelne erlebte eine Steigerung seines Ichs, er war nicht mehr der isolierte Mensch von früher, er war eingetan in eine Masse, er war Volk, und seine Person, seine sonst unbeachtete Person, hatte einen Sinn bekommen … So gewaltig, so plötzlich brach diese Sturzwelle über die Menschheit herein, dass sie, die Oberfläche überschäumend, die dunklen, die unbewussten Urtriebe und Instinkte des Menschtiers nach oben riss.«

Gerade die jungen Menschen, Schüler und Studenten voran, fühlten sich in Wien und Berlin wie befreit von dem erstickenden Mief der Monarchie, dieser ganzen verknöcherten und langweiligen Gesellschaft. Da entlud sich eine Spannung wie bei einem Gewitter. Diese soziale Spannung hatte sich in vielen Jahren drohend und drückend über Europa aufgebaut. Besonders die Krise des Juli 1914 seit der Ermordung des österreichischen Thronfolgers war in den Menschen als unerträgliche Gewitterschwüle empfunden worden, die auf Entladung drängte. Lieber ein Ende mit Schrecken als ein Schrecken ohne Ende, dachten viele. Strenggenommen war es gar keine Begeisterung über den bevorstehenden Krieg, sondern mehr das Gefühl, dass sich nun alles grundlegend ändern werde. Und von diesem Gefühl war vor allem die Jugend ergriffen, die männliche Jugend, so muss man hinzufügen: ein Gefühl des Aufbruchs, des Kampfs, des Abenteuers, der Gemeinschaft. Man sprach vom 1. August als der Geburtsstunde eines neuen »deutschen Wegs«. Man darf dabei nicht übersehen, dass solche nationalen Gefühle der männlichen Jugend bereits in Schule und Militär eingeimpft worden waren. Diese geistige Saat ging jetzt auf. Und alle täuschten sich in der Beurteilung des bevorstehenden Gemetzels. Man erwartete eher eine Auseinandersetzung in der Art einer jugendlichen Wirtshausschlägerei. An 15 Millionen Tote und noch mehr Verstümmelte dachte niemand. Niemand ahnte etwas von dem unsäglichen Grauen, das dieser Krieg bringen würde. In ihren Vorstellungen vom Krieg lebten die Menschen noch tief im 19. Jahrhundert. Der Krieg von 1870/71 lag weit zurück, und es war ein kurzer, weitgehend »humaner« Krieg gewesen. Jeder war fest davon überzeugt, dass auch der neue Krieg kurz sein und damit ohne große Opfer verlaufen würde. Dennoch verwundert es, dass manche Bevölkerungskreise in einen regelrechten Rauschzustand verfielen. Das kann man bei ganz jungen Männern mit ihrem jugendlichen, aus der Langeweile und Spießigkeit der Zeit geborenen Überschwang noch verstehen. Befremdlich aber ist, dass sich besonders die Eliten in Kunst und Wissenschaft für den Krieg begeisterten, ja einige es gar nicht erwarten konnten, selbst ins Feld zu ziehen. Man kann von einer regelrechten geistigen Mobilmachung sprechen, die vor allem von »Dichtern und Denkern« betrieben wurde, ebenso von Malern, Musikern, Priestern oder Pädagogen. In Deutschland unterzeichneten 93 hochrangige Künstler und Wissenschaftler, darunter der Schriftsteller Gerhart Hauptmann und der Maler Max Liebermann, einen Aufruf »an das Weltgewissen«, worin sie die »deutsche Kultur« gegen die Propaganda des Feindes in Schutz nahmen. Freilich war das selber wieder nur Propaganda. Sie alle, egal ob in Deutschland, Österreich, Frankreich, England oder Russland, wähnten sich in einem von außen aufgezwungenen Verteidigungskrieg. Gleichzeitig vertrat der damalige Zeitgeist ohnehin die Meinung, dass Krieg eine Art von biologischer Notwendigkeit sei, Ausdruck des Kampfs ums Dasein, wie er angeblich auch im Tierreich geführt wird. Im ersten Kapitel dieses Buchs haben wir diese Ansicht erörtert. Der Krieg, so dachten viele, diene der Auslese und Entwicklung von »nationalen Arten«. Zudem wurde der Krieg als »Männlichkeitsprüfung« betrachtet, als Chance, dem verweichlichten Leben in der Stadt zu entkommen. Wer für den Frieden eintrat – es waren anfangs nur wenige –, galt als moralisch verdorben und feige. Dabei war es in Deutschland durchaus nicht so, dass ausschließlich kaisertreue Geister die kriegstreibenden Kräfte gewesen wären. Das Gegenteil war der Fall: gerade besonders fortschrittliche, liberale Köpfe, die sich in den Jahrzehnten davor als Widersacher des Kaisers auf kulturellem Gebiet hervorgetan hatten, waren glühende Befürworter des Kriegs.

Die neuere Geschichtsforschung konnte jedoch zeigen, dass die »Augustbegeisterung« auf die großen Städte beschränkt blieb, während sie in den Kleinstädten und auf dem flachen Land kaum Widerhall fand. Dort herrschten von Anbeginn Bedenken und Sorge vor, zum Beispiel die Sorge wegen der noch nicht eingefahrenen Ernte. Wie sollte sie geleistet werden, wenn die Männer in den Krieg mussten? Hier empfand man den Krieg doch mehr als eine persönliche Katastrophe. Eine ähnliche Stimmung herrschte auch unter den Arbeitern: eine Gefühlsmischung aus Unruhe, Angst und Entsetzen. Wie sollte man die Familie durchbringen, wenn der Vater und Ernährer in den Krieg zog? Im Berliner Arbeiterviertel Moabit notierte ein Pfarrer: »Die eigentliche Begeisterung (...), wie sie sich der Gebildete leisten kann, der keine Nahrungssorgen hat, scheint mir doch zu fehlen. Das Volk denkt sehr real, und die Not liegt schwer auf den Menschen.« Viele ältere, besonnene und erfahrene Bürger reagierten geradezu mit Schrecken auf den Jubel der meist jungen Leute. Großherzog Ernst Ludwig von Hessen etwa meinte zum Kriegsbeginn: »Es war ein unbeschreibliches Gefühl, diese singenden jungen Männerstimmen durch die Nacht zu hören und dabei zu wissen, sie ziehen ja alle in den Tod.« Einer von ihnen – er meldete sich 1916 mit 18 Jahren freiwillig – war der spätere Schriftsteller Erich Maria Remarque (1898–1970). In seinem berühmten Roman »Im Westen nichts Neues«, der einem die ganze Sinnlosigkeit des Kriegs drastisch vor Augen führt, liest man: »Die Menschen hatten eben alle keine Ahnung von dem, was kam. Am vernünftigsten waren eigentlich die armen und einfachen Leute; sie hielten den Krieg gleich für ein Unglück, während die bessergestellten vor Freude nicht aus noch ein wussten, obschon gerade sie sich über die Folgen viel eher hätten klar werden können.«

Schon wenige Wochen nach Kriegsbeginn zeigte der Krieg diesen jungen Männern sein wahres Gesicht. Ein Kriegsfreiwilliger schrieb aus dem belgischen Flandern nach Hause: »Mit welchen überschwänglichen Gefühlen bin ich in diesen Krieg gezogen, liebe Mutter. Und jetzt sitze ich hier, von Grauen geschüttelt.« Die jungen Freiwilligen, Studenten zumeist, waren in die ersten Schlachten dieses Kriegs ohne jede militärische Ausbildung, dafür mit Liedern auf den Lippen gezogen (»Deutschland, Deutschland über alles!«) – und von den Maschinengewehrsalven des Gegners niedergemäht worden. Sie hatten einen romantischen Krieg erwartet, ein Kinderspiel. Was kam, war der erste totale Krieg der Moderne.

Auf den Punkt gebracht: Der Erste Weltkrieg kam nicht aus heiterem Himmel, sondern er braute sich während eines ganzen Jahrzehnts zusammen. Ihm gingen zwei lokale Kriege auf dem Balkan voraus; auch der entscheidende Funke für den großen Krieg wurde dort entfacht. Worauf man sich bei diesem Krieg einließ, wusste niemand, am wenigsten die Herrscher in ihrer nationalistischen Verblendung. Da alle Großmächte durch Bündnisse innerhalb zweier Blöcke zu gegenseitiger Hilfe verpflichtet waren, musste eine erste Kriegserklärung, von wem auch immer, ganz Europa ins Verderben reißen. Es kam zum ersten totalen Krieg der Moderne.

6. KAPITEL

Der totale Krieg

War der Erste Weltkrieg wirklich der erste totale Krieg der Menschheitsgeschichte? Da sind Zweifel angebracht. Denn mit dem Begriff »totaler Krieg« ist zuerst einmal nichts anderes gemeint, als dass ein Krieg nicht nur zwischen den Armeen verfeindeter Mächte ausgefochten wird; er sucht ebenso die Zivilbevölkerung heim, und zwar massiv.

Kriege hatten von jeher die Tendenz zum Totalen, was unter anderem damit zu tun hatte, dass jede der kriegführenden Parteien bestrebt war, ihn in das Gebiet des Feindes zu tragen. Dort war es leichter, den Feind zu schwächen; man musste nur seine Lebensgrundlagen zerstören. So gingen Kriege, Hungersnöte und Seuchen oftmals miteinander einher. Schon in der Antike waren die Kriege auch bewusst gegen die Zivilbevölkerungen gerichtet: Städte wurden belagert, ausgehungert und schließlich erstürmt, wobei die noch lebenden Menschen niedergemetzelt, die Frauen unter ihnen vergewaltigt wurden. Wer das alles überlebte, wurde in die Sklaverei verschleppt.

Mit Sicherheit erfüllt der europäische Dreißigjährige Krieg, den wir in einem eigenen Kapitel betrachtet haben, die Kriterien eines totalen Kriegs. In ihm wurde Europa, voran die deutschen Lande, großflächig verwüstet. Die Folgen waren noch Generationen später zu spüren. Im Dreißigjährigen Krieg gab es keine scharfe Unterscheidung mehr zwischen Militär und Zivilist. Ein Drittel der gesamten europäischen Bevölkerung soll durch das Schwert oder durch Hunger und Krankheit umgekommen sein.

Zahllos waren die Massaker an Zivilisten durch herumstreunende Söldnerhaufen. Ähnlich war es auch im Amerikanischen Bürgerkrieg (1861–1865); auch er zeigte totale Züge.

Und doch überragt der Erste Weltkrieg alle totalen Kriege vor ihm: als erster totaler Krieg der Moderne, das heißt mit modernen Vernichtungsmethoden. Dabei passte der Schrecken dieses Kriegs gar nicht so recht in die damalige Zeit, hatte doch das gerade zu Ende gehende 19. Jahrhundert einen gewissen »humanen« Zug in das Kriegswesen hineingebracht – als Folge der Aufklärung und der damit verbundenen Hinwendung zu humanitären Idealen. So war die Kriegführung in Europa seit dem Ende des Dreißigjährigen Kriegs bis zum Ersten Weltkrieg unter anderem dadurch gekennzeichnet, dass man flächendeckende Verwüstungen und die Tötung von Zivilpersonen zu vermeiden suchte. Die europäischen Staaten bemühten sich, die Kriege wenigstens »einzuhegen«, wenn sie schon nicht zu vermeiden waren. Eine militärische Niederlage sollte nicht mehr die Vernichtung des unterlegenen Staates zur Folge haben. Großflächiges Verwüsten von ganzen Regionen, ebenso das Drangsalieren der Bewohner, galt als Ausdruck verachtenswerter Barbarei.

Ganz anders sah es für die Soldaten aus: seit der Mitte des 19. Jahrhunderts wurde das Ringen auf den Schlachtfeldern immer unerbittlicher. Das zeigte sich zum ersten Mal im Sommer 1853, als der Krimkrieg begann. Es war der Krieg in seiner neuen, industriellen Gestalt. Kriegstreiber war in diesem Fall der russische Zar Nikolaus I., ein düsterer Despot, der davor schon den Aufstand der Polen (1830/31) und den der Ungarn (1849) blutig niederschlagen ließ. Er war überzeugt davon, dass das Osmanische Reich der Türken bald in sich zusammenstürzen würde und dass es für Russland klug sei, hier ein wenig nachzuhelfen, um sich einige Stücke des Reichs einzuverleiben, vor allem Konstantinopel und die türkischen Meerengen. Dagegen aber hatten die Engländer und Franzosen ganz entschieden etwas. Eine weitere Ausdehnung des ohnehin schon riesigen russischen Reichs wollten sie nicht hinnehmen.

So kam es zum Krieg Russlands gegen die Türkei, die von England und Frankreich unterstützt wurde. Seinen schrecklichen Höhepunkt erreichte der Krieg in der Schlacht um die russische Festung Sewastopol auf der Halbinsel Krim, einer der wohl schönsten Landschaften Europas. Bald nach Beginn der Belagerung am 25. Oktober 1854 durch die Alliierten entwickelte sich ein verbissener Stellungskrieg – der erste Stellungskrieg der Moderne. In sinnlosen Angriffen opferten meist inkompetente Generäle auf beiden Seiten Tausende von Soldaten. Fast ein Jahr dauerte dieser nutzlose Kampf. Die russischen Verteidiger von Sewastopol kämpften mit schicksalsergebener Standfestigkeit, unter ihnen auch der junge Leo Tolstoj, der seine Erlebnisse in der Erzählung »Sewastopol im Dezember« verarbeitet hat.

Dank ihrer materiellen Überlegenheit gewannen die Alliierten, von denen die Franzosen die Hauptlast des Kampfes trugen, langsam die Oberhand. Ihre Artillerie zerstörte die Stadt fast völlig. Am 9. September 1855 fiel die Festung. Das sinnlose Gemetzel hatte 73 000 russische, 70 000 französische und 22 000 britische Soldaten das Leben gekostet. Die Historiker sehen im Kampf um Sewastopol die »Vorwegnahme von Verdun«, dieser furchtbarsten Schlacht des Ersten Weltkriegs. Der Krimkrieg war der erste industrielle Krieg; in ihm zählte allein die materielle Überlegenheit, also die Zahl der eingesetzten Kanonen und Granaten. Das Leben der Soldaten zählte nichts; sie waren das Futter für die Kanonen.

Vier Jahre später, am 24. Juni 1859, kam es bei Solferino, einer italienischen Gemeinde südlich des Gardasees, zu einer furchtbaren Schlacht zwischen französischen und österreichischen Truppen, wobei es um die Vorherrschaft beider Mächte in Norditalien ging. Die Österreicher verloren die Schlacht. Am Abend des Gemetzels und während der nächsten Tage weilte auch ein junger Schweizer Geschäftsmann mit Namen Henry Dunant (1828–1910) auf dem Schlachtfeld. Was er sah, erschütterte den Mann zutiefst. Was für eine Unmenschlichkeit bestand doch darin, die verwundeten Soldaten tagelang im Dreck liegen zu lassen! Auf einen, der sich zum Verbandsplatz schleppen konnte oder von Kameraden aufgelesen wurde, kamen hundert, die auf qualvolle Weise der Hitze, dem Durst oder ihren Verletzungen erlagen. Dunant zog daraus den Schluss, dass man nicht nur Soldaten aufs Schlachtfeld schicken sollte, sondern auch Sanitäter. Diese aber müssten »unverletzlich« sein, das heißt, man müsste sie, ihre Wagen und Lazarette durch ein Zeichen, das von allen Kriegführenden anerkannt wurde, vor Waffengewalt schützen. Zudem sollte gelten, dass der verwundete Feind nicht mehr als Feind zu betrachten sei. Henry Dunant forderte von den Staaten ein Übereinkommen, das zu Ehren seiner Vaterstadt »Genfer Konvention« genannt wurde. Dem von ihm 1863 gegründeten organisierten Samaritertum gab er den Namen »Rotes Kreuz«. Dafür erhielt Dunant 1901 den ersten Friedensnobelpreis. Die »Genfer Konvention«, die ursprünglich nur die Verbesserung des Loses von verwundeten Soldaten zum Ziel hatte, wurde 1929 erweitert. Ihr Grundsatz lautet: Personen, die nicht unmittelbar an Kämpfen teilnehmen, sind unter allen Umständen menschlich zu behandeln, und zwar ohne jede Benachteiligung wegen ihrer Volkszugehörigkeit oder Religion. Dies geschah unter dem Eindruck der Schrecken des Ersten Weltkriegs.

Der industrialisierte Krieg

Aber was machte eigentlich den Ersten Weltkrieg zu einem totalen, alles umfassenden Krieg? Nun, der Krieg selbst entfesselte das in ihm schlummernde Totale. Erinnern wir uns: Im Kapitel »Der koloniale Krieg« hatten wir gesehen, wie die europäischen Armeen des 19. Jahrhunderts auf dem eigenen Kontinent ein Höchstmaß an Zurückhaltung an den Tag legten, aber in den Kolonien regelrechte Vernichtungsfeldzüge gegen die einheimischen Bevölkerungen führten. Der Krieg, so kann man daraus schließen, wird dann total, wenn dem Gegner alles Menschliche abgesprochen wird. Und der Krieg wird total, wenn die eingesetzten Mittel total, also unerbittlich und unwiderstehlich werden, etwa in Gestalt eines Maschinengewehrs. Man könnte das Maschinengewehr geradezu als Symbol des modernen totalen Kriegs verwenden – neben Flammenwerfer, Panzer, Bombenflugzeug, U-Boot, Mine und Giftgas. Der moderne totale Krieg setzt also ein hohes Maß an Technifizierung voraus. Die Kriegführung setzt auf den Einsatz moderner Kampfmaschinen – und diesen steht der einfache Soldat, der sich wie eh und je weitgehend ungeschützt im Gelände bewegt, machtlos gegenüber. Nur so ist die ungeheure Zahl der Toten auf den Schlachtfeldern des Ersten Weltkriegs zu erklären. Die Tötung wurde in diesem Krieg zum ersten Mal maschinell betrieben. So kam es zu Schlachten, in denen allein an einem Tag bis zu 100 000 Soldaten fielen. Ganze Armeen verbluteten innerhalb weniger Wochen.

Die Totalität des Ersten Weltkriegs wird auch in der Masse der Soldaten sichtbar, die gegeneinander antraten. Weltweit wurden in diesem Krieg rund 70 Millionen Männer eingezogen, in Deutschland allein 13,5 Millionen, von denen mehr als 2 Millionen starben und mehr als 4 Millionen schwer verletzt wurden. Und es gab noch andere Kriegsteilnehmer, die ebenfalls zu Millionen in diesem Krieg verreckten, aber nur selten erwähnt werden: Pferde. Die Schreie der verwundeten Tiere erfüllten die Schlachtfelder, sobald der Lärm der Granaten verstummte. In Remarques Roman, aus dem wir schon zitierten, liest man hierzu: »Wir können alle etwas vertragen. Hier aber bricht uns der Schweiß aus. Man möchte aufstehen und fortlaufen, ganz gleich wohin, nur um das Schreien nicht mehr zu hören. Dabei sind es doch keine Menschen, sondern nur Pferde.« »Das sage ich euch«, meint einer der Soldaten im Roman, »es ist die allergrößte Gemeinheit, dass Tiere im Krieg sind.« So grauenhaft hatte sich niemand den Krieg vorgestellt – weil man ihn so noch nicht kannte.

Für diesen modernen totalen Krieg bedurfte es Voraussetzungen, die erst um die Jahrhundertwende gegeben waren: ein sprunghafter, ja geradezu explosionsartiger Fortschritt in Wissenschaft und Forschung – und eine entsprechend machtvolle Entfaltung der Produktionskräfte in der Industrie. Der Krieg selbst wurde industrialisiert. Alle produktiven Kräfte der Gesellschaft wurden in den Dienst des Kriegs gestellt. Aus der Wirtschaft wurde eine Kriegswirtschaft. Kaum ein Produktionszweig, der nicht irgendwie mit der Herstellung von Kriegsgütern zu tun hatte. Damit wurde der Krieg nicht nur an den Fronten geführt, sondern auch in der Heimat; das nannte man dann die »Heimatfront«. Auf diese Weise ließ sich der Krieg schier endlos in die Länge ziehen. In den Fabriken lief eine scheinbar unbegrenzte Produktion von Waffen und Munition, die mit Hilfe eines modernen Eisenbahnsystems schnell und weitgehend reibungslos an die Fronten transportiert werden konnten. Und diese Massenproduktion von Waffen führte zu einem Massentöten in den Schützengräben. Jeder der kriegführenden Staaten war sich sicher, den Krieg durch noch mehr und noch wirkungsvollere Waffen gewinnen zu können.

Diese Entwicklung war aber nur dadurch möglich, dass dem Ersten Weltkrieg ein Jahrzehnt des größten wissenschaftlichen und technischen Fortschritts vorausgegangen war. Alle Entdeckungen der Physik und Chemie dieses Jahrzehnts wurden für kriegerische Zwecke angewandt. Bereitwillig stellten sich Forscher und Techniker in den Dienst des Kriegs. Das alles führte zu einer Entgrenzung der Kriegsgewalt. Der einzelne Soldat wurde von diesen mörderischen Kräften buchstäblich zerstückelt, zerrieben, zerquetscht und zerfetzt. Mehr als 50 Prozent aller Kriegstoten auf den Schlachtfeldern gingen auf das Konto des Artilleriebeschusses. Und die Toten sahen anders aus als in früheren Kriegen; von vielen blieb nichts anderes übrig als blutige Fleisch- und Stofffetzen im Gelände. Es war ein namen- und gesichtsloses Sterben. Der totale Krieg macht seine Opfer unkenntlich; er raubt den Soldaten nicht nur das Leben, sondern auch ihre Identität, zerreißt sie bis zur Unkenntlichkeit. Der »unbekannte« Soldat, von dem auf Kriegerdenkmälern die Rede ist, ist eigentlich der unkenntlich gemachte Soldat. Der »unbekannte Soldat« ist der vermisst gebliebene Soldat, und er blieb vermisst, weil nichts von ihm übrig geblieben war, nicht einmal die »Hundemarke«, jenes gestanzte und nummerierte Stück Blech, das jeder Soldat um den Hals trug und auf dem sein Name, sein Jahrgang und seine Einheit verzeichnet waren. In dem zerschossenen Gelände an der Westfront, wo die Erde durch Granateneinschläge immer wieder umgepflügt wurde, kamen ständig abgetrennte Gliedmaßen und Fetzen menschlicher Körper zum Vorschein. Drastisch schildert Erich Maria Remarque das Sterben an der Front: »Trommelfeuer, Sperrfeuer, Gardinenfeuer, Minen, Gas, Tanks, Maschinengewehre, Handgranaten – Worte, Worte, aber sie umfassen das Grauen der Welt. (…) Haie Westhus wird mit abgerissenem Rücken fortgeschleppt; bei jedem Atemzug pulst die Lunge durch die Wunde. Ich kann ihm noch die Hand drücken; – ›is alle, Paul‹, stöhnt er und beißt sich vor Schmerz in die Arme. Wir sehen Menschen leben, denen der Schädel fehlt; wir sehen Soldaten laufen, denen beide Füße weggefetzt sind; sie stolpern auf den splitternden Stümpfen bis zum nächsten Loch; ein Gefreiter kriecht zwei Kilometer weit auf den Händen und schleppt die zerschmetterten Knie hinter sich her; ein anderer geht zur Verbandstelle, und über seine festhaltenden Hände quellen die Därme; wir sehen Leute ohne Mund, ohne Unterkiefer, ohne Gesicht; wir finden jemand, der mit den Zähnen zwei Stunden die Schlagader seines Armes klemmt, um nicht zu verbluten, die Sonne geht auf, die Nacht kommt, die Granaten pfeifen, das Leben ist zu Ende.«

Die Unerbittlichkeit der Mittel entfesselte erst die Grausamkeit und Verbissenheit der kämpfenden Soldaten, die irgendwann selber zu abgestumpften Kampfmaschinen wurden; viele verloren daran ihren Verstand. Millionen von jungen Männern wurden von skrupellosen Militärführern in Materialschlachten verheizt, die keine Entscheidung brachten, dafür aber Berge von Toten. Die Aussichtslosigkeit, diesen Krieg in einem raschen Bewegungsfeldzug zu entscheiden, ließ die Militärs alles auf die Karte »Feuerkraft« setzen. Diese müsse nur ins Gigantische gesteigert werden, so dachte man, um den Feind endlich in einem so genannten Abnutzungskrieg niederzuringen. Man praktizierte auf beiden Seiten die »totale Mobilmachung«. Für den Soldaten im Schützengraben bedeutete dies, dass ihm immer gewaltigere Kräfte aus Feuer und Stahl entgegenschlugen – eine gigantische glühende Eisenmühle, die unerbittlich alles Leben zermalmte.

So erhöhte sich von 1914 bis 1918 der tägliche Granatenverbrauch um das Fünfzigfache. In den monatelangen Materialschlachten an den Flüssen Somme und Marne ging insgesamt etwa eine Tonne Sprengstoff auf jeden Quadratmeter Erdboden nieder. Die Schlachtfelder glichen einer Mondlandschaft, in die sich die Soldaten metertief eingegraben hatten, um den pausenlosen Granatenbeschuss irgendwie überstehen zu können. Den Feind bekam man meist gar nicht zu Gesicht, es sei denn, es wurde versucht, in selbstmörderischen Sturmangriffen die feindlichen Befestigungen zu überrennen und so die starren Fronten aufzureißen. Aber das gelang fast nie. Im Kampf Mann gegen Mann hatte der Feind plötzlich ein Gesicht – und das sah aus wie das eigene: verdreckt, ausgemergelt und voller Angst.

Sonst aber war es ein Krieg, der über die Distanz hinweg geführt wurde: gewaltige Granaten, die aus bis zu 100 Kilometern Entfernung herangeflogen kamen, Maschinengewehrsalven mit bis zu 300 Schüssen pro Minute, die über 4000 Meter hinweg noch ihre Ziele trafen, Handgranaten, die in hohem Bogen in feindliche Gräben geschleudert, Bomben, die von Flugzeugen oder Zeppelinen herabgeworfen wurden. Und auf dem Meer unsichtbare U-Boote, die ihre tödlichen Torpedos auf Kriegs- oder Frachtschiffe des Gegners lenkten.

Der totale Krieg ist ein in hohem Maße anonymer Krieg. Das Töten geschieht maschinell und massenhaft – und das macht es auch leicht, immer grausamere Kriegsmittel einzusetzen. Der Panzer als furchterregende Kampfmaschine war eine typische Erfindung des Ersten Weltkriegs. Ihm stand der Soldat im Schützengraben weitgehend hilflos gegenüber. Das erste Erscheinen englischer Panzer (Tanks) erzeugte bei den deutschen Truppen blankes Entsetzen. Noch monströser aber war der Einsatz von Giftgas, und es widerstrebt einem, hier überhaupt noch von einer Waffe zu sprechen. Der gegnerische Soldat wird zum Ungeziefer, das es auszurotten gilt. Mit dem Gas ging die Soldatenehre endgültig zugrunde. Das Giftgas wurde zuerst von den Deutschen eingesetzt, und zwar in dem Glauben, man könne damit die erstarrten Fronten auflösen und wieder in einen Bewegungskrieg übergehen. Doch diese Rechnung ging nicht auf. Es hatte wohl auch niemand bedacht, dass der Feind zum gleichen Mittel greifen könnte. Damit erreichte der totale Krieg den Höhepunkt seiner Unmenschlichkeit. Zum ersten Mal wurde in einem Krieg eine Massenvernichtungswaffe eingesetzt: Chlorgas, später auch Senfgas (»Gelbkreuz«). Anfangs war das Gas sehr wirkungsvoll. Die englischen und französischen Truppen, gegen die man es eingesetzt hatte, wurden vollkommen überrascht und gaben zeitweilig einen Frontabschnitt von 7 Kilometern preis. Auch an der Ostfront kam es zum Einsatz. Unter den 90 000 Soldaten, die während des Ersten Weltkriegs im Gas umkamen, waren allein 56 000 Russen. Doch rasch entwickelten die Alliierten Gegengifte und nahmen die Waffe in ihre eigenen Arsenale auf. Der Krieg hatte damit seinen moralischen Tiefpunkt erreicht, und das hatten die Deutschen zu verantworten, die Giftgas skrupellos als Erste eingesetzt hatten – ein Produkt der modernen chemischen Forschung, entwickelt und waffenfähig gemacht unter Leitung des berühmten Chemikers und späteren Nobelpreisträgers Fritz Haber (1868–1934).

Der Krieg war zu einem gefräßigen Monstrum geworden; er fraß die Jugend Europas hinweg, ebenso den Wohlstand, den Europa sich zu Beginn des 20. Jahrhunderts erarbeitet hatte – freilich auch durch brutale Ausbeutung der Kolonien und der Fabrikarbeiter daheim. Seine Totalität entfaltete der Krieg nicht nur auf den Schlachtfeldern, sondern ebenso in der Zivilgesellschaft. Sie wurde mehr und mehr durchmilitarisiert. Die ganze Gesellschaft wurde für den Krieg mobilisiert, nachdem klar war, dass es ein langer Krieg werden würde. Die Wirtschaft wurde auf Kriegsproduktion umgestellt, allen voran natürlich die Schwerindustrie, aber auch die Energie-, Transport- und Chemiewirtschaft. Letztere war in Deutschland nur noch mit der Herstellung von Sprengstoff befasst, vor allem seit die Einfuhr von Salpeter aus Chile als Grundstoff für Sprengmittel durch die englische Seeblockade unterbunden war. So mussten von der Chemie rasch Ersatzstoffe entwickelt werden. Zum Krieg der Soldaten kam so der Krieg der Labore und Fabriken hinzu. Der Krieg schuf völlig neue Forschungs- und Industriezweige, die in den kommenden Jahrzehnten die Schwerpunkte der Weltwirtschaft bilden sollten: voran die Automobilindustrie, die durch die Kriegsproduktion große Fortschritte machte. Es war zum Beispiel für die französischen Truppen von großem Vorteil, dass die französische Automobilindustrie 1914 schon viel weiter entwickelt war als die deutsche. Die Franzosen waren dadurch in ihren Truppenverschiebungen viel schneller und flexibler. Zeitweise brachten Kolonnen von Pariser Taxis die Ersatztruppen an die Front.

So hat der Krieg immer ein doppeltes Gesicht: hier zerstört er, und dort schafft er Neues. Das gilt besonders für die Entwicklung der Flugzeugindustrie. Zum Land- und Seekrieg kam der Luftkrieg hinzu. Zum ersten Mal in der Menschheitsgeschichte wurden Städte aus der Luft mit Bomben angegriffen, um so den Krieg gezielt ins zivile Hinterland des Gegners zu tragen und Fabrikanlagen zu zerstören. Aber es kamen dabei auch viele Zivilisten zu Tode. So starben durch deutsche Luftangriffe auf England während des Ersten Weltkriegs etwa 1400 Menschen. Gegen Ende des Kriegs kämpften bereits Hunderte von Kriegsflugzeugen über Belgiens Schlachtfeldern um die Lufthoheit. Der Luftkrieg war also im Ersten Weltkrieg schon weit fortgeschritten, um sich dann im Zweiten Weltkrieg zum totalen Luftkrieg zu entgrenzen.

Der Hunger als Folge des totalen Kriegs

Der totale Krieg greift tief ins alltägliche Leben der Menschen ein, selbst wenn sie von direkten Kriegshandlungen verschont bleiben. In Deutschland fehlte es bald am Allernötigsten. Noch schlimmer war es für die Menschen in Russland. In Deutschland führte die Blockade der Häfen durch die britische Flotte von Kriegsbeginn an zu Nahrungsproblemen, die sich bis zum Kriegsende zu einer Hungersnot auswuchsen, unter der vor allem die Kinder zu leiden hatten. Denn Deutschland importierte rund ein Drittel seiner Nahrungsmittel. Bis zum Ausbruch des Kriegs war das Deutsche Reich weltweit der größte Importeur von landwirtschaftlichen Gütern. Die angespannte Lage wurde noch durch eine mangelhafte Organisation verschärft. Während man die anfänglichen Nachschubprobleme für militärische Güter rasch in den Griff bekam, wurde mit der Dauer des Kriegs die Lebensmittelnot in der Heimat immer größer. Soldaten brachten bei ihrem Heimaturlaub Essen mit nach Hause, weil es in den Schützengräben mehr zu essen gab als in den Arbeitersiedlungen der großen Städte. Dort wurde der Krieg für die Menschen zum Hungerkrieg. Etwa 700 000 Menschen starben während des Ersten Weltkriegs in Deutschland an Unterernährung, vor allem kleine Kinder. Bereits im Frühjahr 1916, so die Meinung der Historiker, war der Krieg ernährungswirtschaftlich für Deutschland verloren. Am Ende waren es die Proteste in der Bevölkerung gegen Hunger und Entbehrung, aus denen die Aufstände gegen das Kaiserreich und schließlich die Revolution hervorgingen. Nicht anders in Russland.

Immerhin aber blieb die deutsche Bevölkerung vom Krieg mit Waffen weitgehend verschont, denn auf deutschem Boden wurden ja keine Schlachten geschlagen, zumindest nicht im Westen. Hingegen hatte die belgische Bevölkerung gleich zu Beginn des

Kriegs sehr unter den rasch vorrückenden deutschen Truppen zu leiden. Diese verübten völkerrechtswidrige Übergriffe auf die Zivilbevölkerung, nachdem deutsche Soldaten in einem belgischen Dorf bei Lüttich wohl von Zivilisten beschossen worden waren. Man trieb die Bewohner des Dorfs aus ihren Häusern und brannte diese nieder. Verdächtige wurden auf der Stelle erschossen.

Vom ersten Kriegstag an trieben die deutschen Truppen eine riesige Schar von Flüchtlingen vor sich her – auch dies ein Symbol für den modernen totalen Krieg, der Menschen entwurzelt und ihrer Heimat beraubt. Wer unter den Flüchtlingen zu langsam war und von den deutschen Truppen eingeholt wurde, musste Schlimmstes befürchten. Denn die Deutschen sahen oft auch dort Saboteure und Partisanen, wo es keine gab. So wurden binnen weniger Wochen 5500 belgische und über 900 französische Männer, Frauen und Kinder zu Opfern willkürlicher Erschießungen. Wahllos wurden Gebäude in Brand gesteckt, darunter auch die mittelalterliche Universität von Löwen mit ihrer historischen Bibliothek von unschätzbarem Wert. Es kam zu Plünderungen durch deutsche Soldaten. Damit hatte das Deutsche Reich diesen Krieg bereits in den ersten Tagen auf dem Feld der Moral verloren, und selbst ein militärischer Sieg hätte diese Niederlage nicht wieder wettgemacht. Als der anfängliche Bewegungskrieg dann sehr bald in einen starren Grabenkrieg überging, blieb die Zivilbevölkerung an der Westfront weitgehend von Gewalt verschont.

Anders aber sah es an der Ostfront aus. Der Feldzug im Westen war brutal, der im Osten war grausam, gerade auch, was das Leiden der Zivilbevölkerung betraf. Bevor sich die russischen Truppen nach den verlorenen Schlachten von 1915 zurückzogen, verwüsteten sie weite Landstriche vor allem in Polen und Litauen, um den vorrückenden Deutschen »verbrannte Erde« zu hinterlassen. Volksgruppen, die den Russen als verdächtig galten, wie Juden oder Deutsche, wurden misshandelt oder als vermeintliche Spione erschossen. Die Zahl der Flüchtlinge betrug im östlichen Kriegsgebiet, das von der Ostsee bis zum Schwarzen Meer reichte, schätzungsweise zwischen drei und zehn Millionen. Nicht besser als die Russen waren die Deutschen. Sie führten sich im Osten wie Kolonisten auf. Schließlich hatte man auch vor, die baltischen Staaten, Polen und Teile Weißrusslands nach einem gewonnenen Krieg zu Siedlungsgebieten für Deutsche zu machen. So wurden die Bewohner, die den Deutschen kulturell fremd waren, als Rechtlose behandelt. Die deutschen Besatzer führten sich als überlegene Herrenmenschen auf, wie sie es auch in ihren afrikanischen Kolonien getan hatten.

So abstoßend das alles war und so unermesslich das Leid, das der Krieg über die Bevölkerung Osteuropas brachte – zu Kriegsverbrechen, also zu Grausamkeiten gegen die Zivilbevölkerung oder gar Völkermord, kam es aller Wahrscheinlichkeit nach nicht. Das abscheulichste Kapitel schrieb dieser totale Krieg allerdings nicht auf europäischem Boden, sondern fernab von den Hauptschauplätzen im Osmanischen Reich der Türken: der Völkermord der Türken an den christlichen Armeniern in den Kriegsjahren 1915/16. Seit Oktober 1914 stand das Osmanische Reich an der Seite Deutschlands und Österreichs im Krieg. Die türkische Hauptfront lag im Kaukasus; dort kämpfte man gegen den Erzfeind Russland um die Vorherrschaft im ölreichen Gebiet zwischen Schwarzem und Kaspischem Meer. Für die Türken schien der Augenblick günstig, sich gleichsam im Schatten des Weltkriegs der Armenier in ihrem Reich zu entledigen. In der Vergangenheit war es immer wieder zu Pogromen, das heißt zu gewalttätigen Ausschreitungen, Plünderungen und Morden, gegen die armenische Bevölkerung gekommen: 1894 bis 1896 und im Jahre 1909. Schon damals wurden Tausende von Armeniern von Türken umgebracht.

Die Armenier waren im osmanischen Vielvölkerstaat durch Fleiß und Intelligenz zu Wohlstand gekommen, vor allem als Händler, Handwerker, Apotheker und Advokaten. Das nährte stetig den Neid ihrer weniger wohlhabenden türkischen Nachbarn. Zudem begeisterten sich immer mehr Armenier für nationale Bewegungen, die eine größere Eigenständigkeit ihres Volks forderten, wobei sie von Russland, dem verhassten Feind der Türken, unterstützt wurden. Die Deutschen wiederum unterstützten die Türken und gingen dabei sogar so weit, den Völkermord an den Armeniern zu decken. Der gemeinsame christliche Glaube zählte nicht, so wenig, wie er im Krieg gegen die christlichen Franzosen, die christlichen Engländer und die christlichen Russen zählte, was den evangelischen Theologen, Arzt und Philosophen Albert Schweitzer (1875–1965) zu der Äußerung veranlasste, es sei der Erste Weltkrieg eine einzige Bankrotterklärung des Christentums.

Der Völkermord der Türken an den Armeniern wurde mit unvorstellbarer Grausamkeit durchgeführt. Schätzungsweise 1,5 Millionen Armenier – das waren zwei Drittel des im Osmanischen Reich lebenden Volks – schickte man auf Todesmärsche kreuz und quer durch die Wüste, wo sie qualvoll umkamen. Die Mordaktionen begannen in Zeytun, einem Ort im Taurusgebirge. Dort aber widersetzte sich im April 1915 ein Teil der armenischen Bevölkerung der Deportation. 150 Menschen verschanzten sich in einem Kloster, das schließlich von 4000 türkischen Soldaten gestürmt wurde. Einen Tag später wurden die Bewohner der Stadt in die syrische Wüste getrieben. Der Dichter Franz Werfel (1890–1945) hat diesem verzweifelten und mutigen Widerstand in seinem berühmten Roman »Die vierzig Tage des Musa Dagh« ein bewegendes literarisches Denkmal gesetzt. Die offizielle Türkei streitet bis heute, neunzig Jahre danach, diesen Völkermord ab.

Im Massakrieren der Zivilbevölkerung hat die Totalisierung

des Kriegs ihre schrecklichste Form gefunden. Zivilisten aller Zeiten hatten unter Kriegen schwer zu leiden. Frauen wurden vergewaltigt, Menschen aus ihrer Heimat vertrieben, soweit sie nicht schon zuvor geflüchtet waren. Viele starben an Hunger und Seuchen, die der Krieg mit sich brachte. Auch die Folter war immer eine grausame Erscheinung des Kriegs. Doch den bürokratisch geplanten und systematisch durchgeführten Völkermord findet man erst in der Moderne.

Seit dem Ende des Dreißigjährigen Kriegs, der, wie schon erwähnt, auch als ein totaler Krieg zu gelten hat, versucht man durch ein allgemeines Völkerrecht Kriege möglichst von der Zivilbevölkerung fern zu halten. Der niederländische Rechtsgelehrte Hugo Grotius (1583–1645) formulierte unter dem Eindruck des Dreißigjährigen Krieges die Grundgedanken dieses Rechts, weshalb man ihn auch den »Vater des Völkerrechts« nennt. Das Völkerrecht ist sowohl ein Friedens- als auch ein Kriegsrecht. Für den Kriegsfall besteht seine wichtigste Grundregel in der Anweisung, Kriegshandlungen nur gegen militärische Objekte zu richten, während Zivilpersonen und deren Eigentum nicht angegriffen werden dürfen. Kommen sie dennoch zu Schaden, werden solche »Kollateralschäden« (»Nebenschäden«) vom Kriegsrecht nur geduldet, wenn sie als unvermeidliche Nebenwirkungen in einem angemessenen Verhältnis zu den angestrebten militärischen Erfolgen stehen. Was »angemessen« ist, wird allerdings nicht genauer definiert.

Das grundlegende Problem des Völkerrechts besteht darin, dass es ohne übergeordnete mächtige Instanz nicht durchzusetzen ist. Eine Vorschrift, an die sich niemand hält, verliert ihren Sinn und ihre Gültigkeit. Auch den Vereinten Nationen (UN), die 1945 als Nachfolgeorganisation des Völkerbundes zur Sicherung des Weltfriedens gegründet wurden, fehlt bislang diese Durchsetzungskraft. Diese kann letztlich wieder nur militärischer Art sein.

Der Zweite Weltkrieg als äußerste Steigerung des totalen Kriegs

Der Erste Weltkrieg war trotz seines unsäglichen Leids nur das Vorspiel zum apokalyptischen Schrecken des Zweiten Weltkriegs – und man wird als Autor ganz hilflos bei dem Versuch, Worte dafür zu finden. Was sagt schon ein Wort wie »Schrecken«? Und was soll die Steigerung des Schreckens, wenn dabei auch wieder nur das Wort »Schrecken« herauskommt? Der Mensch ist zu Grausamkeiten fähig, die die menschliche Sprache nicht mehr zu beschreiben vermag.

Einer der militärischen Hauptakteure des Ersten Weltkriegs auf deutscher Seite war General Erich von Ludendorff (1865–1937), zweifellos eine der widerlichsten, kaltblütigsten Gestalten dieses Kriegs und darüber hinaus. Er schrieb auch abscheuliche Bücher; sein letztes, 1935 erschienen, trug den Titel »Der totale Krieg«. In ihm zog er seine persönliche Bilanz des Ersten Weltkriegs, was nur bedeutete: er versuchte, seine persönlichen Fehler anderen in die Schuhe zu schieben, voran den Juden, Kommunisten und Sozialisten, die für ihn ohnehin das Gleiche waren. Und er gab dem Kriegsphilosophen Clausewitz die Schuld. Dieser hatte, wie wir wissen, behauptet, der Krieg sei die Fortsetzung der Politik mit anderen Mitteln. Weil man das geglaubt habe, so Ludendorff, sei der Erste Weltkrieg verloren worden. Unter den modernen Bedingungen müsse man das Umgekehrte für richtig halten: die Politik habe die Fortsetzung des Kriegs zu sein, sie müsse einen »völkischen Kampf ums Überleben« verfechten und ohne jede Einschränkung und Rücksichtnahme durchsetzen. Der Erste Weltkrieg sei überhaupt kein totaler Krieg gewesen, denn man habe ihm, Ludendorff, von allen Seiten Hindernisse in den Weg gelegt. Auf den Punkt gebracht: für einen wirklich totalen Krieg sei das deutsche Kaiserreich noch viel zu liberal gewesen. Um einen absolut totalen Krieg im Sinne Ludendorffs führen zu können, müsse ein Land diktatorisch geführt werden. Das ganze Land müsse in eine gigantische Armee verwandelt werden, in welcher jeder Mann, jede Frau, ja jedes Kind an seinem und ihrem Posten zu dienen habe. Und dies alles solle nicht nur in Kriegszeiten so sein, sondern auch davor. Krieg als staatlicher Dauerzustand. Denn, so Ludendorff, der moderne totale Krieg der Zukunft würde in derart gigantischen Dimensionen geführt, dass ihn nur eine von Grund auf aggressive, durch und durch militärisch organisierte und diktatorisch beherrschte Gesellschaft entfesseln könne.

Zu einer solchen Militärdiktatur wurde Deutschland im Jahre 1933 – auch unter Mithilfe Ludendorffs –, als die angeschlagene Weimarer Republik in freier Wahl Hitler und seiner Nationalsozialistischen Partei (NSDAP) die Macht übertrug. In den darauffolgenden sieben Jahren wurden alle Anstrengungen unternommen, einen Krieg vorzubereiten, der mit dem Wort »total« noch verharmlosend umschrieben ist. Es war der erste totalitäre, ganz auf Vernichtung von Bevölkerungen abzielende Krieg der Menschheitsgeschichte. Der Erste Weltkrieg war, wie die Historiker einhellig feststellen, die »Urkatastrophe« des an Gewalt so reichen 20. Jahrhunderts. Der Zweite Weltkrieg war die Fortsetzung und Entgrenzung dieser »Urkatastrophe«. Diese führte im Holocaust, dem millionenfachen Mord an den europäischen Juden, in die absolute, mit nichts zu vergleichende Barbarei.

Von der ersten Sekunde an war der Zweite Weltkrieg ein Krieg gegen die Zivilbevölkerung. In den Geschichtsbüchern, vor allem auch jenen, die in Schulen verwendet werden, liest man, dass der Zweite Weltkrieg am 1. September 1939 frühmorgens mit dem ersten Kanonenschuss des deutschen Schulschiffs *Schleswig-Holstein* auf die so genannte Westerplatte, den polnischen Militärposten in der »Freien Reichsstadt Danzig«, begann. Aber das ist falsch. Der Krieg begann 8 Minuten früher, exakt um 4 Uhr 40. Die *Schleswig-Holstein* bekam um 4 Uhr 47 »Feuererlaubnis« und gab um 4 Uhr 48 ihren ersten Schuss ab. Um 4 Uhr 40 aber war bereits die erste Bombe auf die schlafende polnische Kleinstadt Wielun gefallen, 17 Kilometer jenseits der damaligen deutschen Ostgrenze. Dieses erste Kriegsziel der deutschen Armee im Zweiten Weltkrieg steht symbolhaft für die ganze Brutalität, mit der dieser Krieg vor allem in Osteuropa geführt werden sollte. Es war ein feiger, gegen jede soldatische Ehre verstoßender Angriff auf eine ungeschützte Stadt, deren Bewohner noch schliefen. Die Stadt war militärisch bedeutungslos, auch industrielle Anlagen gab es keine, von einer Zuckerfabrik mal abgesehen. Der Grund für diesen Luftangriff lag einzig darin, eine neue Version des Sturzkampfbombers JU-87 auszuprobieren. Über 1200 Tote wurden in den Tagen nach dem Angriff, der mehrere Stunden dauerte, aus den Häusertrümmern geborgen.

Die Führung des Luftkriegs gegen Polen hatte General Wolfram Freiherr von Richthofen, der zwei Jahre zuvor die »Legion Condor« kommandiert hatte, die im Spanischen Bürgerkrieg auf Seiten der Faschisten das ebenfalls ungeschützte baskische Städtchen Guernica bombardierte. Im Gegensatz zu Wielun blieb die Zerstörung Guernicas dank Picassos eindrucksvollem Riesengemälde im Gedächtnis der Menschheit haften. In Picassos Kriegsbild sieht man keine Soldaten, sondern nur Zivilpersonen, eine schreiende Frau etwa, die ihr totes Kind in den Armen hält. Der moderne totale Krieg, so zeigt dieses Gemälde, zielt auf die Menschen in den Dörfern und Städten. Wielun ist das polnische Guernica.

Bereits im Jahre 1933 hatte der Italiener Guilio Douhet Konzepte für einen Luftkrieg gegen Städte entwickelt. Sie fanden 1936 Eingang in die deutsche Luftwaffen-Dienstvorschrift. Darin wurde zwar das Terrorbombardement gegen feindliche Städte als Ideal ausdrücklich abgelehnt, doch gleich zu Beginn des Kriegs dann doch angewandt. Um es ganz deutlich zu sagen: der Terrorluftkrieg wurde im Zweiten Weltkrieg von deutscher Seite begonnen. Nach Wielun und Warschau wurden am 24. August 1940 erste Luftangriffe auf London geflogen. Am 7. September folgte eine zweite Angriffswelle, die 450 Tote und etwa 1500 Schwerverletzte forderte. Die Angriffsziele lagen zwar noch nicht in reinen Wohngebieten, waren also noch keine direkt auf die Zivilbevölkerung abzielende Terrorangriffe, hatten allerdings durch vermehrte Fehlwürfe in Wohnbezirke auf die Bevölkerung durchaus eine Terrorwirkung. Diese wurde von den Deutschen auch als erwünschte Begleiterscheinung angesehen. Ende 1940 nahm dann der Luftkrieg über England immer mehr den Charakter eines Terrorluftkriegs an. Allein der Angriff auf die Stadt Coventry in der Nacht vom 14. auf den 15. November 1940 forderte 568 Menschenleben. 75 Prozent aller Gebäude wurden dabei zerstört oder schwer beschädigt, darunter die Kathedrale aus dem 14. Jahrhundert.

Wie dieser Krieg begann, so setzte er sich fort. Verbrechen an Zivilisten bestimmten vom ersten Tag an die Kriegführung der Deutschen in Polen. Hitler hatte seinen Befehlshabern noch kurz vor Kriegsbeginn eingebläut, dass Polen gnadenlos vernichtet werden müsse: »Ziel ist die Beseitigung der lebendigen Kräfte … und restlose Zertrümmerung Polens.« Dazu sei »größte Härte«, »brutales Vorgehen« nötig und müsse sich jeder »verschließen gegen Mitleid«. Vermutlich klang das in den Ohren der Offiziere nicht mal besonders schrecklich. Brutalität stand ja durchaus in der Tradition des preußisch-deutschen Militarismus. Die Polen, so tönte man, sollten in Zukunft nur noch ihren eigenen Namen schreiben können und lernen, »dass es ein heiliges Gebot ist, dem Deutschen zu gehorchen«. Um dies zu erreichen, wurde in kürzester Zeit fast die gesamte polnische Intelligenz umgebracht. Alle polnischen Schulen wurden geschlossen, jede Seelsorge untersagt. Aus dem Westteil des eroberten Polen (von den Nazis als »Warthegau« bezeichnet) wurde die polnische Bevölkerung zum Teil vertrieben, um das Gebiet innerhalb von zehn Jahren, so der Plan, völlig »einzudeutschen«. Das Totale und Totalitäre an diesem Krieg lag auch darin, dass er selbst dann nicht aufhörte, als Polen längst kapituliert hatte, seine schöne Hauptstadt Warschau – das »kleine Paris des Ostens« – in Schutt und Asche lag und allein schon 60 000 Tote und 100 000 Verwundete zu beklagen hatte. Der Terrorkrieg war für Polen zu Ende, aber der Terror ging weiter, ja, er ging erst richtig los.

Der Krieg, den Deutschland über die Länder Westeuropas brachte, war gewiss furchtbar, aber er hatte nicht den Charakter eines Vernichtungskriegs – von der Vernichtung der Juden abgesehen, die Hitler ja für ganz Europa geplant hatte. Aber der Vernichtungskrieg in seiner ganzen Abscheulichkeit fand im Osten statt. Dabei diente Polen den deutschen Eroberern als Experimentierfeld für ihre bevölkerungspolitischen Pläne. Von Anbeginn bestanden Pläne, den Osten bis tief nach Russland hinein zum deutschen Siedlungsraum zu machen, ihn zu »germanisieren«, wie es in der Sprache der Nazis hieß, um einen »Wall deutscher Menschen« gegen die »slawische Flut« zu schaffen. Dazu war es nötig, die dort lebenden Menschen zu vertreiben, zu versklaven oder zu ermorden. Dieser Gedanke war nicht neu; auch das Kaiserreich träumte im Ersten Weltkrieg davon, Deutschlands Grenzen weit nach Osten zu verschieben. Deutschland, so hieß es, brauche »Lebensraum«. Für die polnischen Juden, die etwa in Warschau ein Drittel der Bevölkerung stellten, wurden 1940 so genannte Ghettos angelegt, nachdem die Nazis ursprüngliche Deportationspläne (zum Beispiel nach Madagaskar) wieder aufgegeben hatten. In das Warschauer Ghetto wurden 350 000 Juden auf einer Fläche von gerade mal vier Quadratkilometern zusammengepfercht und ihrem elenden Schicksal überlassen.

Schritt für Schritt wurden radikalere Dimensionen des Massenmords in Gang gesetzt, vor allem seit Beginn des Kriegs gegen die Sowjetunion im Sommer 1941. Mit dem Überfall auf das Land setzte eine letzte Entfesselung von Menschenverachtung und Grausamkeit ein. Eigens dafür geschaffene mobile Einsatzgruppen aus SS- und Polizei-Kommandos führten mit Unterstützung der deutschen Wehrmacht Massenerschießungen durch – auch an Frauen und Kindern. Die mörderische Brutalität und Konsequenz des Vorgehens dieser Einsatzgruppen war beispiellos. Die mobilen Kommandos waren auch für die »Sonderbehandlung« von »Bolschewisten«, »Zigeunern«, »Partisanen«, »Freischärlern«, »Banditen«, »Saboteuren«, »Asozialen« und »Geisteskranken« zuständig. Irgendwann wurde der Vernichtungskrieg gegen die Zivilbevölkerung nur noch vertuschend als »Partisanenkrieg« bezeichnet. Es genügte, dass ein Dorf wirkliche Partisanen versteckt hielt, um alle seine Bewohner umzubringen.

Aber auch das »normale« Kriegsgeschehen an der Front war von immer noch bösartigeren Formen der Vernichtung gekennzeichnet. Das war die Folgewirkung eines regelrechten Kreuzzugs gegen den »Bolschewismus«, der ohnehin mit dem Judentum in eins gesetzt wurde. Bis zum Frühjahr 1942 kamen 2 Millionen russische Kriegsgefangene ums Leben; man ließ sie einfach hinter Stacheldrahtverhauen krepieren. Millionen anderer Sowjetbürger im deutschen Besatzungsgebiet verhungerten oder wurden erschossen. Da die Nazis den Krieg gegen Russland als einen Rassenkrieg auf Leben und Tod verstanden, muss es nicht verwundern, dass in diesem Krieg auch die letzten Hemmungen vor einem Völkermord an den Juden fielen. »Jude« wurde zu einer Art

Codewort für »Bolschewismus«, »asiatische Gefahr« und »Partisanen«. Auf russischem Boden erst einmal in Gang gekommen, empfahl sich der Massenmord an den Juden dem NS-Regime auch als Lösung für die Juden ganz Europas, von den Nazis als »Endlösung« bezeichnet. Die »Vernichtung der jüdischen Rasse« in Europa hatte Hitler bereits am 30. Januar 1939 in einer öffentlichen Rede für den Fall eines Krieges angedroht. Es war also jedermann bekannt, was Hitler mit den Juden vorhatte.

In den baltischen Ländern Litauen, Lettland und Estland wurden in den ersten Monaten der Besatzung über 250000 Juden, fast 100 Prozent der baltischen Judenheit, bei Massenerschießungen umgebracht. Diese Massenerschießungen, die Teil des Eroberungskriegs waren, mündeten ab Herbst 1941 in die fabrikmäßig betriebene, bürokratisch bis ins Letzte durchgeplante Ermordung von Millionen Juden in den polnischen Vernichtungslagern Auschwitz, Majdanek, Treblinka, Sobibor, Belzec und Chelmno. Insgesamt fielen dem als Holocaust (hebräisch: Shoah) bezeichneten Völkermord etwa 6 Millionen europäische Juden zum Opfer, wobei in Polen, dem Baltikum, Weißrussland und der Ukraine die jüdische Bevölkerung nahezu vollständig vernichtet wurde. Mindestens 500000 Menschen nichtjüdischer Herkunft, unter anderen Sinti und Roma, fanden ebenfalls in den Gaskammern den Tod. In der gesamten Menschheitsgeschichte steht dieser Völkermord in seinen unfassbaren Dimensionen und unbeschreiblichen Grausamkeiten einzigartig da.

Lange Zeit hat man in Deutschland in der abgründigen Düsternis des Holocaust die Verbrechen der deutschen Wehrmacht übersehen oder zu vertuschen versucht. Erst fünfzig Jahre nach dem Ende des Zweiten Weltkriegs fing man an zu begreifen, dass mit dem Namen »Auschwitz« das Ausmaß der Schuld nur ungenügend bezeichnet war. Davon konnte man sich relativ leicht distanzieren, sofern man selber kein KZ-Wächter und -Mörder gewesen war oder vom Schreibtisch aus die Massenmorde organisierte. Anders aber sieht es aus, wenn man sich die Torturen der Zwangsarbeiter in deutschen Betrieben – »Zwangsarbeit« ist ein beschönigendes Wort für »Sklavenarbeit« –, die Diskriminierung und Verfolgung der Juden in der Heimat, die Grausamkeiten der Polizeibataillone, der Einsatzgruppen des »Sicherheitsdienstes« (SD) und die Verbrechen der Wehrmacht vor Augen hält. Dabei stellt sich nämlich die Frage nach der eigenen Mitwirkung oder der des Ehemanns, Vaters, Großvaters, Bruders oder Onkels. Denn eines steht fest: noch ehe die Schlote der Verbrennungsöfen in den Todesfabriken zu rauchen begannen, wurden im ersten halben Jahr des Russlandfeldzugs über eine halbe Million Juden im Zuge der Kriegshandlungen ermordet.

Aus Osteuropa machen die Deutschen ein Menschenschlachthaus

Gerade an den Kriegsverbrechen der Wehrmacht im Osten in den Jahren 1941 bis 1944 zeigt sich, dass die Bereitschaft, einen totalen Vernichtungskrieg gegen die Zivilbevölkerung zu führen, sehr groß war. Entsprechend groß war nach dem Krieg die Bereitschaft, das alles in der Erinnerung auszulöschen und so zu tun, als wäre die Wehrmacht in dieser Menschenschlächterei »sauber« geblieben. In einem schmutzigen Krieg bleibt niemand sauber. Wer für ein verbrecherisches Regime in einem verbrecherischen Krieg kämpft, ist ein potentieller Verbrecher. Das ist einfach so und durch nichts wegzudiskutieren. In einem derart brutalen Krieg, wie er von den Deutschen im Osten geführt wurde, muss sich letztlich jeder einfache Soldat die bittere und schwer lastende Gewissensfrage stellen, inwieweit auch er, ohne selbst einen Zivilisten ermordet zu haben, die Mordtaten durch unterschiedlichste Arten der Beihilfe mitgetragen hat. Andernfalls entsteht der Eindruck, dass dieser unvergleichliche Vernichtungskrieg stattgefunden hat, ohne dass jemand dabei gewesen ist. Es entsteht der Eindruck eines schändlichen Verdrängens, Leugnens und Vertuschens. Zwar gehen Historiker davon aus, dass »nur« etwa vier bis fünf Prozent der Wehrmachtsoldaten eigenhändig Kriegsverbrechen begangen haben, aber wenn die Zahl stimmt, dann wären das immerhin etwa 700 000.

Aber was sagen schon solche Zahlen? Eigentlich nichts. Denn für die Opfer war dieser Krieg so oder so vernichtend, ohne dass jeder einzelne Wehrmachtsoldat jeden Tag zum Kriegsverbrecher werden musste. Nur eines ist ganz sicher und kann durch nichts beschönigt werden: er war tätiger Teil einer auf totale Vernichtung von Bevölkerungen abzielenden Kriegsmaschinerie.

Zu dieser Kriegsmaschinerie gehörte zum Beispiel auch der Raub der ökonomischen, vor allem landwirtschaftlichen Grundlagen der eroberten Länder Osteuropas. Man schaffte Produktionsanlagen fort, ebenso die Ernten und das Vieh. Von Anfang an gingen die Verantwortlichen in Berlin davon aus, dass der Krieg gegen Russland dort die größte Hungerkatastrophe auslösen würde. Das war keine ungewollte Begleiterscheinung des Kriegs, sondern wurde eiskalt einkalkuliert, schlimmer noch: war Teil des Plans der »rassischen Flurbereinigung«, mit der man Platz schaffen wollte für die künftigen deutschen Siedler.

Der Vernichtungskrieg der Nazis war also auch ein Ernährungskrieg: verhungern lassen als Instrument zur Durchsetzung eines rassistischen Größenwahns. Entsprechend behandelte man auch die russischen Kriegsgefangenen: man ließ sie verhungern. Bis zum Frühjahr 1942, also innerhalb von nur neun Monaten, kamen zwei Millionen russische Soldaten in deutscher Gefangenschaft ums Leben. Ein Teil von ihnen wurde in den Gaskammern der Vernichtungslager umgebracht. Würde man die Zahl aller Hungertoten des Zweiten Weltkriegs addieren, so käme man mit Sicherheit zu dem Ergebnis, dass dieser Krieg eine der größten Hungerkatastrophen des 20. Jahrhunderts war.

Muss es verwundern, dass der totale Krieg, den Deutschland im Zweiten Weltkrieg über Europa brachte, schließlich die Deutschen selbst heimsuchte? Nein, das muss es nicht. Die jahrelange massive Bombardierung deutscher Städte durch englische und amerikanische Bomber, bei denen etwa 600000 Zivilisten umkamen, war Terrorkrieg, aber es war der von den Deutschen entfachte Terror, der nun gegen sie selber zurückschlug.

Normalerweise kapituliert ein Land, wenn es einsehen muss, dass der Krieg nicht mehr zu gewinnen ist – und das war im Grunde schon im Winter 1941 der Fall, als der erhoffte schnelle Sieg über Russland ausgeblieben war. Doch das genaue Gegenteil trat ein: das »Dritte Reich« kapitulierte nicht, sondern es begann mit den systematischen Massenmorden im Osten. Man gewinnt fast den Eindruck, als ob dieser aussichtslose Kampf nur deshalb bis zur eigenen totalen Niederlage geführt wurde, um den Massenmord an den Juden so lange wie möglich durchführen zu können. Denn Hitler verfolgte mit diesem Krieg nach seinen eigenen Worten zwei Ziele: Weltherrschaft und Vernichtung der Juden. Als das erste Ziel Ende 1941 – zumal die USA in den Krieg eingetreten waren – in aussichtslose Ferne gerückt war, wurde das zweite umso fanatischer verfolgt. Das eine hatte mit dem anderen nichts mehr zu tun. Selbst wenn es Hitler gelungen wäre, alle Juden Europas zu ermorden, hätte ihn das dem Sieg in diesem Krieg keinen Schritt näher gebracht. Noch im Sommer 1944 wurden 500000 Juden aus Ungarn mit für die Deutschen eigentlich kriegswichtigen Transportmitteln nach Auschwitz deportiert und zwei Drittel von ihnen dort ermordet.

Seit sich die deutsche Wehrmacht ab 1943 auf dem Rückzug aus dem Osten befand, betrieb sie die Methode der »verbrannten Erde« – eine weitere Entgrenzung der Gewalt. Die Verschleppung von Zivilisten hörte mit dem Rückzug nicht auf, sondern wurde weiter verschärft. Man brauchte immer mehr Arbeitssklaven in Deutschland, um die Kriegsproduktion dort aufrechterhalten zu können. Diese Versklavungspolitik trug am stärksten dazu bei, dass aus der Partisanenbewegung, die 1941 noch weitgehend bedeutungslos war, spätestens ab 1943 eine echte Volksbewegung mit erheblicher militärischer Bedeutung wurde. Doch bereits im Frühjahr 1942 hatte man damit begonnen, auf dem Lande Dörfer zu umstellen und die arbeitsfähige Bevölkerung abzutransportieren. In den Städten wurden die Menschen kurzerhand aus Kinos oder Kirchen oder von den Märkten geholt und deportiert. »Von April bis Dezember 1942«, so schreibt der Historiker Christian Streit, »verschleppte man auf diese Weise pro Woche durchschnittlich 40 000, insgesamt mehr als 1,4 Millionen sowjetische Bürger. Rund die Hälfte davon waren Frauen, das Durchschnittsalter lag bei 20 Jahren. Jugendliche unter 16 Jahren stellten einen hohen Anteil; selbst arbeitsunfähige Greise, Schwangere im neunten Monat und Kleinkinder wurden häufig abtransportiert. Ein großer Prozentsatz kam ohne Schuhe an, oft nur mit Hemd und Hose bekleidet, so, wie man sie gerade aufgegriffen hatte. Die Transporte selbst verliefen vor allem 1942 unter furchtbaren Bedingungen. Die Deportierten wurden in Viehwaggons gepfercht und blieben häufig tagelang ohne Nahrung und Wasser.« 1943 häuften sich dann die Erschießungen beim Zusammentreiben der wehrlosen Menschen. Dass die Zerstörungswut eher zu- als abnimmt, wenn der Sieg aussichtslos geworden ist, scheint typisch für einen Vernichtungskrieg. Es sieht ganz so aus, als hätte der Nationalsozialismus gerade im eigenen Untergang seine Erfüllung und Bestätigung als menschenverachtendes Terrorsystem gesucht.

Hier stellt sich ganz allgemein die Frage, was eigentlich Menschen und ganze Nationen dazu bringt, einen Krieg auch jenseits der Niederlage weiterzuführen und bis zur totalen Selbstzerstörung weiterzukämpfen. Eine überzeugende Antwort darauf steht bis heute aus. Gerade in den letzten Tagen vor Kriegsende kam es in Deutschland zu unglaublich wüsten Massenmorden, vor allem durch die SS. Die Todesmärsche, auf die man die KZ-Häftlinge schickte, sind das grausamste Beispiel für diese Mordorgien angesichts des Untergangs. Es wurde buchstäblich bis zur Stunde der bedingungslosen Kapitulation gemordet im Dienst eines Wahns.

Vor dem Hintergrund dieses in der Weltgeschichte beispiellosen Vernichtungskriegs und des Massenmords an den Juden muss es zutiefst befremden, wenn in jüngster Zeit in Deutschland wieder so getan wird, als sei man selber in diesem Krieg ein Volk von Opfern gewesen – Opfer des Bombenterrors und Opfer der Vertreibung. Es ist wohl bei einem verbrecherischen Krieg wie diesem richtiger, von einem schrecklichen Preis zu sprechen, den Deutschland zu zahlen – aber auch selbst zu verantworten hatte. Wie kann man überhaupt glauben, die Welt in solch einen Krieg zu stürzen und dabei ungeschoren davonzukommen? Wer Gewalt sät, wird Gewalt ernten. Das ist die banale Logik jeder Gewalt. Wenn man bedenkt, welch unfassbares Maß an Gewalt die Deutschen in Osteuropa verübten, so sind sie noch glimpflich davongekommen. Hätte man sich wundern müssen, wenn Deutschland nach diesem Krieg aufgehört hätte, als selbständiger Staat weiterzubestehen? Wohl kaum.

Als der Krieg im Mai 1945 in Europa zu Ende war, ging er in Asien noch einige Monate weiter. Dort beendeten ihn zwei

Atombombenabwürfe über den japanischen Städten Hiroshima (6.8.1945) und Nagasaki (9.8.1945). Dabei starben Hunderttausende von Menschen, viele erst Jahre danach an den Spätfolgen der radioaktiven Verstrahlung. Der totale, auf die Massenvernichtung von Menschen zielende Krieg hatte eine neue Dimension erreicht: die Möglichkeit, mit einem Schlag gleich die ganze Menschheit auszulöschen. Das Verrückte dabei ist: der drohende Schrecken einer totalen Vernichtung der Erde hat wahrscheinlich einen Dritten Weltkrieg verhindert. Stattdessen kam es zum »Kalten Krieg«; er war gewissermaßen die ständige Drohung mit dem alles vernichtenden Atomkrieg. Diesem ist die Menschheit, wie man heute weiß, in der Kubakrise (1962/63) nur knapp entronnen.

Im Schatten des »Kalten Kriegs« wurden von den Großmächten totale Kriege geführt, so von den USA in Vietnam, von Russland in Afghanistan und – aktuell – in Tschetschenien.

Der moderne totale Krieg, so hat dieses Kapitel zu zeigen versucht, ist der Krieg gegen die Menschlichkeit selbst. Jede menschliche Regung wie Respekt, Mitleid, Erbarmen ist ausgelöscht, was nicht heißt, dass sie in zahllosen Einzelschicksalen nicht doch auch erfahren wurde. Selbst der totale Krieg ist niemals absolut total, denn er erzeugt auch Kräfte, die gegen ihn angehen in Gestalt eines wahren, mitfühlenden Heldentums. So erzählt selbst der totale Krieg stets auch erschütternde Geschichten von zivilem Mut, von Hilfsbereitschaft und Anständigkeit.
Der totale Krieg setzt eine totalitäre Politik von verbrecherischen Politikern voraus. Schlimm, wenn diese von der Mehrheit eines Volks frei gewählt worden sind.

3. ZWISCHENSTÜCK

Warum kam es zum Zweiten Weltkrieg? (1939–1945)

Der Zweite Weltkrieg ist das dunkelste Kapitel der Menschheitsgeschichte. Die Frage, was zu ihm geführt hat, kann man mit einem Nebensatz beantworten: … weil Hitler ihn wollte. Der Zweite Weltkrieg war »Hitlers Krieg« und er hat ihn wohl auch selbst als »seinen« Krieg angesehen. Hitler hat 1939 diesen Krieg planvoll und absichtlich entfesselt, genährt von seiner Wahnidee eines »Großdeutschen Weltreichs«.

So richtig diese Aussage ist – man macht es sich dennoch zu leicht damit. Ein Mensch allein kann die Welt nicht in solch einen verbrecherischen Krieg stürzen. Dazu braucht er einen Staat, und diesen muss er diktatorisch ins Verderben führen. Das heißt, er braucht ein Volk, das bereit ist, dabei mitzumachen.

Hitlers diktatorische Entfesselung des Zweiten Weltkriegs funktionierte, obwohl die überwiegende Mehrheit der Deutschen – anders als 1914 – diesen nicht wollte, vor allem jene nicht, die den Ersten Weltkrieg als Tragödie erlebt hatten. Doch die Deutschen wurden von Hitler ohnehin nicht gefragt, ob sie den Krieg wollten oder nicht. Kriege gingen noch nie aus Volksabstimmungen hervor. 1939 gab es auch keine deutsche Regierung mehr, die den Krieg »im Namen des Volkes« hätte beschließen können.

Es war ja nicht einmal so, dass in der Führungsschicht der Nazis, erst recht in der Spitze des Militärapparats, viele Befürworter eines großen Kriegs zu finden gewesen wären, von den Diplomaten ganz zu schweigen. Ein Krieg gegen die Weltmächte würde, das wussten eigentlich alle, nicht zu gewinnen sein, so wie er 1914/18 auch nicht zu gewinnen war. Allein schon aus militärischen Gründen war Deutschland 1939 nicht in der Lage, einen solchen Krieg zu gewinnen. Man hat den Eindruck, dass Hitler selbst nicht an seine Wahnidee von der Weltherrschaft glaubte, sondern ihr geradezu zwanghaft ausgeliefert war, wie das bei Wahnideen meistens der Fall ist. Hitler war verrückt. Aber nicht minder verrückt erscheint ein Volk, das sich auf geradezu selbstmörderische Weise einem Geisteskranken ausliefert. Es erscheint doch weitgehend rätselhaft, wie eine so unangenehme Person wie Hitler so viel Sympathie, Liebe, Gefolgschaft, ja fast schon religiös anmutende Gläubigkeit auf sich ziehen konnte. Wieso wurden seine wahnsinnigen Befehle bis zum Schluss, als längst alles verloren war, befolgt? Hitler war nicht nur verrückt, sondern zudem ein Massenmörder. Was ist ein Massenmörder? Nicht nur jemand, der zahllose Menschen umbringt oder umbringen lässt, sondern ebenso jemand, der sich außerhalb aller menschlichen Ordnung stellt. Der Massenmörder setzt sich in absoluten Gegensatz zur Gemeinschaft der Menschen. Im »Dritten Reich« aber verschmolz der Massenmörder Hitler mit der Gemeinschaft. Das war möglich, weil Hitler nicht nur Mörder, sondern auch Politiker war. Effektvoll verstand er es, den Mörder und den Politiker in seiner Person zu vereinen – mit dem Ergebnis einer massenmörderischen Politik.

Selbst die schärfsten Kriegstreiber unter den Gefolgsleuten Hitlers, wie etwa der Außenminister von Ribbentrop, wollten einen Krieg so lange vermeiden, bis sicher war, dass England nicht in ihn eintreten würde. Das war natürlich illusorisch, denn Hitler wollte ja nicht »nur« einen »Lebensraum-Krieg« im Osten, sondern auch einen Revanchekrieg gegen Frankreich, dem England niemals tatenlos zugesehen hätte. Doch alle Einwände von Führungspersonen im Umkreis Hitlers wurden immer nur zögerlich vorgetragen; es war für den Diktator ein Leichtes, sie zu übergehen und seinen Willen durchzusetzen – diesen besessenen Einzelwillen zum Krieg. Denn im mörderischen Politiker strebt alles unausweichlich dem totalen Krieg entgegen. Das geht mit einer wahnhaften, maßlosen Selbstüberschätzung einher. Für ihn gibt es nur alles oder nichts, Sieg oder Untergang, es gibt kein Zurück und keine Kompromisse. Im Falle Hitlers war die Mordlust grenzenlos; sie gipfelte in der industriell durchgeführten Vernichtung der europäischen Juden. Mit unglaublichem politischen Geschick gelang es Hitler, ein bis dahin zivilisiertes Volk für eine mörderische Politik zu gewinnen. Hierbei war wohl das Gehorsams- und Pflichtideal einer durchmilitarisierten deutschen Gesellschaft ausschlaggebend. Man hatte gewiss Angst vor einem neuen Weltkrieg, aber noch größere Angst hatte man vor dem Gedanken, sich dem Willen des »Führers« zu widersetzen. Der Gedanke allein verursachte schon Schuldgefühle – und diese wurden mit geradezu überschießender Unterwürfigkeit abgegolten. Welches Volk wäre sonst bereit, diese offenbar wahnhaften Ziele Hitlers – und die waren von Anfang an bekannt – mit solcher Geduld und Ausdauer bis in die Selbstzerstörung zu verfolgen? Man heulte mit den Wölfen – und das vermittelte noch im Untergang ein gespenstisches Gefühl von Sicherheit. Denn hätte man diesen Wahn nicht mit den anderen geteilt, hätte man deren Hass auf sich gezogen. Dann lieber zu Gehilfen von Massenmördern werden und, wenn es sein muss, dabei untergehen.

Natürlich gibt es noch andere Gründe, wieso sich das deutsche Volk für einen derart verbrecherischen Krieg hergab. Man hatte 1933 die politische Macht durch demokratische Wahl in die Hände Hitlers gegeben und dann ruhig bis fasziniert zugeschaut, wie dieser in kürzester Zeit aus einer angeschlagenen Demokratie eine machtstrotzende, aggressive Diktatur gemacht hatte. Die Diktatur war die Voraussetzung für einen totalen Krieg, den die Mehrheit des Volks gewiss nicht wollte, für den sie aber doch auch eine unterschwellige Neigung hatte. Denn die Niederlage von 1918 war nicht verwunden, und den Friedensvertrag von Versailles empfand man als Demütigung – was er ja in der Tat auch war. Man lehnte ihn ab und weigerte sich, die Ergebnisse des Ersten Weltkriegs anzuerkennen. In tiefster Seele sann man auf Rache. Hitler nutzte diesen unterschwelligen Rachedurst, der auch sein eigener war, geschickt aus; er heizte ihn an und versprach, die Demütigung von Versailles aus der Welt zu schaffen. Und man traute das Hitler zu, weil man sah, in welch kurzer Zeit er für die Mehrheit der Bevölkerung eine Verbesserung der Lebensverhältnisse herbeigeführt hatte – all jene ausgenommen, deren Lebensverhältnisse sich durch massive Verfolgung und Ausgrenzung bis zur Existenzbedrohung verschlechtert hatten. Besonders die katastrophale Wirtschaftslage in Deutschland nach dem Ersten Weltkrieg mit Massenarbeitslosigkeit und Verelendung breiter Bevölkerungsschichten weckte in vielen Menschen das starke Bedürfnis nach einer gesellschaftlichen Vaterfigur, nach einem »Führer«. Man sehnte sich nach einer befehlsmächtigen Person an der Spitze des Staats, einen Ersatz-Kaiser – und Hitler verkörperte dieses Ideal durch sein radikales, unerbittliches Auftreten und seine Fähigkeit, den gedemütigten Deutschen wieder Größe und Respekt in der Welt zu versprechen.

Schon im Kaiserreich war den Deutschen ein Welt-Sendungsbewusstsein eingeimpft worden (»Am deutschen Wesen soll die Welt genesen«), das Hitler nach dem Schock des verlorenen Kriegs neu zu aktivieren verstand. Er entfachte also etwas, das schon da war: Rachegefühle gegenüber Frankreich und ein Gefühl der

»rassischen« und kulturellen Überlegenheit gegenüber der Welt, vor allem gegenüber den Völkern Osteuropas. Diese hielt man für unzivilisiert und deshalb dazu ausersehen, vertrieben oder versklavt zu werden. Solche Ansichten steckten damals in vielen Köpfen. Hitler musste sie nur aufgreifen und radikalisieren; er musste nur pausenlos aussprechen, was viele dachten: dass Deutschland die weltgeschichtliche Mission habe, im Osten ein Kolonialreich aufzubauen, weil ein Herrenvolk von 100 Millionen Menschen ein Recht auf Lebensraum habe, zumal dieser von »Untermenschen« bewohnt sei. Die Masse der Deutschen war also für Hitlers Wahnideen schon durch den Ungeist des Kaiserreichs bestens präpariert.

Die Weimarer Republik als Hitlers Probebühne

Auch die Judenfeindschaft hat nicht Hitler erfunden. Sie kam schon während des Ersten Weltkriegs, etwa ab 1916, immer deutlicher zum Vorschein, zumal Kaiser Wilhelm II. ein ausgewiesener Judenhasser war. Auch spukten in seinem wirren Kopf – man glaubt es kaum – bereits Ideen zur Judenvernichtung durch Giftgas herum, nachdem er keinerlei Skrupel gehabt hatte, es an der Front gegen feindliche Soldaten einsetzen zu lassen. Weitgehend vergessen ist im deutschen Geschichtsbewusstsein, dass im Ersten Weltkrieg die deutschen Eroberungen im Osten bis tief nach Russland hineinreichten. Nach dem Frieden von Brest-Litowsk (März 1918), in welchem die Deutschen dem revolutionären Russland riesige Gebiets- und Wirtschaftsverluste zumuteten, waren deutsche Divisionen durch die Ukraine bis zum Kaukasus vorgestoßen. Der Wunschtraum vom »deutschen Großreich« schien damals schon in Erfüllung zu gehen. Doch er zerschlug sich im November 1918 wieder, als der Krieg für Deutschland im Westen verloren ging. Auch in der Eroberung Russlands griff also Hitler nur etwas auf, das von Kaiser Wilhelm II. bereits versucht worden war. Somit ist auch die »Lebensraum«-Ideologie nicht von Hitler erfunden worden. Sein zweiter Griff nach »Ostland« im Jahre 1941 musste den Deutschen alles andere als neuartig erscheinen. Freilich ahnte so mancher, dass das auch diesmal nur schief gehen konnte.

Hitler setzte alles auf eine Karte, und diese Karte hieß »Krieg« – Krieg im Innern und Krieg nach außen. Der Krieg nach außen war von vornherein als totaler Krieg geplant, und er sollte noch rücksichtsloser und zerstörerischer geführt werden als der von 1914/18. »Weltmacht oder Untergang«, lautete Hitlers Parole, »Kampf um Sein oder Nichtsein«. Damit rührte er an tiefe und dunkle Seelengründe der Deutschen: Nibelungen-Mythos, Götterdämmerung, Todessehnsucht.

Die Situation von 1918/19 barg also bereits den Zündstoff für einen neuen Weltbrand. Zündstoffe kann man entschärfen, doch dazu fehlte es an genügend umsichtigen Politikern in den demokratischen Parteien der Weimarer Republik. Diese war ohnehin schon extrem radikalisiert bis hin zu bürgerkriegsähnlichen Zuständen. Aus dem verlorenen Krieg waren mehr als 13 Millionen deutsche Soldaten in das Zivilleben zurückgekehrt. Ihr eigenes, zumeist jugendliches Leben war vier Jahre lang von brutaler Gewalt, ständiger Lebensgefahr, von Verwundung, Verstümmelung oder Vergiftung geprägt und dem Erleben des tausendfachen Tods. Diese Gewöhnung an den Tod musste auch ihr Verhalten im Zivilleben prägen. Zu Hunderttausenden strömten sie in die militärischen Kampfverbände radikaler Parteien vom rechten »Stahlhelm« bis zum linken »Roten Frontkämpferbund«, schließlich in die »Sturmabteilungen« (SA) der Nationalsozialisten. Der Erste Weltkrieg hörte nicht plötzlich auf, sondern wurde gewissermaßen innenpolitisch fortgesetzt. Der im Krieg erzeugte Hass, die allgemeine Kriegsverrohung, richtete sich jetzt, der Linie des geringsten Widerstands folgend, gegen wehrlose Menschengruppen. Die Rechten hatten sich dafür die Juden ausgesucht. Man machte sie auf einmal für den verlorenen Krieg verantwortlich, man sah sie als geheime Drahtzieher hinter dem Kommunismus, schließlich als Verderber der ganzen Nation, ja der ganzen Welt.

So erlebte die Weimarer Republik eine fortwährende und zunehmende Gewalttätigkeit auf der Straße, die zu den Morden an den Politikern Matthias Erzberger (1921) und Walther Rathenau (1922) führten. Hitler wurde in diesem Klima der Gewalt groß und seine Partei schürte diese Gewalt. Hinzu kam, dass sich die Weimarer Republik seit 1930 in raschen Schritten von einer parlamentarischen Demokratie zu einer Art schleichender Militärdiktatur entwickelt hatte mit immer größerem Einfluss der Militärs in der Regierung. Auch das ebnete Hitler den Weg.

Als am 30. Januar 1933 die wankende Republik die politische Macht in die Hände Hitlers legte, war die Gesellschaft an Gewalt so gewöhnt, dass ihre weitere Steigerung im NS-Staat nur noch von denen wahrgenommen wurde, die von ihr betroffen waren: Sozialisten, Kommunisten, Liberale, Pazifisten, Juden. Nun wurde von den Nazis Schritt für Schritt »aufgeräumt«, um die Bedingungen zu schaffen für einen Vernichtungskrieg, wie ihn die Welt noch nicht gesehen hatte. Dafür wurde in den folgenden sechs Jahren ein ganzes Volk regelrecht zugerichtet, vor allem die heranwachsende Jugend, die den Krieg in der Hauptsache führen sollte.

Bereits seit 1929 war Deutschland von einer Welle nationalistischer Kriegsbücher und Kriegsfilme überschwemmt worden. Gewiss, es gab auch die Gegenseite: Literaten wie Erich Maria Remarque oder Ludwig Renn, deren Antikriegs-Romane ebenfalls von Millionen Menschen gelesen wurden. Doch als Hitler an die

Macht kam, wurden diese Stimmen mit einem Schlag zum Verstummen gebracht.

Vom ersten Tag der NS-Herrschaft an ging es Hitler um eine schnelle Aufrüstung des Heeres. Er kümmerte sich nicht darum, dass der Friedensvertrag von Versailles Deutschland dies untersagte. Mit dem Jahre 1933 mündete die Nachkriegszeit in eine neue Vorkriegszeit ein. Die Nazis setzten sogleich ihre Politik der Kriegsvorbereitung um, wobei sie auf bereits vorliegende Planungen zurückgreifen konnten. Denn schon zum Ende der Weimarer Republik hatte Deutschland klammheimlich wieder aufgerüstet.

Bereits drei Jahre später, 1936, befahl Hitler, dass innerhalb von vier Jahren die deutsche Armee für einen Krieg einsatzfähig und auch die Wirtschaft kriegsfähig zu sein habe. Da der geplante Krieg noch mehr als der Erste Weltkrieg ein totaler sein sollte, griff die Politik der Kriegsvorbereitungen in nahezu alle Bereiche des staatlichen und gesellschaftlichen Lebens ein. Nach außen hin musste die Politik, voran die deutsche Diplomatie, alles dafür tun, die deutschen Rüstungs- und Kriegspläne zu verschleiern. Hitler und andere führende NS-Politiker hielten in diesen Jahren eine »Friedensrede« nach der andern, und bei den Olympischen Spielen von 1936 stellte sich Deutschland der Welt als ruhiges, friedliebendes, zivilisiertes Land vor. Und die Welt ließ sich täuschen, obwohl ihr nicht entgehen konnte, dass Deutschland bereits ein waffenstarrendes Land war. Dieses Verschleierungswerk des NS-Regimes war perfekt inszeniert – ein Meisterwerk der politischen Täuschung.

Nach innen mussten die letzten Reste eines politischen Widerstands durch rücksichtslosen Terror unterdrückt werden und gleichzeitig die wenig kriegerisch gestimmte Bevölkerung durch eine umfassende Propaganda auf Krieg eingestimmt werden. Als Deutschland im Oktober 1933 aus dem Völkerbund ausgetreten war, hatte die Welt erstaunlich gelassen reagiert. Das bestärkte Hitler in seinen massiven Aufrüstungsplänen. Diese wurden vor der Welt damit begründet, dass Deutschland nur Gleichberechtigung verlange, denn alle anderen Staaten würden auch aufrüsten. Gleichzeitig stellte Hitler Deutschland als ein Bollwerk gegen den Kommunismus hin, mit dem die ganze »abendländische Kultur« vor dieser Gefahr bewahrt würde. Das machte Eindruck, denn tatsächlich hatten die westlichen Demokratien große Angst, der Kommunismus könne auch auf sie übergreifen. Rückblickend hat Propagandaminister Goebbels im Jahre 1940 über dieses grandiose Täuschungsmanöver der Jahre 1933 bis 1936 geschrieben: »Bis jetzt ist es uns gelungen, den Gegner über die eigentlichen Ziele Deutschlands im Unklaren zu lassen, genau so wie unsere innenpolitischen Gegner bis 1932 gar nicht gemerkt hatten, wohin wir steuerten, dass der Schwur auf die Legalität nur ein Kunstgriff war. Wir wollten legal an die Macht kommen, aber wir wollten sie doch nicht legal gebrauchen (...) Man hätte uns ja erdrücken können (...) Nein, man hat uns durch die Gefahrenzone hindurch gelassen. Genau so war das in der Außenpolitik (...) 1933 hätte ein französischer Ministerpräsident sagen müssen (und wäre ich französischer Ministerpräsident gewesen, ich hätte es gesagt): Der Mann ist Reichskanzler geworden, der das Buch ›Mein Kampf‹ geschrieben hat, in dem das und das steht. Der Mann kann nicht in unserer Nachbarschaft geduldet werden. Entweder er verschwindet, oder wir marschieren. Das wäre durchaus logisch gewesen. Man hat darauf verzichtet. Man hat uns gelassen, man hat uns durch die Risikozone ungehindert durchgehen lassen, und wir konnten alle gefährlichen Klippen umschiffen, und als wir fertig waren, gut gerüstet, besser als sie, fingen sie den Krieg an.« Goebbels Rückblick entspricht vollkommen den Tatsachen – mit Ausnahme des letzten Halbsatzes. Den Krieg hat Deutschland angefangen.

Goebbels spricht von einer »Risikozone«, durch die das NS-Regime hindurchmusste – eine Risikozone im Täuschen der Welt. Man würde mit hohem Schwung aufrüsten, und das würde natürlich der Welt nicht verborgen bleiben. Schließlich verbot der Versailler Vertrag eine Aufrüstung Deutschlands. Dem besiegten Deutschland war ein Heer von höchstens 100 000 Mann erlaubt, keinerlei nennenswerte Luftwaffe, keinerlei nennenswerte Kriegsflotte. Auf zwei, drei Jahre veranschlagten die Nazis die Gefahrenzone ihres massiven Aufrüstens. Wenn in dieser Zeit England und Frankreich nicht einschreiten, also in Deutschland einmarschieren würden, um die Aufrüstung zu stoppen, wäre das gefährliche Spiel gewonnen. Es war Hitlers höchstes Ziel, durch eine geschickt täuschende Außenpolitik diese zwei, drei Jahre Schonfrist herauszuholen. Alles hing davon ab.

1933 war die Situation also von verblüffender Einfachheit. Für Deutschland wie für die anderen europäischen Staaten gab es nur die einzige Frage: Soll und wird es Deutschland gestattet werden, die Gefahrenzone der massiven Wiederaufrüstung ungestört zu durchqueren? Oder soll und wird es von diesem gefährlichen Weg mit Gewalt abgebracht werden? Diese Frage war zwischen 1933 und 1936 der Brennpunkt aller Weltprobleme. Einige erkannten das, so etwa der Historiker Leopold Schwarzschild, der in seinem 1934 erschienenen Buch »Das Ende der Illusionen« mit erstaunlicher Deutlichkeit die Drohung eines Weltkriegs wahrnahm: »Einige Monate bleiben noch als letzte Frist, die Fehler von vierzehn Jahren wieder gutzumachen. In diesen Monaten um jeden Preis den Fortgang der deutschen Bewaffnung zu drosseln, ist die Weltaufgabe, die überwältigende. In ihr kristallisiert sich die Rettung der Völker, darunter des deutschen Volkes selbst (…) Es ist der letzte Augenblick, sich von der Wahrheit Rechenschaft zu geben, dass in diesem Fall die schneidende Kriegsdrohung, die brutale

Präsentation der Gewalt das einzige Friedensmittel ist (...) Die Methode ist einfach. Sie beruht auf der Tatsache, dass Deutschland noch einige Monate lang nicht imstande ist, der geballten Militärgewalt auch nur Frankreichs, geschweige einer Staatenvielfalt, die Stirn zu bieten (...) Mit Gewalt und doch ohne Krieg lässt sich noch heute der Eilmarsch Europas zum Vernichtungskrieg bremsen. Aber nur mit Gewalt. Und nur noch einige Monate. Nach Ablauf dieser Monate braucht noch nicht der Krieg zu kommen; das kann sich noch viel länger, noch jahrelang hinziehen. Nach Ablauf dieser Monate ist nichts mehr zu bremsen.«

Und so kam es dann auch. Europa hatte die einzige Chance, die sich in den Jahren 1933 bis 1935 bot, die Wiederbewaffnung Deutschlands zu verhindern, verpasst. Die Gnadenfrist wurde vertan. Die Gefahrenzone war für Hitler gefahrlos durchlaufen worden. Er führte im Frühjahr 1935 die allgemeine Wehrpflicht wieder ein. Ein verbales »Säbelrasseln« war fortan ein fester Bestandteil seiner Reden. Immer öfter wies er mit einem drohenden Unterton auf die inzwischen wiedergewonnene militärische Stärke Deutschlands hin.

Die weitere Politik bis zum Ausbruch des Kriegs war nur noch tragischer Hokuspokus. Ab 1936 wusste Hitler, dass er den Krieg, den er wollte, auch bekommen würde – weil er in einigen Jahren eine Armee haben würde, die einen solchen auch führen konnte. Tragisch daran war, dass dieser kriegerische Nationalsozialismus aus einer Demokratie hervorgewachsen war, die man durch die entsetzlichen Opfer des Ersten Weltkriegs errungen hatte.

Als die Gefahrenzone für die Nazis durchschritten war, also Deutschland aufgerüstet hatte, ohne von den Siegern des Ersten Weltkriegs in die Schranken gewiesen zu werden, weitete es Zug um Zug seinen machtpolitischen Handlungsspielraum aus; man hatte ja inzwischen eine furchteinflößende Wehrmacht, mit der sich drohen ließ. Natürlich hatte man in der Welt längst wahrgenommen, mit welch zügelloser Brutalität die Nazis ihre Macht innerhalb Deutschlands einsetzten. Aber man war der Meinung, dass das die innere Angelegenheit Deutschlands sei. Niemand wollte begreifen, dass die Brutalität im Innern die Ankündigung dessen war, was bald nach außen angewendet werden würde.

Warum brachte man Nazi-Deutschland so viel Wohlwollen entgegen, obwohl es ein Verbrecherstaat war? Weil man glaubte, dass langfristig ein militärisch gleich starkes Deutschland neben Frankreich dem Frieden mehr nütze als ein schwaches, gedemütigtes Deutschland. Sollte Deutschland halt aufrüsten, wenn es dabei nur nicht die militärische Stärke Frankreichs übertrumpfen würde. Freilich, Hitler war an Gleichheit mit Frankreich überhaupt nicht interessiert. Nur anfangs tat er so, als ginge es ihm darum. Als der militärische Gleichstand erreicht war, rüstete er ungebremst weiter auf.

Bis 1939 war Hitlers Politik gekennzeichnet von einem Wechsel zwischen aggressiven Taten und darauffolgender Beschwichtigung. So marschierten die deutschen Truppen am 7. März 1936 überraschend in das laut Versailler Vertrag entmilitarisierte Rheinland ein. Das Ausland sah zu. Hitler sprach danach lautstark von Frieden und versicherte, dass Deutschland jetzt keine Gebietsansprüche mehr habe. Doch schon das Jahr 1938 brachte eine weitere Steigerung der Aggressivität in Hitlers Reden – und am 12. März folgte die Tat: Einmarsch deutscher Truppen in Österreich. Hitler stellte das als »Friedenswerk« hin. Deutschland, so ließ Hitlers Propaganda verlauten, habe Österreich nur davor bewahrt, in einem Bürgerkrieg zu versinken.

Das nächste Eroberungsziel Hitlers war die Tschechoslowakei. Zuerst tat er so, als ginge es ihm nur um die »Heimholung« der in der Tschechoslowakei lebenden Sudetendeutschen ins Reich, die angeblich von den Tschechen angefeindet wurden. Schnell war das Ganze von Deutschland zu einer »Sudetenkrise« aufgebauscht worden. Erstmals, so berichteten Meinungsforscher des »Dritten Reichs«, habe man in der deutschen Bevölkerung so etwas wie Kriegsfurcht verspüren können. Diese wich einer allgemeinen Erleichterung, als Ende September 1938 ein Treffen Hitlers mit dem britischen Premierminister Chamberlain, dem französischen Ministerpräsidenten Daladier und dem italienischen Diktator Mussolini zustande kam, das zum Münchner Abkommen führte: die Tschechoslowakei, die erst gar nicht gefragt wurde, musste die Sudetengebiete räumen, worauf am 10. Oktober 1938 deutsche Truppen in diese einmarschierten.

Frieden um fast jeden Preis, so lautete die außenpolitische Maxime Englands und Frankreichs. Gegenüber Hitler, der zu diesem Zeitpunkt bereits nach Krieg gierte, hatte diese Beschwichtigungspolitik von vornherein keinen Sinn. Hitler hatte, als er das Münchner Abkommen unterzeichnete, längst schon die Eroberung der so genannten »Resttschechei« im Auge. Diese wurde im März 1939 überfallen – die erste Unterwerfung eines fremden Volks durch Hitlers Wehrmacht. Die Tschechen leisteten keinen Widerstand gegen den übermächtigen Feind.

Nun war es auch mit Chamberlains und Daladiers Friedensliebe zu Ende. Am 31. März 1939 verkündete der britische Premierminister eine bedingungslose Schutzgarantie Englands für Polen. Das hieß: bei einem Angriff auf das Land würden England und Frankreich Deutschland den Krieg erklären. Hitler antwortete am 28. April 1939 mit einer Rede, die voller Sarkasmus und Heuchelei war, dabei aber durchaus schlau, ironisch und – was sonst? – absolut arrogant gegenüber der Weltmacht England. Hitler kündigte den Nichtangriffspakt mit Polen und verschärfte damit die Lage, anstatt sie zu entspannen. Wozu entspannen, wenn für ihn der Einmarsch in Polen ohnehin feststand? Aber noch konnten England und Frankreich hoffen, Hitler mit dieser plötzlichen Entschlossenheit zu beeindrucken, nachdem Jahre des Nachgebens nicht gefruchtet hatten.

Doch Hitler spielte kurz vor Beginn des Kriegs noch eine überraschende Trumpfkarte: er schloss einen Pakt mit Stalin, dem sowjetischen Diktator in Moskau. Für Polen kam dies einem Todesurteil gleich. Die beiden ideologischen Feinde – das nationalsozialistische Deutschland und die kommunistische Sowjetunion – verbündeten sich. Polen war buchstäblich in die Zange genommen. Der Pakt sah vor, Polen nach erfolgreicher Eroberung zwischen Deutschland und der Sowjetunion aufzuteilen. So wurde im Handumdrehen ein ganzes Volk verschachert. Der Zweite Weltkrieg war damit so gut wie besiegelt.

Am 1. September 1939 begann der Zweite Weltkrieg. Er kam wie ein Raubmörder bei Nacht, ohne offene Mobilmachung, ohne formelle Kriegserklärung. Die im Schlaf überfallenen Polen wehrten sich heldenhaft, doch bereits nach vier Wochen unterlag das Land der geballten, brutal vorgehenden Übermacht. Anders als zu Beginn des Ersten Weltkriegs im August 1914 war im September 1939 von einer Kriegsbegeisterung in der deutschen Bevölkerung wenig zu spüren. Die Stimmung schwankte vielmehr zwischen Betroffenheit, Passivität, Angst, Beklemmung, Unruhe und Resignation. Die Mehrheit der Deutschen wollte keinen Krieg. Aber sie alle folgten Hitler in den mörderischen Wahnsinn. Sie folgten mit einem widerwilligen Gehorsam.

Wir haben in diesem Kapitel gesehen, dass der Zweite Weltkrieg seit der Machtübergabe an Hitler unvermeidbar war, weil Hitler diesen Krieg wollte. Alle Versuche der Weltmächte, ihn durch eine beschwichtigende und nachgiebige Politik davon abzuhalten, schlugen fehl. Selten in der Geschichte ist die Kriegsschuldfrage so eindeutig zu beantworten wie im Falle des Zweiten Weltkriegs. Hitler wollte die Weltherrschaft und setzte dabei alle ihm zur Verfügung stehenden Mittel brutal ein. Seinen Krieg nutzte er bis zur letzten Minute, um die Juden Europas zu vernichten.

7. KAPITEL

Der Bürgerkrieg und der internationale Terrorismus

Manche Geschichtsforscher betrachten den Zweiten Weltkrieg als einen Welt-Bürgerkrieg, und das hat gewiss auch seine Berechtigung. Die unvorstellbare Grausamkeit gegen die Zivilbevölkerung zahlreicher Länder, dieses totale und vernichtende Einbrechen ins Private, dieser allgegenwärtige Terror, das Foltern und Morden, verleiht dem Zweiten Weltkrieg den Charakter eines entgrenzten Bürgerkriegs, der den größten Teil Europas heimsuchte. Der Holocaust, das systematische Ermorden von Millionen europäischer Juden, sprengt allerdings selbst noch die Schreckensdimensionen eines Bürgerkriegs. In ihm wird die Hölle selbst zur Wirklichkeit, und mit »Hölle« ist ein Leiden gemeint, das jenseits aller Beschreibbarkeit liegt.

Seit dem Zeitalter der Aufklärung gab es ein überliefertes europäisches Verständnis von Krieg als einer gewaltsamen Auseinandersetzung zwischen Staaten, die trotz aller notwendigen Gewalt doch unter gewissen Rechtsregeln (Kriegsvölkerrecht) geführt wird. Im Ersten Weltkrieg wurde diese Übereinkunft, wie wir gesehen haben, vielfach gebrochen, im Zweiten Weltkrieg von den Deutschen spätestens mit dem Überfall auf die Sowjetunion aufgegeben. So etwas wie »ritterlicher Krieg« – falls es ihn je gegeben hat – war dort per Erlass verboten. Jeder Widerstand, so lautete ein höchster Befehl, sei nicht durch gesetzliche Verfolgung der Schuldigen zu ahnden, sondern durch Verbreitung eines grenzenlosen Terrors durch Wehrmacht, SS, Polizeikommandos und »Sicherheitsdienste« (SD), damit jede Neigung zum Widerstand in der Bevölkerung im Keim erstickt werde.

Vom ersten Tag seiner Existenz an war das »Dritte Reich« ein Bürgerkriegsstaat. Es setzte etwas fort – und verschärfte es –, das schon die Weimarer Republik im Innern zerfressen hatte: Gewalt auf offener Straße. So konnte Hitler in den zwanziger Jahren ungehindert seine bewaffneten SA (»Sturmabteilung«)- und SS (»Schutzstaffel«)-Einheiten aufbauen und öffentlich auftreten lassen. Daneben hatten viele andere politische Gruppen ihre militärischen Organisationen, die sich zum Teil auf offener Straße blutig bekämpften. Die Terrorsaat des Nationalsozialismus wurde also schon in der Weimarer Republik gelegt. Ja die Nazis machten sich überhaupt durch ihre braun uniformierten Schlägerkolonnen bekannt, deren gewalttätiges Auftreten zu einer schlimmen Gefährdung der öffentlichen Sicherheit geführt hatte. Bei der Machtübergabe an Hitler war das Land an Gewalt schon sehr gewöhnt. Fortan ging es für die Nazis darum, die Deutschen schrittweise an die Diskriminierung der Juden, die freilich auch Deutsche waren, zu gewöhnen. Dabei konnten sie erfreut feststellen, dass die meisten Deutschen bereit waren, gesetzliche Maßnahmen zur Aufhebung der Bürgerrechte für Juden zu akzeptieren, ebenso deren Absonderung, Entfernung aus Ämtern und Berufen, Enteignung und Demütigung. Schließlich kam es in der Nacht vom 9. zum 10. November 1938 zum ersten organisierten und offenen Terror gegen die jüdischen Bürger in ganz Deutschland, zur so genannten »Reichskristallnacht«. Allerdings war die dabei zutage tretende Gewalt – 91 Menschen wurden umgebracht, unzählige verletzt, 30000 verhaftet und zeitweilig in Konzentrationslagern inhaftiert – von den meisten Deutschen eher erschrocken zur

Kenntnis genommen worden. Der »normale« Bürger lehnte öffentlichen Vandalismus und andere Ausschreitungen noch immer ab. An diesem offenen Bürgerkrieg gegen die deutschen Juden beteiligten sich die wenigsten; man war unangenehm berührter »Zuschauer« oder »Wegseher«.

Erst mit Beginn des Weltkriegs brutalisierte sich die deutsche Gesellschaft zunehmend; zahllose Deutsche, in welchen Uniformen auch immer, ließen sich aus Pflichtgehorsam auf sowjetischem Territorium in einen Massenmord an Millionen von Juden und Nichtjuden verwickeln. Im Terror dieses Weltbürgerkriegs brach sich seit Sommer 1941 ein Hass gegen das Leben selbst Bahn, eine Gefühlsrohheit ohnegleichen, gerade auch bei bis dahin »ganz normalen« Menschen.

Kein Jude zu sein, bedeutete aber noch lange nicht, vom Nazi-Terror verschont zu bleiben. Mit der Zeit war keiner mehr sicher, der sich kritisch über das »Dritte Reich« äußerte. Der Bürgerkriegsterror machte vor Wohnungstüren nicht Halt, er sickerte wie Gift ins Alltagsleben ein. Es war schon gefährlich, einen ausländischen Rundfunksender zu hören, irgendwie gegen den Nazi-Staat zu meckern, Spenden für nationalsozialistische Zwecke zu verweigern, keiner NS-Organisation anzugehören, in einem Brief ein besorgtes Wort zu äußern. Man konnte im Grunde niemandem mehr trauen. Bürgerkrieg ist jener Krieg, bei dem der Nachbar den Nachbarn verfolgt. Man fühlte sich überall umlauert. Die dunklen Mächte trugen Polizeiuniform und lange Ledermäntel: Polizeikommissare, SS-Männer und Gestapo (»Geheime Staatspolizei«)-Leute. Ein Verdacht genügte, um mitten in der Nacht zu »Erziehungszwecken« abgeholt und in ein Konzentrationslager (KZ) gesperrt zu werden. Dort trafen sich Juden, Kommunisten, Sozialisten und Menschen aus linksbürgerlichen Volksschichten, aber auch solche, die keinen politischen Parteien angehörten, sondern einfach als Arbeiter, Lehrer, Geistliche, Beamte, Offiziere, Adlige den Mut hatten, nicht mitzumachen.

Die zielbewusste Erzeugung von Angst und Schrecken – typisch für jede Form von Terrorismus – war das verruchte Mittel des »Dritten Reichs«, sich blinden Gehorsam zu verschaffen.

Das »Dritte Reich« als Bürgerkriegs-Staat anzusehen – und den von ihm entfachten Krieg als Welt-Bürgerkrieg –, führt einem den grundlegenden Charakter eines jeden Bürgerkriegs vor Augen: es herrscht in ihm die absolute Willkür, es findet eine totale Entgrenzung der Grausamkeit statt; die Regeln und Werte einer zivilisierten Gesellschaft gelten nicht mehr. Der Bürgerkrieg ist damit eine besondere Form des totalen Kriegs, seine exzessive Entgrenzung.

Im Bürgerkrieg wird die Gesellschaft als solche in Frage gestellt

Bürgerkriege sind meistens Weltanschauungskriege – und das macht sie auch so unerbittlich und grausam. Der Gegner wird nicht als Gleicher angesehen, sondern als verachtenswürdiger Anderer, der, egal mit welchen Mitteln, zu beseitigen ist. Bürgerkriege sind vom exzessiven Gebrauch von Gewalt geprägt, gerade auch in ihrer widerlichsten Form: der Folter und der Lynchjustiz. Im klassischen, also nicht totalen Staatenkrieg ist eine gewisse Begrenzung der Gewalt schon dadurch möglich, dass die Bevölkerungen, die ja meistens gar keine feindseligen Gefühle gegeneinander hegen, in unterschiedlichen geographischen Gebieten leben. Die Armeen beider Staaten gehen aufeinander los, aber nicht die Bevölkerungen als solche. Im Bürgerkrieg erheben aber mehrere feindliche Gemeinschaften Anspruch auf ein und dasselbe Gebiet, und das macht diese Form des Kriegs so blutig. Das massenhafte Morden in Bürgerkriegen gehorcht vor allem dem Prinzip der Rache. Da werden auch alte, über Generationen offen gebliebene Rechnungen beglichen. Bei einem Racheakt liegt die Befriedigung nicht im eigenen Nutzen, sondern im Schaden für andere. Den Nutzen nimmt man so nebenbei mit. Jede Gruppe sucht möglichst viele Mitglieder der anderen zu vernichten, um dann bei einem möglichen Friedensschluss die zahlenmäßige Überlegenheit im Staat zu haben. Sollte es vielleicht sogar irgendwann zu allgemeinen Wahlen kommen, so hätte man sich gewissermaßen über die größere Mordlust die Mehrheit gesichert. In letzter Konsequenz steht in jedem Bürgerkrieg die Existenz der beteiligten Gruppen als solche auf dem Spiel. Bürgerkriege tendieren zum Massaker und damit zum Völkermord.

Mehr noch als der »gewöhnliche« Krieg führt der Bürgerkrieg die Gesellschaft ins Chaos. Denn im Bürgerkrieg wird der Staatsverband als solcher in Frage gestellt, der Staatsvertrag aufgekündigt. Damit werden die Normen und Werte verneint, die in ihm festgeschrieben waren. Da aber kein Staat freiwillig das Feld räumt, das heißt sein Gewaltmonopol aufgibt, versucht die Staatsmacht sich gegen die aufbegehrenden Volksgruppen durch harte Unterdrückungsmethoden zu behaupten. Gewalt aber erzeugt Gegengewalt; es kommt zur Eskalation der Gewalt, wie sie für Bürgerkriege so typisch ist. Durch die Brutalisierung der Gewaltmittel läuft der Staat Gefahr, selbst zu einer Bürgerkriegspartei unter anderen zu werden. Er gibt seine ursprünglichste und wichtigste Aufgabe – die Befriedung der Gesellschaft – auf. Damit entzieht sich der Staat im Bürgerkrieg selbst seine Gesetzmäßigkeit. Die staatliche Ordnung zerfällt – bis irgendwann eine gesellschaftliche Gruppe die Oberhand gewinnt und eine neue Staatsmacht (meist diktatorischer Art) einsetzt.

Bei gleichen Kräften der verfeindeten Bevölkerungsgruppen kann sich der Bürgerkrieg endlos hinziehen und verselbständigen – bis zur totalen Erschöpfung aller. Bürgerkriege zeigen einen abgründigen Hang zur Selbstzerfleischung. Das rührt vom totalen Machtanspruch her, den jede Gruppe für sich erhebt. Kompromisse werden erst gar nicht gesucht, weil man davon ausgeht, dass der Gegner jeden Kompromissvorschlag als Schwäche deuten und seine Gewalt nur noch intensivieren würde, um die vermeintliche Schwäche des andern auszunützen. Von daher zeigen Bürgerkriege auch in unserer Zeit oft den Charakter vorzivilisatorischer Grausamkeit.

Seit dem Ende des Zweiten Weltkriegs, eines »Weltbürgerkriegs«, wie wir sagten, blieb Europa von Bürgerkriegen weitgehend verschont. Die menschliche Grausamkeit hatte sich in einem sechsjährigen beispiellosen Exzess ausgetobt. Aber so ganz ist das Gespenst des Bürgerkriegs auch aus Europa nicht vertrieben. Konflikte dieser Art schwelen heute weiterhin in Nordirland, wo katholische und protestantische Bürger immer wieder aufeinander losgehen, ohne dass man so recht wüsste, worum es dabei eigentlich geht – ums christliche Bekenntnis wohl nicht. In Spanien muss sich der Staat gegen baskische Separatisten zur Wehr setzen, in Frankreich sind es korsische, die die Unabhängigkeit ihrer Insel mit Waffengewalt einfordern. Und dann ist da noch der alte europäische Unruheherd Balkan, der nach schrecklichen Bürgerkriegen (1992 bis 1995 in Bosnien-Herzegowina und 1996 bis 1999 im Kosovo) nur durch massive Präsenz von Blauhelm-Soldaten (Friedenstruppen der Vereinten Nationen, die von den Armeen der Mitgliedstaaten gestellt werden) beruhigt werden konnte. Doch der Konflikt ist längst nicht ausgestanden. In diesem Bürgerkrieg, der sich aus dem Zerfall des Vielvölkerstaats Jugoslawien entwickelt hat, wurde vor allem in den ethnischen Mischgebieten von

Anfang an mit äußerster Grausamkeit gekämpft, wobei es auf allen Seiten zu Massenmorden und Massenvergewaltigungen kam. Unter dem Schlagwort »ethnische Säuberung« (in Deutschland 1992 zum »Unwort des Jahres« gewählt) vertrieben vor allem die bosnischen Serben, aber auch die bosnischen Kroaten, die jeweils andere Nationalität aus den von ihnen eroberten Gebieten. Im Jahre 1995 eroberten bosnische Serben die UN-Schutzzone von Srebrenica und verübten dort, zum Teil unter den Augen von UN-Soldaten, ein Massaker an den bosnischen Muslimen (Bosniaken). In Massengräbern fand man bis heute etwa 1000 Leichen; etwa 8000 Bosniaken gelten seitdem als vermisst. Europa erlebte auf dem Balkan die größten Flüchtlingsströme seit dem Zweiten Weltkrieg. Schätzungsweise 200 000 Menschen kamen in diesem Bürgerkrieg um, 4 Millionen wurden vertrieben. Und das alles mitten in Europa!

Dass auch in diesem Bürgerkrieg unserer Tage Hitlers »Weltbürgerkrieg« nachwirkt, ist unbestritten. Hitler zerschlug das 1918 geschaffene Jugoslawien. Im Laufe des Kriegs verwirrten sich allmählich die Fronten durch die Überlagerung mit den lange schwelenden ethnischen Konflikten. Das führte zu einem Kampf aller gegen alle mit Gräueltaten, die militärisch nicht zu begründen waren – falls Gräuel überhaupt durch irgendetwas zu begründen sind.

Doch Europa ist heute, vom Balkan abgesehen, keine Bürgerkriegsregion. Umso mehr gilt das für große Teile Afrikas und einige Regionen Asiens und Südamerikas. Dass Afrika von Bürgerkriegen seit vielen Jahrzehnten schwer heimgesucht wird, hat, wie wir sahen, durchaus mit dem Kolonialismus der Europäer im 19. und 20. Jahrhundert zu tun, unter dem dieser Kontinent so schwer zu leiden hatte. Das soll freilich nicht heißen, dass der ständige Unfrieden in weiten Teilen Afrikas nur eine Folge des europäischen Kolonialismus ist. Nein, auch das vorkoloniale Afrika war kein friedliches Paradies. So weit unser Wissen über die Geschichte Afrikas zurückreicht, gab es dort Kriege, verlustreiche Konflikte zwischen Stämmen, Sippen, Clans, Volksgruppen, Regionen und Staaten. So verbreiteten etwa die Reiterheere des Bornu-Reichs am Tschad-See zwischen dem 13. und 19. Jahrhundert weithin Angst und Schrecken. Das Volk der Zulu in Südafrika fiel immer wieder über seine Nachbarvölker her. Die Reiche der Asanti oder Amharen unterhielten in Äthiopien mächtige Kriegerkasten, die in großen Raubzügen andere Völker bekriegten.

Und dennoch: gegen die Schlächtereien der Gegenwart nehmen sich die Kriege der afrikanischen Frühzeit eher harmlos aus. Man denke nur an die Bürgerkriegswirren im Kongo der sechziger Jahre des vergangenen Jahrhunderts. Dann Biafra, die Ostregion Nigerias, die sich 1967 selbständig machte und nach einem blutigen Bürgerkrieg (1967 bis 1970) mit furchtbarer Hungersnot wieder in den nigerianischen Staat eingegliedert wurde. Man denke an die Schreckensherrschaften von Diktatoren wie Bokassa in der Zentralafrikanischen Republik oder Idi Amin in Uganda, an die endlosen Bürgerkriege im Sudan, in Angola, Mosambik, Äthiopien oder Burundi, an die Selbstzerfleischung Somalias, die Massaker in Sierra Leone. Und man denke nicht zuletzt an den Völkermord in Ruanda (1994), wo in nur hundert Tagen 800 000 Menschen umgebracht wurden – 330 Menschen pro Stunde! Es war ein von langer Hand vorbereiteter, straff organisierter Völkermord. Und wahrscheinlich hätten einige tausend UN-Soldaten genügt, um den Massenmord an den Tutsi und den gemäßigten Hutu zu verhindern oder wenigstens rasch zu stoppen. Dabei war es in Ruanda nicht einmal so, dass unterschiedliche ethnische Gruppen aufeinander losgingen wie etwa auf dem Balkan. Hutu und Tutsi setzten sich in vorkolonialer Zeit vor allem durch ihren gesellschaftlichen Rang und unterschiedliche wirtschaftliche Rollen voneinander ab. Die Minderheit der Tutsi lebte als Viehzüchter, die Hutu-Mehrheit als Ackerbauern. Beide Gruppen sprechen die gleiche Sprache. Die deutschen Kolonialherren, die als erste europäische Macht das Gebiet der heutigen Staaten Ruanda und Burundi für sich beanspruchten, betrachteten die Tutsi als afrikanisches Herrenvolk, das über dem Volk der als »minderwertig« erachteten Hutu stand. Von den deutschen Kolonialherren wurden also einfach zwei Völker konstruiert, wo es nur zwei Gesellschaftsschichten gab. Die Belgier, die das Gebiet nach dem Zweiten Weltkrieg als UN-Treuhandgebiet verwalteten, nutzten die Tutsi als herrschende Oberschicht und bestärkten so das falsche Selbstverständnis von eigenständigen und gegensätzlichen Völkern. 1959, noch unter belgischer Verwaltung, kam es zu ersten Unruhen; da erhoben sich die Hutu und stürzten die Tutsi-Herrschaft. Auch danach kam es immer wieder zu blutigen Unruhen. Die Belgier sorgten auch dafür, dass die Zugehörigkeit zum »Volk« der Hutu oder Tutsi in den Ausweispapieren festgeschrieben wurde. Die Verschwörer der Hutu-Extremisten, die im Jahre 1994 die Tötungsmaschinerie gegen die Tutsi-Minderheit in Gang setzten, konnten diese Angaben nutzen, um ihre Opfer zu bestimmen, die sich weder im Aussehen noch in der Sprache, noch in sonst irgendetwas von den Tätern unterschieden. Meist sind es ja irgendwelche Unterschiede (echte oder erfundene), an denen sich Feindschaften zwischen Bevölkerungsgruppen entzünden. Ruanda ist ein Beispiel dafür, dass es nicht einmal solcher Unterschiede bedarf, um einen Völkermord auszulösen. Es genügt, dass die einen Viehbauern und die anderen Ackerbauern sind, die einen einer Minderheit, die anderen einer Mehrheit angehören. Zur Zeit dominiert wieder die Gruppe der Tutsi die Regierung in Ruanda.

Seit dem Völkermord in Ruanda vor zehn Jahren gab es auf

afrikanischem Boden zahllose Staatsstreiche, Putschversuche, Militärrevolten, Aufstände von Volksgruppen, Massaker: in Nigeria, in Togo, im Kongo, im Tschad, an der Elfenbeinküste, in Madagaskar. Kein Kontinent wird so von Kriegen und Bürgerkriegen heimgesucht wie Afrika. Seit 1945 sind es weit über 50! Dennoch ist das Bild vom kriegerischen Kontinent falsch. Immerhin lebt die überwiegende Mehrheit der fünfzig Staaten in Frieden, wenngleich dieser Frieden oft mit diktatorischen Mitteln aufrechterhalten wird. Und diese modernen Diktatoren herrschen mit Vorliebe im verschwenderischen Stil einer absolutistischen Monarchie, während das Volk im Elend lebt. Wird ein Diktator gestürzt – von einem andern, der auch gern Diktator sein möchte –, so hat das Volk davon meistens nichts; es wird nur eine Herrscherclique gegen eine andere ausgetauscht, um den Staat als Selbstbedienungsladen zu übernehmen.

Während des »Kalten Kriegs« unterstützten die Großmächte die afrikanischen Machteliten, vor allem auch mit Waffen, um sich so den Einfluss auf dem Kontinent zu sichern, der ihnen im Übrigen ziemlich gleichgültig war. Man hat damit letztlich nur die Selbstzerstörung Afrikas unterstützt. Das wurde so richtig deutlich mit der »Zeitenwende« des Jahres 1989 und dem Ende des »Kalten Kriegs«. Der Westen wie der Osten ließ seine afrikanischen »Freunde« fallen; sie hatten ihre Schuldigkeit im Machtspiel der Großmächte getan. »Die zwei großen fetten Katzen waren weg, jetzt begann die Stunde der Ratten«, umschrieb der somalische Schriftsteller Nuruddin Farah die Situation. Wie Kartenhäuser fielen die afrikanischen Diktaturen in sich zusammen. Das von außen durch Amerika und Russland geschaffene Gleichgewicht in Afrika löste sich gleichsam über Nacht auf. Afrika ging an vielen Stellen politisch aus den Fugen. Chaos machte sich breit. Volksgruppen und Völker fingen an, übereinander herzufallen.

Afrikas Reichtum ist Afrikas Verderben

Aktuell sieht es so aus, dass jeder vierte der fünfzig afrikanischen Staaten im Zerfall begriffen ist oder bereits aufgehört hat zu existieren. Im Sudan geschieht gerade ein Völkermord, dem die Welt tatenlos zuschaut. Islamistische arabische Reitermilizen aus dem Norden massakrieren die christliche Bevölkerung des Südens, wobei es auch hier um Religion nur nebenbei geht. Gemordet wird vielmehr aus Habgier und Lust. Der Konflikt ist schon alt – fünfzig Jahre alt, um genau zu sein. Vor allem in der westlichen Region des Sudan, Darfur genannt, tobt der längste Bürgerkrieg der nachkolonialen Geschichte: der Norden gegen den Süden, Regierungstruppen gegen Rebellen, Reitermilizen gegen Zivilisten. Bis heute sind 1,5 Millionen Sudanesen in diesem Bürgerkrieg umgekommen, der in fünfzig Jahren nur wenige Atempausen kannte.

Im Nachbarland Uganda, vor allem im Norden, ist die Lage nicht viel anders. Auch dort spielt sich eine menschliche Tragödie ab. Im Augenblick (Oktober 2004) flüchten dort jede Nacht mehr als 40000 Kinder aus ihren Dörfern und suchen Schutz in größeren Ortschaften, damit sie nicht von einer Rebellenmiliz entführt werden, die offensichtlich nur noch den Gesetzen des Wahnsinns gehorcht. Sie nennt sich »Widerstandsarmee des Herrn« – und mit »Herr« ist tatsächlich Gott gemeint. Sie hat inzwischen mindestens 20000 Kinder entführt und zu Soldaten gemacht. Ihr Anführer, Joseph Kony, rühmt sich seiner angeblich übernatürlichen Kräfte und behauptet, die Wiedergeburt der Jungfrau Maria zu sein. Diese Horrortruppe von Wahnsinnigen hat in den vergangenen 18 Jahren etwa 1,8 Millionen Menschen zu Flüchtlingen gemacht; das sind 90 Prozent der Bevölkerung in Ugandas Nordprovinz.
 Wie viele Zivilisten durch sie bereits umgekommen sind, weiß

man nicht, aber man schätzt, dass es mindestens 100000 sind. Die Truppe besteht fast ausschließlich aus Kindern, die zu Killern gemacht wurden.

Eine Hauptursache für das Chaos in Afrika ist, so absurd es klingt, der Reichtum dieser Krisenregionen: Ölquellen im Südsudan oder in Nigeria, Diamanten in Angola und Sierra Leone, Tropenhölzer in Liberia, Gold, Kupfer, Kobalt, Uran und Coltan im Kongo. Der Begriff »Coltan« ist eine in Afrika gebräuchliche Kurzform für das Erz Columbit-Tantalit – einer der kostbarsten Rohstoffe Zentralafrikas, der vor allem im Osten des Kongo vorkommt. Ohne Coltan gäbe es keine Mobiltelefone, auch keine Computer oder Laptops. Aus dem schwarzen, bröseligen Mineral wird nämlich das Metall Tantal gewonnen. Dieses wird wegen seiner großen Energiedichte auf kleinstem Raum und wegen seines hohen Schmelzpunkts nicht nur für die Herstellung von Computerchips verwendet, sondern ebenso bei der Herstellung von Linsen für optische Geräte.

An unseren Handys und Computern klebt insofern Blut, als die Länder Uganda und Ruanda regelrechte Plünderungs-Feldzüge in den Ostkongo unternehmen, um das begehrte Coltan an sich zu reißen und auf dem Weltmarkt mit enormen Gewinnen zu verkaufen. Der Ostkongo wird von seinen Nachbarn systematisch ausgeplündert, und mit dem eingenommenen Geld wird ebenso systematisch der Krieg angeheizt, der um den Kongo tobt. Diesem Krieg sind inzwischen mehr als drei Millionen Menschen zum Opfer gefallen. Wäre die Demokratische Republik Kongo tatsächlich eine funktionierende Demokratie, dann wäre das Land mit Sicherheit das reichste in Afrika. Denn außer Coltan gibt es reichlich Erdöl, dazu riesige Diamantenvorkommen, auch Uran, Gold und andere Edelmetalle. Doch ohne Demokratie ist der Reichtum dem Land längst zum Fluch geworden – wie in allen oben genannten Ländern auch. Unterschiedliche Kriegsparteien, die meist aus Nachbarstaaten einsickern, kämpfen um die Kontrolle über die Bodenschätze und investieren die Verkaufserlöse in Waffen und Söldner – ein Krieg, der sich selbst ernährt. Verkauft wird an westliche Firmen, die damit das Treiben der verschiedenen »Warlords« unterstützen. Der Begriff »Warlord« (»Kriegsherr«) meint einen lokalen Herrscher, der sich sein eigenes Kriegsfürstentum errichtet hat. Er nützt die Krise oder den Zerfall eines Staates aus, um durch Aufbau einer eigenen, ihm hörigen bewaffneten Truppe ein Gebiet zu kontrollieren und für sich auszubeuten. Warlords gab es auch im europäischen Dreißigjährigen Krieg, bekannt geworden etwa in der Figur Wallensteins. In den Warlords unserer Tage ist gewissermaßen eine Figur der Kriegsgeschichte wieder auferstanden. Warlords gründen ihre Macht oft auf die überlieferte Herrschaft eines Clans, Stamms, einer Familie oder Volksgruppe; oft haben sie sich in einem Krieg als besonders draufgängerisch und brutal hervorgetan. So können sie leicht Kämpfer um sich scharen, vor allem Kinder und Jugendliche, die sich so Anerkennung, Macht und Reichtum erhoffen. Die Grenze vom Warlord zum Banditen und Räuber ist fließend.

Heute ist der Kongo ein Flickenteppich, aufgeteilt in unzählige Einflusssphären rivalisierender Milizen und Banden, die zusammen mit ihren ausländischen Unterstützern versuchen, so viel Land und Bodenschätze wie möglich zu erobern.

Nach Jahrzehnten des Bürgerkriegs ist es in einigen der genannten Länder inzwischen so, dass es dort kaum noch Männer gibt, die kämpfen könnten. Also kämpfen immer mehr Kinder und Jugendliche in den Banden, Milizen und Armeen. Auch Hitler schickte zuletzt Kinder in die Schlacht. Er wusste, warum: weil sie auch in aussichtsloser Lage noch blindlings ihrem »Führer« folgen, weil sie nur ein schwaches Bewusstsein für Gefahr haben, weil sie, wenn sie noch sehr jung sind, keinen Selbsterhaltungstrieb verspüren und die Todesgefahr nicht erfassen, in der sie sich befinden. Es gibt keine staatliche Ordnung, die diese Kindersoldaten verhindern könnte. Im Gegenteil: auch in so genannten Regierungstruppen kämpfen Kinder. Je länger diese Kriege dauern, um so jünger werden die Kämpfer. Und – jeder dritte Kindersoldat ist ein Mädchen!

Man sagt diesen Kindern, was sie tun sollen, und sie tun es. Das Urteilsvermögen so junger Menschen ist noch kaum entwickelt, und so geben sie hervorragende Killer ab; auch erweisen sie sich als besonders grausame Folterer. Sie kämpfen für keine Idee, auch nicht für eine bessere Regierung, sondern einfach nur, weil man ihnen sagt, dass sie kämpfen sollen. Für ihre Herren tun sie alles, weshalb sich diese meist eine Schutztruppe von Kindersoldaten um sich scharen und dabei die Mädchen auch noch sexuell missbrauchen. Die jungen Kämpfer werden oftmals sogar gezwungen, Familienangehörige oder Bekannte in ihren eigenen Dörfern zu töten oder zu misshandeln. Das Ziel ist, bei den Kindern jede Tötungshemmung zu überwinden. Wer seine Schwester oder seinen Vater umgebracht hat, ist von da an zu jeder Scheußlichkeit fähig, zumal wenn er auch noch durch Alkohol oder andere Drogen völlig enthemmt ist. Meist müssen die Kinder die gefährlichsten Aufgaben übernehmen, weil die Erwachsenen das Risiko scheuen; so verrichten sie Spähdienste oder legen Minen. Die Kinder hingegen glauben oftmals, es sei alles nur ein Spiel, in dem sie sich beweisen können. Deshalb sind sie auch so furchtlos. Und man verspricht ihnen ein besseres Leben, eines im westlichen Lebensstil. Sie kämpfen in lässiger westlicher Freizeitkleidung, in Nike-Sneakers, Sweatshirt, mit Ray-Ban-Brille, Kung-Fu-Jacke oder einem amerikanischen Eishockeyhelm auf dem Kopf. Sie geben sich Namen, die nach Actionhelden oder Rapstars klingen: Captain Bull, Earthquake Baby, Captain Cobra, Rebel King.

Als gefürchteter Killer funktioniert der Kindersoldat freilich nur dank eines leichten automatischen Gewehrs in seiner Hand. Früher wäre ein Gewehr viel zu schwer und zu unhandlich gewesen für ein Kind. Doch eine nahezu rückstoßfreie russische »AK-47«, eine »M-16« der Amerikaner oder ein deutsches »G-3« wiegt nicht mehr als drei Kilogramm und ist mit zehn Schuss pro Sekunde selbst in den Händen eines untrainierten und unterernährten zehnjährigen Mädchens eine tödliche Waffe. Man hat schon Siebenjährige mit solchen Waffen angetroffen, und diese waren sogar in der Lage, sie zu zerlegen und wieder zusammenzubauen – als wär's ein Spielzeug. Überdies kosten diese Waffen nicht viel, weshalb auch schätzungsweise 640 Millionen davon weltweit im Umlauf sind bis in die entlegensten Wälder Afrikas oder Asiens.

Man schätzt, dass weltweit in 18 Ländern etwa 300 000 Kinder als Soldaten kämpfen müssen. Die Tendenz ist steigend. Schätzungsweise 2 Millionen Kindersoldaten sind weltweit zwischen 1990 und 2000 gefallen, 6 Millionen sind Invaliden geworden, weitere 10 Millionen leiden an schweren seelischen Schäden.

In den Bürgerkriegen, die vor allem in der »Dritten Welt« wüten, ist eine Verselbstständigung von Gewalt festzustellen, eine totale Vermischung der Grenzen zwischen den kämpfenden Parteien. Ein gigantischer internationaler Markt für alle möglichen Waffen, vor allem eine regelrechte Schwemme von billigen Handfeuer- und Schnellfeuerwaffen macht Bürgerkriege leicht finanzierbar. Denn in der Regel werden Bürgerkriege mit »leichten Waffen« geführt, mit automatischen Gewehren, handlichen Raketenwerfern und mit Landminen, unter denen die Zivilbevölkerung besonders zu leiden hat – und das noch Jahrzehnte nach dem Ende eines Bürgerkriegs.

Trotz dieses düsteren Gesamtbilds gibt es auch einen Schimmer von Hoffnung, zumindest in der nüchternen Kriegsstatistik: das so genannte »Konfliktbarometer«, eine jährliche Untersuchung des Heidelberger Instituts für Internationale Konfliktforschung, stellt für das Jahr 2004 fest, dass die Zahl der gewaltsamen Konflikte in der Welt stagniert, die der Staatenkriege sogar stark rückläufig ist. Demnach sind 2003 noch 13 Kriege geführt worden, 2004 aber nur noch drei: im Irak, im Sudan und in der Demokratischen Republik Kongo. Der Bericht nennt zudem 87 »gewaltsame Konflikte«, von denen 36 unter »hohem Gewalteinsatz« ausgetragen wurden. Der zwischenstaatliche Krieg, so scheint es, ist am Verschwinden. Der Bürgerkrieg innerhalb von Staaten ist an seine Stelle getreten, wobei es meistens um die Abspaltung einer Bevölkerungsgruppe oder um die Erringung regionaler Vorherrschaft geht. Mit 2 Staatenkriegen und 11 Bürgerkriegen ist Afrika der gefährlichste Kontinent, gefolgt von Asien und Ozeanien. Insgesamt fanden die Forscher 230 Konflikte weltweit, von denen immerhin 143 ohne physische Gewalt ausgetragen wurden – ein zarter Lichtstrahl in tiefer Finsternis.

Der Terrorismus ist auch eine Gefahr für Europa

Wir Europäer neigen dazu, Bürgerkriege als Kriege in weiter Ferne und als Kriege unzivilisierter Völker anzusehen. Massaker und Völkermord mag es in Afrika oder Asien geben, aber nicht in Europa. Doch mit der Rückkehr des Bürgerkriegs nach Europa durch den längst nicht ausgestandenen Jugoslawien-Konflikt wurde uns voller Schrecken bewusst, wie zerbrechlich selbst der Frieden in Europa ist.

Auch von einer anderen Form des Kriegs, die mit dem Bürgerkrieg eng verwandt ist, sehen wir uns in Europa immer stärker bedrängt: dem Terrorismus. Angesichts weltweit operierender Terrorgruppen verspürt wohl jeder das beklemmende Gefühl, überall und jederzeit von ihm heimgesucht werden zu können. Und genau darin liegt ein wesentliches Ziel von Terroristen: überall Angst und Lähmung zu erzeugen, das öffentliche Leben unsicher zu machen, die soziale Ordnung zu erschüttern, die Demokratien zur Aufgabe ihrer Freizügigkeit zu zwingen. Der materielle Schaden, der durch Terroraktionen angerichtet wird, ist also gar nicht das eigentliche Ziel von Terroristen.

Terrorismus ist allerdings keine Erfindung der Moderne. Es gab ihn auch früher, wo er, wie auch heute wieder, vor allem aus religiösem Fanatismus betrieben wurde. Terrorismus ist jede politische Gewalt, die keinen Unterschied zwischen militärischen und zivilen Bereichen macht und Zivilisten gezielt und systematisch angreift. Daraus folgt allerdings, dass auch eine staatliche Militärmacht terroristisch eingesetzt werden kann. Das nennt man dann »Staatsterrorismus«. Einen solchen verübt zum Beispiel Russland seit über zehn Jahren in Tschetschenien, einer Teilrepublik der Russischen Föderation im östlichen Kaukasus. Sie wäre gern von Russland unabhängig. In Tschetschenien kennt das Morden auf beiden Seiten längst keine Grenzen mehr, und im Mittelpunkt des Konflikts stehen auch keine politischen Ziele mehr. Der Terrorismus beider Seiten hat sich das zivile Leben selbst zum Ziel genommen. Russland hat in einem dreckigen Krieg Tschetschenien in ein Schlachthaus und eine Folterkammer verwandelt; es hat dort alle Normalität zerstört und den ohnehin seit über 100 Jahren vorhandenen Hass der Tschetschenen auf die Russen ins Grenzenlose gesteigert. Wahrscheinlich ist es noch viel mehr als Hass – ein solcher Abscheu und Ekel über die erlittene Grausamkeit der Russen, dass selbst Frauen sich hinreißen lassen, als Selbstmordattentäterinnen den Terror zurück nach Russland zu tragen. Sie nennen sich »Schwarze Witwen«, haben ihre Brüder, Väter oder Kinder verloren und nehmen nun grausam Rache. So waren tschetschenische Frauen am Geiseldrama in einem Moskauer Musical-Theater beteiligt, andere sprengten sich in Stadien, an Bushaltestellen und Metrostationen in die Luft, lösten Flugzeugabstürze aus und waren auch dabei, als die Schule von Beslan in ein Schlachthaus verwandelt wurde.

Was vor Jahren noch niemand für möglich gehalten hätte, ist inzwischen Wirklichkeit geworden, nicht nur im Tschetschenienkonflikt, sondern auch im Irak und bei den palästinensischen Selbstmordattentätern: es werden bewusst Frauen, Kinder und Jugendliche als Opfer ins Visier genommen. Das garantiert den »Erfolg« der Terroraktion, und dieser misst sich nur noch am blanken Entsetzen, den sie verbreitet, und an der weltweiten Aufmerksamkeit, die damit erreicht wird. Terrorismus war immer schrecklich, aber es gab Zeiten, in denen Terroristen immerhin von Angriffen abgesehen haben, wenn die Gefahr bestand, dass Kinder dabei umkommen. Solche »Terroristen-Rücksicht« gibt es nicht mehr. So geht es immer tiefer und schneller hinein in den abgründigen Strudel aus Gewalt und Gegengewalt, Bedrohung und Abschreckung. Es soll das Zivile schlechthin, das Menschliche ausgelöscht werden, bis nur noch der blanke Horror übrig bleibt.

Zurück zu Tschetschenien. Warum musste es in diesem Land überhaupt so weit kommen? Warum entlässt Russland es nicht in die Unabhängigkeit? Das fragt man sich vor allem, weil dieses Land so klein ist, dass man es auf der Landkarte nur mit Mühe findet. Nun, der Grund ist derselbe, der das russische Zarenreich vor zweihundert Jahren dazu bewegte, sich im Kaukasus festzusetzen und die dort lebenden Völker zu beherrschen: der natürliche Reichtum dieser Region, vor allem das Erdöl. 5000 Tonnen Erdöl werden pro Tag in Tschetschenien gefördert. Das ist im Weltmaßstab nicht viel, aber für ein so kleines Fleckchen Erde schon. Die Einkünfte fließen in den russischen Haushalt; die Tschetschenen haben also praktisch nichts von ihrem Reichtum. Hinzu kommt, dass Tschetschenien ein wichtiges Durchgangsland ist mit der Fernstraße und Bahnlinie von Aserbaidschan nach Russland und der Erdöl-Fernleitung von Baku am Kaspischen Meer zum russischen Schwarzmeer-Hafen Noworossisk. Zwar liest man immer wieder, dass es in Tschetschenien gar nicht so viel Öl gebe wie angenommen. Aber das scheint fraglich, wenn man hört, dass fast in jedem Dorf ein »Ölbrunnen« von 10 bis 15 Metern Tiefe zu finden ist, aus dem das Öl sprudelt, so genanntes »Kondensat«, ein billiger natürlicher Benzinersatz, den man verkaufen oder selber nutzen kann.

Als der Krieg begann, übernahmen die russischen Militärs sogleich die Kontrolle über diese private Förderung und machten ihre Geschäfte damit. Inzwischen wird das Geschäft von der russischen Generalität kontrolliert, was nichts anderes heißt, als dass das fast selbständig aus dem Boden sprudelnde Öl an den Militärposten vorbei, ja sogar unter dem Schutz russischer Panzer, aus Tschetschenien herausgeschmuggelt wird – täglich im Wert von 800 000 Dollar. Eine politisch-militärische Mafia wird an diesem schmutzigen Krieg reich und hat schon deshalb gar kein Interesse, dass er zu Ende geht. Selbst der einfache russische Soldat verdient noch sein Geld, indem er zum Beispiel an den zahlreichen Straßen-Kontrollpunkten jeden, der passieren will, abkassiert.

Russland führt diesen blutigen Krieg seit zehn Jahren und inzwischen verdienen sehr viele sehr gut an ihm. Die Tschetschenen hingegen müssen zahlen, vor allem mit bisher 200 000 Menschenleben, davon 40 000 Kinder. Und das bei einer Gesamtbevölkerung von knapp einer Million. Damit zählt dieser Krieg zu den schlimmsten, die zur Zeit auf der Welt geführt werden.

Den Krieg hatte die russische Armee Ende 1994 eröffnet, weil die Tschetschenen an der Idee der Unabhängigkeit Gefallen gefunden hatten, ja geradezu besessen davon waren. Er endete nach eineinhalb Jahren im Sommer 1996 und ließ ein total verwüstetes Land zurück. Die Hauptstadt Grosny war schwer verwüstet. Der zweite Krieg begann dann im Oktober 1999 mit der russischen Begründung, es herrsche in Tschetschenien ein kriminelles Regime, das auf Entführung und Geiselnahme beruhe. Man könne das nicht hinnehmen. Der russische Präsident Putin ließ seine Soldaten einmarschieren. Gegen vermutete 2000 »Terroristen« schickte er Bomber, Panzer und 100 000 Soldaten, um zum zweiten Mal ein Land zu erobern, das gerade mal so groß ist wie Groß-Paris. Grosny wurde dem Erdboden gleichgemacht.

Tatsächlich hatte der erste Krieg eine starke Zunahme von Terroranschlägen tschetschenischer Rebellen auf russisches Militär und russische Polizei zur Folge gehabt. Und so gebar der erste Krieg den zweiten. Dieser dauert bis heute an. Nach wie vor attackieren die Rebellen die russischen Besatzer aus dem Hinterhalt und sprengen mit ferngesteuerten Minen oder mit sprengstoffgefüllten Lastwagen deren Stützpunkte in die Luft. Sie erschießen auch Landsleute, die mit den Russen und der moskautreuen Regierung in Grosny zusammenarbeiten. Die Rebellen verstecken sich vor allem in den Wäldern und Bergen im Süden des Landes. Man schätzt sie weiterhin auf etwa 2000 Mann. Ihre sich im Kampf lichtenden Reihen füllen sich ständig neu, weil die russischen Besatzer brutal die Zivilbevölkerung terrorisieren, echte oder vermeintliche Rebellen nachts aus den Häusern entführen, foltern und ermorden. So werden Hass und Rachegefühle immer wieder neu geschürt – ein elender Teufelskreis.

Dass die tschetschenischen Rebellen ihren Terror nun verstärkt aus ihrem Land nach Russland hineintragen, gehorcht nur der grausamen Logik dieses Kriegs – und diese liegt jenseits aller Vernunft. Doch nicht nur in Gestalt des Terrorismus schlägt der

Tschetschenienkrieg auf Russland zurück. Die heimkehrenden russischen Soldaten bringen selbst Gewalt und Verbitterung in ihre Heimat mit. Die Regeln des friedlichen Zusammenlebens sind ihnen nach den Jahren des Kriegs fremd geworden. Man empfängt sie nicht wie Helden, sondern missachtet sie als lebendes schlechtes Gewissen eines schmutzigen und verdrängten Kriegs. Viele der heimkehrenden Soldaten tyrannisieren ihre Familien und rutschen in die Kriminalität ab. So breitet sich die Gewalt von der Armee in die Zivilgesellschaft aus. Viele Offiziere der russischen Streitkräfte beenden ihre Kriegerlaufbahn als Polizisten. In vielen Regionen Russlands haben die meisten Polizisten früher in Tschetschenien gekämpft. So ist die bekannte Brutalität der russischen Polizei auch eine Folge dieses Kriegs. Dazu passt, dass Russland ganz allgemein wieder eine Militarisierung der Gesellschaft erlebt. In naher Zukunft wird es an russischen Schulen wieder »Wehrerziehung« geben; ein Gesetzentwurf dafür liegt bereits im Parlament. Es stimmt wohl die alte Weisheit: der Krieg erzeugt das Kriegerische. Er ähnelt einem Krebsgeschwür, das im »Gesellschaftskörper« Metastasen (Tochtergeschwülste) bildet.

Am Ende des Terrors steht die Zerstörung der Zivilisation

In Deutschland sind wir bislang von Terroranschlägen verschont geblieben. Aber wer weiß, wie lange noch? Dagegen müssen in Israel die Menschen seit Jahren schon mit dem Terror der Selbstmordattentäter leben. Viele andere Länder sind inzwischen von schweren Anschlägen durch das Terrornetzwerk von »Al Qaida« erschüttert worden. Vor dem internationalen Terrorismus ist niemand mehr sicher. Ein Anschlag kann in einem Kino, in der

Disco, im Supermarkt, auf einem Bahnhof oder in einer Schule passieren. Die neue Logik des Terrorismus unterscheidet nicht mehr zwischen »denen oben und denen unten«. Diese Gewissheit prägt unseren Alltag schon mehr, als uns bewusst ist; wir verdrängen sie.

Spätestens seit dem 11. September 2001, jenem islamistisch motivierten Terrorangriff auf die USA, der keinen Unterschied mehr machte zwischen Jung und Alt, Zivilisten und Militärs, »Gläubigen« und »Ungläubigen«, schlägt der internationale Terrorismus blindwütig zu; er wird immer maßloser, verrohter, unberechenbarer und mörderischer. Die Lehre des Al-Qaida-Terrors wird mittlerweile auch von anderen Terrorgruppen übernommen: möglichst brutal, möglichst groß, möglichst rücksichtslos, möglichst medienwirksam zuschlagen! Im Terrorismus unserer Tage ist alles erlaubt, und die todbringenden Ideen scheinen nie auszugehen. Als eine Art Leitmotiv des modernen Weltterrors kann ein Satz des Al-Qaida-Chefs Aiman al-Sawahiri gelten: »Wir müssen die Schlacht zum Feind bringen, die einzige Sprache, die der Westen versteht, ist es, möglichst viele Menschen zu töten.« Europa ist dabei wahrscheinlich das verletzlichste »Schlachtfeld« – und das hat Europa zum Teil selbst zu verantworten, indem es die Terrorgefahr jahrzehntelang unterschätzt und keine Gegenmaßnahmen entwickelt hat. Nur so konnte Westeuropa in den letzten Jahren zur eigentlichen Basis für Gruppen werden, die den Terrorismus unterstützen. Nicht wenige Terroristen, die in ihren Heimatländern wie Ägypten, Jordanien, Marokko oder Algerien wegen Kapitalverbrechen verurteilt wurden, haben in Europa politisches Asyl erhalten.

Besonders befremdlich ist die Tatsache, dass islamistische Terroristen sich selbst zur Waffe machen und mit ihren Selbstmordattentaten Schrecken verbreiten, obwohl der Islam den Selbstmord verbietet. Das heißt, dass dieser religiös begründete Terrorismus sich gerade nicht um die religiösen Gesetze kümmert; er schiebt sie nur vor. Die islamistischen Terroristen bekümmert auch nicht, dass bei ihren Anschlägen Muslime ums Leben kommen.

Sich selbst zur Waffe zu machen, indem man seinen Körper mit Sprengstoff belädt, sein eigenes Leben wegzuwerfen und gleichzeitig noch viele andere mit in den Tod zu reißen, ist zu einem Hauptterrormittel geworden. Damit werden alle abwehrenden Sicherheitsmaßnahmen des Staats unterlaufen. Wenn dann die Geiselnahme noch hinzukommt, ist der angegriffene Staat in einer schrecklichen Zwangslage. Der Terrorist bietet einen Tauschhandel an. Die Geiselnahme tarnt sich als geschäftliches Angebot. Sich auf den Tausch einzulassen, verbietet sich aber dem Staat, denn damit würde er die Terroristen als gleichberechtigte Partner anerkennen. Er würde damit ungeheuren symbolischen Schaden nehmen und nebenbei andere Terroristen darin bestärken, ebenfalls Geiseln zu nehmen. Jeder Staat, gerade auch der demokratische, definiert sich auch durch sein Gewaltmonopol. Das heißt: niemand außer ihm darf Gewalt anwenden. Jede andere Gewalt muss die massive Gegengewalt durch den Staat hervorrufen, andernfalls hörte er auf, Staat zu sein. Kein Staat kann deshalb Geiselnehmern nachgeben. Andererseits beruht ein demokratischer Staat auf einem Gesellschaftsvertrag, und dieser besagt, dass der Staat sich auf der freiwilligen Absprache seiner Bürger zu deren größtmöglichem Nutzen begründet. Alles zusammen bringt den Staat im Fall einer terroristischen Geiselnahme in eine furchtbare, ja geradezu unmenschliche Zwangslage: er darf nicht erpressbar sein, aber jede Geisel hat als Staatsbürger ein Recht darauf, dass der Staat mit den Geiselnehmern um ihr Leben verhandelt. Die Geiselnehmer wissen natürlich um diese Zwangslage des Staats und nutzen sie für ihre Zwecke aus. Und der Hauptzweck ist auch hier die Aufmerksamkeit. Darum ist die Geiselnahme die wirkungsvollste aller terroristischen Waffen, erst recht, wenn, wie in Beslan, Kinder als Geiseln genommen werden. Der Staat wird in seiner ganzen Hilflosigkeit vorgeführt. Was er auch tut, er kann nur verlieren. Kann ein Staat seine Kinder opfern, um seine Souveränität zu wahren? Wer eine solche Frage als Regierungschef entscheiden muss, ist gewiss der bedauernswerteste Mensch auf der Welt.

Es ist ja alles schon schlimm genug, doch vieles deutet darauf hin, dass es noch schlimmer kommen könnte. Experten warnen schon lange davor, dass Massenvernichtungswaffen – oder zumindest radioaktives Material – in die Hände von Terroristen gelangen könnten. Dass eine Terrorgruppe wie Al-Qaida in den Besitz von hochangereichertem, also waffenfähigem Uran, Plutonium oder gar von fertigen Atomwaffen kommen könnte, wird von den Geheimdiensten als »unwahrscheinlich« bezeichnet. Es sei aber »denkbar«, dass Osama bin Ladens Männer in der Lage sein könnten, so genannte »schmutzige Bomben« zu bauen, also gewöhnliche Spreng- und Brandsätze, denen radioaktives Material beigegeben ist. Solches Material ist in Form von Strontium 90, Caesium 137, Kobalt 60 oder Plutonium 239 relativ leicht zu beschaffen. Vor allem in den USA kommen solche Stoffe, die zum Beispiel bei der Krebstherapie in Kliniken eingesetzt werden, immer wieder abhanden. Allein im Jahre 2003 wurden weltweit 280 Diebstähle von radioaktiv strahlendem Material gemeldet. Nach einer Untersuchung der Wiener UN-Behörde zur Bekämpfung von Terrorismus (UNODC) könnten inzwischen mehr als hundert terroristische Gruppen eine »schmutzige Bombe« bauen.

Der moderne Terrorismus zeichnet sich – neben seiner entsetzlichen Brutalität – durch seine internationale Vernetzung aus. Angeblich soll das Al-Qaida-Netz mehr als 50 Länder umfassen. Diese Vernetzung betrifft nicht nur Planung und Durchführung von Anschlägen, sondern ebenso seine Finanzierung. Der Terror, so kann man zugespitzt sagen, ist Teil der Weltwirtschaft – ein unentwirrbares Geflecht aus legaler Wirtschaftstätigkeit und Kriminalität. Ihren wachsenden Geldbedarf decken die Terrorgruppen zwar hauptsächlich mit Drogen-, Waffen- und Menschenhandel, aber auch ganz normale Landwirtschafts- und Industriebetriebe, Handelsketten und Banken gehören dazu. Hinzu kommen selbstverständlich die Geschäfte mit Warenschmuggel, hier vor allem illegaler Diamantenhandel, Schutzgelderpressung, Entführung mit Lösegeldforderung, Raubkopieren, Fälschen von Geld, Kreditkarten und Pässen. Nicht zuletzt erhalten Terroristen auch ganz normale Spenden.

Überall hin verzweigen sich die Geldströme dieses schmutzigen Gelds und speisen die terroristischen Aktivitäten oder sichern die Existenz von Trainingscamps, etwa in Somalia. Das macht den Terrorismus unserer Tage weitgehend unabhängig von der politischen und finanziellen Unterstützung durch einzelne Staaten. Der Terror hat sich längst seine eigene wirtschaftliche Basis aufgebaut. Zu Zeiten des »Kalten Kriegs« war das noch anders. Da war der internationale Terrorismus in der Regel staatlich finanziert und gelenkt. Allein dem Palästinenserführer Jassir Arafat gelang es bereits in den siebziger und achtziger Jahren, ein eigenes Unternehmens- und Finanzimperium für die PLO (»Palästinensische Befreiungsorganisation«) aufzubauen. Man vermutet sogar, dass auch Hilfsgelder der Europäischen Union an die palästinensische Autonomiebehörde zum Teil für Terroraktionen gegen Israel genutzt wurden.

Der Kampf gegen den Terrorismus muss also auch auf dem Feld der Wirtschaft und Finanzen ausgetragen werden. Doch davon sind wir weiter entfernt denn je. Die Weltwirtschaft gehorcht dem Eigennutz der Großunternehmen und dieser kennt keine moralischen und rechtlichen Grenzen. Auch gibt es keine Kontrollen der Geldströme auf dem Weltmarkt, ebenso wenig eine übergeordnete Instanz, die der Terrorwirtschaft den Kampf ansagt. Es gibt sie deshalb nicht, weil die Terrorwirtschaft bereits viel zu eng mit der »normalen« Wirtschaft verwachsen ist. Würde man die erste lahm legen, stürzte die zweite in eine tiefe Krise. Hinzu kommt, dass sich die meisten Staaten selbst verdeckter Formen der Finanzierung bedienen; so hat niemand Interesse, dass die internationalen Geldströme offen gelegt werden. Rein technisch wäre es zum Beispiel möglich, Geldströme elektronisch zu markieren, wodurch sie zurückverfolgt werden könnten. Das wäre dann Aufgabe einer Art »Interpol« für den Finanzbereich, an der aus den eben genannten Gründen niemand interessiert ist.

Ist damit der Kampf gegen den Terrorismus von vornherein aussichtslos? Gewiss nicht. Doch wir müssen uns darüber im Klaren sein, dass dieser Albtraum noch lange nicht zu Ende ist. Der Kampf gegen diesen teuflischen Spuk wird sich hinziehen.

In der Zusammenschau dieses Kapitels scheint es so, als wären Bürgerkrieg und Terrorismus die bestimmenden Kriege unserer Zeit. Nicht mehr Staaten fallen übereinander her, sondern Gruppen innerhalb von Staaten kämpfen gegeneinander. Oder kleine terroristische Gruppen greifen Staaten von außen an, um deren Stabilität zu erschüttern. Beide Formen des Kriegs zählen zu den grausamsten und widerwärtigsten, die sich denken lassen. Die Gewalt richtet sich willkürlich gegen Zivilpersonen, Kinder eingeschlossen. In dieser Form des Kriegs ist jeder Rest von Menschlichkeit getilgt. Der tiefste Abgrund der Barbarei scheint damit erreicht.

8. KAPITEL

Der Krieg der Zukunft

Vieles spricht dafür, dass der Terrorismus für lange Zeit die Hauptform des Kriegs in der Welt bleiben wird. Vor allem auf den islamistischen Terror werden wir uns noch für eine lange Periode einstellen müssen. Er ist Teil einer grundlegenden weltweiten Neuordnung in und zwischen den Staaten. Diese Periode hat mit dem Ende des »Kalten Kriegs« begonnen. Neuordnung schafft zuerst einmal Unordnung. Das kann Jahrzehnte dauern und ist zum Teil vergleichbar mit dem Kampf gegen die Seeräuberei im 15. und 16. Jahrhundert – ebenfalls eine Zeit fundamentalen Wandels in der Welt.

Die Zeiten für klassische Staatenkriege scheint vorüber zu sein; man nannte das »symmetrische Konflikte«. Den Terrorkrieg, den eine Organisation wie Al-Qaida in der Welt führt, würde man als asymmetrisch bezeichnen. Diese Form des Terrorismus ist durchaus nicht nach rückwärts gewandt und »mittelalterlich«, wie oftmals gesagt wird. Osama bin Ladens Netzwerk ist so modern wie die westliche Welt, gegen die es kämpft. Al-Qaida und andere Gruppen sind Nebenprodukte der Globalisierung, der Auflösung alter nationaler Sicherheiten und der Ausbreitung eines amerikanisch geprägten »demokratischen Kapitalismus« über die ganze Welt. Der falsche Gedanke dabei ist, zu glauben, dass die Umwandlung der Welt durch den kapitalistischen Markt überall den Segen der Demokratie bringen wird und eine einheitliche moderne, das heißt westlich (= amerikanisch) orientierte Welt. Das wird so nicht funktionieren. Selbst wenn die ganze Welt »modern«

wird, so werden die Gesellschaften dadurch nicht »gleicher« werden. Es wird verschiedene Arten von »Modernität« geben. Die Frage dabei ist: Wie kann man unterschiedliche Regierungsformen und Lebensarten, die immer auf verschiedene Weise »modern« sein werden, dazu bringen, friedlich neben- und miteinander zu existieren? Terrorismus muss bekämpft werden, aber es müsste endlich auch verstanden werden, dass er mit militärischen Mitteln allein nicht aus der Welt zu schaffen ist. Es liegt im Wesen dieser neuen Art von »Weltkrieg«, dass kein endgültiger Sieg, für welche Seite auch immer, möglich ist.

An die terroristische Gewalt versuchen sich die bedrohten Staaten unter anderem dadurch anzupassen, dass sie ihre Armeen umgestalten. Schließlich ist es ja die ursprüngliche und eigentliche Aufgabe eines Staates, seine Bürger vor Gewalt zu schützen. Die Bürger haben ein Verlangen nach Sicherheit. Wenn ein Staat das Leben seiner Bürger nicht mehr ausreichend schützen kann, wenden sie sich von diesem Staat ab; er wird nicht lange überdauern. In der Tat sieht es so aus, als ob die Staatenordnung in bestimmten Regionen der Welt gerade dabei ist, zusammenzubrechen. Alle diese instabilen Staaten haben es nicht geschafft, sich wirksam gegen innere oder äußere Angriffe von Rebellen und Terroristen zur Wehr zu setzen. Das hat damit zu tun, dass diese Staaten, oder besser: deren Herrscher, korrupt sind und selber ihre Bevölkerungen terrorisieren. Man muss mit Erschrecken feststellen, dass sich in Afrika, Asien und Teilen Mittelamerikas Staaten gleichsam im Säurebad des andauernden Bürgerkriegs auflösen. Mit der Entstaatlichung der Welt aber geht die Entstaatlichung des Kriegs einher. Clausewitz hatte den Krieg noch strikt dem Staat zugeschrieben. Heute drohen Kriege vor allem dort, wo sich Staaten auflösen beziehungsweise der Gegner kein staatlicher Gegner mehr ist, sondern als Terrorgruppe aus dem Verborgenen zuschlägt.

Der Krieg der Zukunft, so könnte man ohne Übertreibung sagen, ist schon da. Wir in Deutschland spüren davon nur noch nichts. Doch mit den Terroranschlägen von Istanbul, Madrid und London ist er bereits sehr nahe gerückt. Darauf muss sich auch eine militärische Verteidigungsorganisation wie unsere Bundeswehr einstellen; sie wird in zunehmendem Maß auch Polizei- und Geheimdienstfunktionen übernehmen müssen. Noch sträuben sich die verantwortlichen Militärs dagegen; sie wollen ihr vertrautes Bild vom Soldaten nicht aufgeben. Aber sie werden nicht darum herumkommen. Kleine, verdeckt operierende Terrorgruppen bekämpft man nicht wie eine feindliche Armee auf dem Schlachtfeld.

Die Armeen der Welt werden sich also ändern, und das wird sehr rasch vor sich gehen. Viele heutige Waffensysteme, die für herkömmliche Kriege ausgedacht wurden, werden auf dem Schrottplatz landen. Die regulären Streitkräfte der Staaten werden schrumpfen und sich dabei in hochspezialisierte Einheiten aufteilen. Wo es, wie in Deutschland, noch die allgemeine Wehrpflicht gibt, wird das Heer aus Wehrpflichtigen von einem Berufsheer aus »High-Tech-Soldaten« abgelöst werden. Ein Großteil der militärischen Aufgaben wird von privaten Sicherheitsdiensten übernommen werden. Das geschieht ohnehin schon seit dem Ende des »Kalten Kriegs« verstärkt, auch im Zuge der weltweiten Privatisierungswelle von Staatsunternehmen, zu denen man ja das Militär in gewisser Weise auch zählen kann. Irgendwann werden vielleicht sogar die Vereinten Nationen öffentliche Ausschreibungen folgender Art machen: »Die Staatengemeinschaft der UN sucht kurzfristig einsatzbereite Militärfirma zur Behebung eines schwelenden Gewaltproblems in Zentralafrika. Seriöse Angebote an: United Nations, 1 UN Plaza, New York.« Das birgt natürlich gewisse Gefahren, nämlich jene, die schon immer mit dem Söldnertum verbunden waren – und etwas anderes ist ja diese Privatisierung des Kriegsgeschäfts nicht. Der Nationalstaat gibt damit sein Gewaltmonopol auf, auf das er bislang so entschieden gepocht hat. Den Begriff »Söldner« weisen die modernen Militärdienste – so genannte PMC's (»private military companies«) oder PMF's (»privatized military firms«) – natürlich zurück. Sie verstehen sich als professionelle Dienstleister und betonen, dass sie in den seltensten Fällen direkt ins Kampfgeschehen verwickelt sind. Sie bieten ihre Dienste vor allem für die Logistik, also den Nachschub, an oder für den Bereich der militärischen Ausbildung, ebenso für die Konstruktion und Wartung von militärischem Gerät oder von Stützpunkten, dazu Organisation der Verpflegung an der Front, Wäschereidienst, Minensuche und ähnliche »saubere« Aufgaben. Gut, das mag so sein. Aber Söldner bleiben sie trotzdem. Und damit kehrt man heute wieder zu »Kriegern« zurück, die während des größten Teils der Geschichte das Kriegshandwerk bestritten haben. Die besten Krieger hatte in aller Regel jener Staat, der am meisten bezahlen konnte. Gerade dieser Aspekt birgt die Gefahr, dass Kriege in die Länge gezogen werden, weil sie für die Kriegsfirmen ein gutes Geschäft sind.

Weitgehend unbemerkt von der Öffentlichkeit sind solche privaten »Kriegs-Dienste« längst schon in den Krisenregionen der Welt zum Einsatz gekommen. Seit 1975 bildet zum Beispiel die Militärfirma »Vinnell« die Nationalgarde Saudi-Arabiens aus – offiziell für den Schutz der Ölfelder. Ende der neunziger Jahre entschied die südafrikanische Militärgesellschaft »Sandline« den Bürgerkrieg in Sierra Leone zugunsten der geschwächten nationalen Armee. Die drei US-Amerikaner, die im Sommer 2003 in Israel einem palästinensischen Anschlag zum Opfer fielen, waren Angestellte der Sicherheitsfirma »Dyn Corp«, die für die US-Botschaft in Tel Aviv tätig ist. Im endlosen Guerilla- und Drogenkrieg

Kolumbiens sind die unterschiedlichsten »Söldner-Firmen« tätig, teilweise angeworben von Ölfirmen, teilweise im Auftrag des US-Verteidigungsministeriums. Und im Dezember 2003 bot die englische PMC »Northbridge Services« an, Charles Taylor, den ehemaligen Diktator Liberias, aus Nigeria zu holen, wo er nach seinem Sturz untergetaucht war.

In dieser zu beobachtenden »Privatisierung« des Kriegs liegt eine Gefahr. Denn aus der Geschichte weiß man, dass das Auftreten von Söldnern fast immer die Zunahme von besonders grausamer Gewaltanwendung bedeutet hat. Söldner sind von der zivilen Gesellschaft nur noch schwer zu kontrollieren; leicht können sich diese Kriegsspezialisten mit besonderen Kenntnissen und Fertigkeiten in eine brutale Soldateska verwandeln.

Wenn wir sagten, dass Bürgerkriege und »Weltterrorismus« verstärkt an die Stelle des klassischen Kriegs zwischen Staaten treten, so heißt das nicht, dass nicht auch in Zukunft Staatenkriege ausbrechen können. Diese Gefahr besteht so lange weiter, wie es Staaten gibt. Selbst die Gefahr eines großen Weltbrands in Form eines atomaren Kriegs ist mit dem Ende des »Kalten Kriegs« nicht aus der Welt geschafft. Solange es Staaten mit Atomwaffen gibt, ist auch ein Atomkrieg denkbar, zumal wenn man bedenkt, dass Atommächte wie Pakistan oder Indien innenpolitisch nicht die stabilsten Länder sind. Es könnte zudem sein, dass sich schon in naher Zukunft eine neue Macht – etwa China – zur Weltmacht aufschwingt und in aggressiver Weise den USA die Stirn bietet. Das nach dem Zweiten Weltkrieg einsetzende atomare Wettrüsten zwischen den USA und der Sowjetunion führte ja nur deshalb nicht zur Vernichtung der Menschheit, weil trotz aller Feindseligkeiten und Rivalitäten ein Rest von gesundem Menschenverstand und politischer Vernunft wirksam blieb. Heute weiß man allerdings, dass in der Kuba-Krise von 1962 die Welt um Haaresbreite einem Atomkrieg entgangen ist. Was diesen letztlich verhinderte, war wohl nur die Erkenntnis, dass der Gegner auch bei einem gegen ihn gerichteten atomaren Erstschlag noch über genügend Mittel verfügen würde, um vernichtend zurückzuschlagen. Man wusste: wer als Erster losschlägt, geht unweigerlich als Zweiter unter.

Aber was, wenn ein atomar ausgerüsteter Terrorstaat keine Angst davor hat unterzugehen, so wie heute einzelne fanatische Terroristen keine Angst davor haben, ihr Leben in einem Selbstmordanschlag zu lassen? An solchen Fragen erkennt man, wie kompliziert das Problem »Krieg« im 21. Jahrhundert geworden ist. Staatenkrieg, Bürgerkrieg, Terrorkrieg vermischen sich, und das macht Lösungen schwierig. Verschiedene Kriegsformen treffen in unserer Zeit aufeinander und die Grenzen zwischen ihnen verschwimmen. Im Terrorismus und seiner Bekämpfung haben wir es mit staatlich/nichtstaatlichen Kriegen zu tun. Im Irak ging aus einem völkerrechtswidrigen Staatenkrieg zwischen den USA und dem Irak ein staatlich/nichtstaatlicher Terrorkrieg hervor, der leicht in einen Bürgerkrieg einmünden kann. Ähnlich ist die Situation in Afghanistan oder Tschetschenien.

Auf das Problem des Aufeinandertreffens und Verschmelzens von verschiedenen Kriegsformen sucht auch die moderne Rüstungstechnologie die passenden Antworten zu finden. Gefragt sind anpassungsfähige, schnell einsetzbare Truppen, die erfolgreich gegen feindliche Armeen, aber auch gegen kleine, verdeckt operierende Guerilla- und Terrorgruppen einsetzbar sind. Gefragt sind zudem zielgenaue und »intelligente« Waffensysteme, die sich von selbst über eingebaute Flugpläne ins Ziel führen – und das können auch kleine oder tief in der Erde verborgene Ziele sein. Doch allein mit ferngelenkten, computergesteuerten Waffen werden auch die Kriege der Zukunft nicht erfolgreich zu führen sein.

Der moderne Soldat als High-Tech-Kampfmaschine

Statt der großen Waffensysteme rückt der einzelne Soldat immer stärker in den Mittelpunkt des Interesses der Militärplaner. Wie eh und je entscheidet seine Kampffähigkeit über Sieg oder Niederlage. Ohne den »Infanteristen der Zukunft« wird es nicht gehen. Künftige Soldaten müssen viel besser ausgebildet sein und länger geschult werden als heutige. Der Soldat wird sich zu einer »menschlichen Kampf- und Informationsmaschine« wandeln, wie sie uns aus Science-Fiction-Filmen längst vertraut ist. Schon jetzt ist eine moderne Armee mit Informationstechnik vollgestopft, und dieser Trend wird sich fortsetzen. Wenn wir das Internet oder das Navigationssystem im Auto nutzen, denken wir meist nicht daran, dass diese Technologien aus der amerikanischen Rüstungsforschung hervorgegangen sind. Information ist das zentrale Element der künftigen Kriegführung. Während früher Nachrichten über den Verlauf einer Schlacht mit großer Verzögerung eingingen, ja selbst der Ausgang der Schlacht oft lange unklar blieb, werden in Zukunft die Informationen über das Kampfgeschehen bei jedem Soldaten sofort ankommen, ohne Worte, ohne einen Laut, sondern als Text auf dem Minidisplay eines Hochleistungslaptops. Ein taschengroßes Gerät, das jeder Soldat in einer aufklappbaren Brusttasche trägt, »Navipad« genannt, teilt ihm fortwährend und metergenau mit, wo sich die Kameraden seines Trupps gerade befinden. Mit Hilfe eines kleinen Plastiksticks kann jeder Soldat über die Tastatur seines Laptops Bilder der Digitalkamera oder des Nachtsichtgeräts einspielen, die er ebenfalls mit sich führt. Damit wird nicht nur die Kampfkraft der Soldaten erhöht, sondern es verbessert sich auch ihr eigener Schutz, wenn sie zu jeder Zeit über ihre eigene Lage und die ihrer Gegner informiert sind. Der Infanterist der Zukunft wird stets auch ein so genanntes Laserlichtmodul dabeihaben, mit dem sich ein angepeilter Feind unbemerkt markieren lässt. Ein Kampfstoff-Dosimeter zeigt sofort an, wenn sich chemische Kampfstoffe in der Luft befinden. Mit all diesen Geräten sind jetzt schon Spezialeinheiten der modernen Armeen ausgerüstet und bald wird jeder Soldat mit ihnen hantieren.

Der Krieg der Zukunft wird in hohem Maße elektronisch geführt werden und dadurch immer mehr einen virtuellen Charakter bekommen. Die Vernetzung der High-Tech-Krieger untereinander ermöglicht die Erstellung eines »digitalen Schlachtfelds«. Die Kommandeure können so die Schlacht wie ein Computerspiel auf dem Monitor nachvollziehen und über beliebige Entfernungen hinweg lenken. Irgendwann werden alle kämpfenden Einheiten zu Lande, zu Wasser und in der Luft miteinander in Verbindung stehen und in Echtzeit Daten austauschen. Das nennt sich dann »Network Centric Warfare« (»Elektronisch vernetzte Kriegführung«). Selbstverständlich wird auch schon darüber nachgedacht, den zukünftigen Soldaten selbst, genauer: sein Gehirn, mittels Elektroden mit dem Computernetzwerk zu verschalten, ja sogar mit den elektronischen Schaltkreisen von Kampfflugzeugen oder Kampfpanzern. Nur: wenn dem Feind die gleichen technischen Mittel zur Verfügung stehen, wird der Krieg der Zukunft auch nicht leichter zu gewinnen sein. Und auch die Toten und Verwundeten werden in der zukünftigen virtuellen Kriegführung echt sein.

Logischerweise wird sich auch das äußere Erscheinungsbild der zukünftigen Soldaten verändern. Als verlängerter Arm des elektronischen Netzwerks wird er selbst wie eine ferngesteuerte elektronische Kampfmaschine aussehen. So wird die Uniform das Gesicht des Soldaten mit einschließen; einer wird vollkommen dem andern gleichen. Schon jetzt gibt es einen Prototypen dieser lebenden Kampfroboter: er steckt von Kopf bis Fuß in einem kugelsicheren, eng anliegenden, dabei aber nur wenige Millimeter dünnen Material. In dem Moment, da dieser Anzug von einem Geschoss getroffen wird, versteift er sich und wird erst dadurch kugelsicher. An der Innenseite dieser »intelligenten« Kampfhaut überwachen Sensoren ständig die Lebensfunktionen des Soldaten. Gleichzeitig soll der Stoffwechsel eines solchen Superkämpfers mit chemischen Stoffen so verändert werden, dass er eine Woche lang ohne Schlaf auskommen kann. Teile seines Kampfanzugs sind dynamisch, das heißt es sind künstliche Muskeln in ihn eingearbeitet, die die menschlichen Kräfte vervielfachen. So kann der Kämpfer wesentlich schneller laufen und über meterhohe Hindernisse hinwegsetzen, nicht zuletzt auch deshalb, weil er kein schweres Kampfgepäck mehr mitschleppen wird. Der Soldat wandelt sich zum Titanen – und die haben die Götter herausgefordert.

Wenn der Soldat immer mehr zur High-Tech-Kampfmaschine werden wird, drängt sich natürlich die Frage auf, warum man dann in Zukunft nicht gleich mit Kampfrobotern in den Krieg zieht, zumal der Mensch immer fehlbar bleiben wird, auch wenn er noch so sehr mit Computern vernetzt ist. Der Soldat wird auch in Zukunft das schwächste Glied in jedem Kriegsszenario bleiben, eben weil er Mensch ist, das heißt Fehler macht. Die Antwort auf diese Frage ist einfach: Roboter sind, selbst wenn sie hochentwickelt sind, zu wenig flexibel in ihren Handlungsmöglichkeiten. Dennoch wird in den Rüstungsabteilungen der modernen Armeen nach sinnvollen, das heißt »teilselbständigen Roboterkriegern« geforscht. Das Hauptproblem liegt vorerst noch darin, die verschiedenen Module – etwa für die Erfassung der Umgebung oder die Wegplanung – optimal miteinander zu verknüpfen. Fliegende Kampfroboter sind allerdings längst schon im Einsatz, etwa in Form so genannter Drohnen, die ihre Ziele selbständig suchen und zerstören. Geforscht wird zum Beispiel intensiv an insektengroßen Mini-Fliegern, die sich allein mittels Gedankenkraft lenken lassen. Künstliche Hummeln oder Libellen könnten feinste Sensoren für chemische und biologische Kampfstoffe tragen, um solche aufzuspüren, falls der Feind sie einsetzt. Sie könnten die Warnung direkt ins Gehirn der Soldaten funken.

Gewiss, das ist alles noch nicht Wirklichkeit, wird aber mit Sicherheit in einigen Jahrzehnten Wirklichkeit sein. Denn ein ehernes Gesetz der Technologie und der Technik lautet: was machbar ist, wird früher oder später auch gemacht – auf Teufel komm raus!

Die Illusion der »nichttödlichen« Waffen

Auch die Waffensysteme werden in einigen Jahrzehnten grundlegend andere sein als heute. Die Tendenz dabei lautet in der Sprache der Militärs: wirkungsvolle »Mini-Bombe«. Das Wörtchen »Mini« vertuscht, dass es sich dabei um präzisionsgesteuerte atomare »Bunkerbrecher« und um »Mini-Nukes« handelt. Unter Letzteren muss man sich Atombomben mit einer Sprengkraft von unter 5000 Tonnen TNT – weniger als ein Drittel der Hiroshima-Bombe – vorstellen. (»TNT« ist die Abkürzung für den herkömmlichen Sprengstoff Trinitrotoluol). Während die bisherigen Atom- und Wasserstoffbomben ganze Landstriche entvölkern können und im »Kalten Krieg« allein der Abschreckung dienten, sollen die »Mini-Bomben« einen begrenzten Atomkrieg praktisch führbar machen. Zu diesen »Mini-Atombomben« zählt im Prinzip auch die so genannte Neutronenbombe, die es allerdings schon seit etwa dreißig Jahren in den Waffenarsenalen der Atommächte gibt. Dabei handelt es sich um kleine Wasserstoffbomben mit »geringer« Sprengkraft, aber extrem hoher Neutronenstrahlung. Neutronen sind ungeladene Teilchen des Atomkerns, die die ganze

Molekülstruktur organischen Gewebes zerstören. Eine solche Bombe tötet alles Leben im Umkreis von etwa 1500 Metern, verschont aber Gebäude, Straßen oder Waffen. Sie galt der Friedensbewegung als Symbol für die »Perversion des Denkens«. Allerdings kann man das letztlich von allen modernen Waffen sagen.

An die Umkehrung der Wirkung von Neutronenbomben wird natürlich auch längst gedacht: Waffen, die Leben schonen, dafür aber alle Arten von Material wie Plastik, Metall, Asphalt oder Beton zerstören. So forscht man in den Labors für biologische Waffen nach Mikroben, die Beton oder Metall zersetzen und auf diese Weise die gegnerischen Kampfmittel regelrecht auffressen. Andere wiederum würden Treibstoff in eine Art Gelee verwandeln. Die Gefahr bei allen biologischen Waffen, egal, ob sie sich gegen den Menschen oder gegen das Material richten, ist die unkontrollierte Ausbreitung der Mikroben, weshalb sie durch die B-Waffen-Konvention von 1972 weltweit geächtet sind. Doch dieses Abkommen gilt als »Papiertiger«, weil es keine Kontrollen und Sanktionen bei Verstößen vorsieht.

Intensiv geforscht wird in den USA auch an den Möglichkeiten eines so genannten Cyberwar. Dabei sollen gezielt feindliche Computernetzwerke angegriffen werden, um Radarsysteme, Strom- oder Telefonnetze lahm zu legen. Weitgehend unkontrollierbar sind dabei die Folgen für die Zivilbevölkerung, wenn man bedenkt, dass Computer bei der Überwachung und Steuerung von Atomkraftwerken, Krankenhäusern oder Flughäfen unersetzlich sind.

Wachsende Bedeutung bekommen in der Kriegsforschung Waffen, die den Gegner nicht töten, sondern lediglich kampfunfähig machen. »Non lethal-weapons« (»nichttödliche Waffen«) heißen sie. Mit ihnen wollen die Militärs auch in Konflikte eingreifen können, die noch unterhalb der Schwelle zu einem »richtigen«

Krieg liegen, also etwa Aufstände, bei denen es darum geht, aufgebrachte Menschenmassen auf Distanz zu halten und zu zerstreuen. Dafür wurde zum Beispiel der so genannte Infraschall entwickelt; er ruft massive Gleichgewichtsstörungen beim Menschen hervor. Bereits im Polizeieinsatz sind Reizgase, die den Gegner vorübergehend außer Gefecht setzen. Gedacht wird auch an technische Neuerungen, die den Gegner schrecken, peinigen, ekeln oder betäuben sollen. Erforscht werden Schäume, Klebnetze und Klebstoffe, die als Barrieren wirken, Fahrzeuge am Boden festkleben lassen oder Gegner fesseln, Geräte, die den Gegner mit Druckwellen, Lichtblitzen und Mikrowellen traktieren, oder spezielle Chemiewaffen, die den Verstand verwirren, Übelkeit erzeugen oder in Angst versetzen. »Folterknechte in weißen Kitteln« haben Kritiker die Entwickler solcher Kampfmittel genannt und gleichzeitig betont, dass sie diese als harmlos ausgegebenen Waffen für getarnte Killer halten. Ist man bei ihrem Einsatz zu vorsichtig, wirken sie nicht; ist man zu forsch, droht ein Desaster. Als Beispiel wird das Geiseldrama im Oktober 2002 in einem Moskauer Musical-Theater angeführt. Dieses habe gezeigt, dass die Befehlshaber beim Einsatz solcher Waffen im Zweifel stets »auf Nummer Sicher« gehen. Präsident Putin ließ nicht nur eine gefährliche Gasmischung ins Theater einleiten, deren Hauptbestandteil vermutlich Carfentanyl war, eine Substanz, mit der man sonst Elefanten in Zoos betäubt, sondern er erlaubte auch eine extrem hohe Dosis des Narkosegases. So sollten die tschetschenischen Rebellen innerhalb von Sekunden nicht mehr zur Gegenwehr in der Lage sein. Doch damit war die »sanfte« Chemiewaffe ebenso tödlich wie eine Bombe.

Ähnliches gilt für eine neuartige Mikrowellen-Waffe, die unerträgliche Verbrennungsschmerzen auslöst, so dass getroffene Gegner sofort die Flucht ergreifen. Wird jemand aber zu lange oder zu intensiv bestrahlt, drohen schwere körperliche Schäden und der Tod. »Active Denial Technology« (ADT) nennt man diese Waffe, was so viel heißt wie »aktive Zurückweisungs-Technologie«, oder besser: »aktive Zugangssperre«. Dabei handelt es sich ebenfalls um eine »nichttödliche« Waffe, die das gleiche Prinzip wie ein Mikrowellenherd nutzt, nur mit dem Unterschied, dass die gefährliche elektromagnetische Energie nicht im Ofen bleibt, sondern, in einem Strahl gebündelt, bis zu 1000 Meter weit geleitet werden kann. Die Wirkung wird so beschrieben: »Der Schmerz trifft dich wie ein Schlag. Du siehst nicht, woher er kommt. Du verstehst nicht, was ihn verursacht. Du weißt im ersten Moment nicht einmal genau, was du fühlst – nur, dass es unerträglich ist. Noch bevor der erste Schmerzensschrei aus deiner Kehle dringt, bist du auf der Flucht. Das geht unwillkürlich; Panik und Pein brechen deinen Willen schneller, als du Luft holen kannst. Du zuckst zurück, rennst weg, schmeißt dich zu Boden. Und erst allmählich dämmert dir, dass dich gerade eben irgend etwas verbrannt hat. (…) Erstaunlicherweise blieb deine Haut unverletzt, aber der Schmerz hat sich tief in dein Hirn eingebrannt.«

Nun könnte man natürlich sagen, dass Waffen, mit denen kein Blut vergossen wird, besser sind als solche, die töten. Das ist richtig – und dabei doch falsch. Mal davon abgesehen, dass die Grenze zwischen »tödlich« und »nichttödlich« ohnehin fließend ist, werden die »nichttödlichen« Waffen ja nicht als Alternative zum tödlichen Handwerkszeug entwickelt, sondern als deren Ergänzung. »Nichttödliche Waffen« können zusammen mit tödlichen Waffensystemen genutzt werden, um beider Wirksamkeit zu verbessern. ADT-Waffen wurden nicht entwickelt, um sie als eine Art von elektronischem Wasserwerfer gegen Demonstranten einzusetzen. Dafür investiert man nicht über Jahrzehnte hinweg Forschungsgelder. Viel interessanter ist, dass man mit diesen Waffen feindliche Soldaten aus ihren Deckungen jagen kann, womit sie frei zum Abschuss für die eigenen Truppen sind. Dabei ist es in Kriegen ohnehin so: wenn es hart auf hart geht, wird scharf geschossen und nicht mit Netzen geworfen, auch nicht mit chemischen Netzen.

Die beschriebenen »nichttödlichen Waffen« werden vor allem die Arsenale der Industrienationen erweitern, denn die teure Rüstung für einen Krieg der Zukunft muss sich ein Staat auch leisten können. Vor allem in den USA forschen Wissenschaftler nach zukünftigen Kriegstechnologien, die dem Land seine Stellung als alleinige Weltmacht sichern sollen. Geplant ist der »perfekte« Krieg, und damit ist ein Krieg gemeint, der unter den eigenen Soldaten und der eigenen Zivilbevölkerung kaum noch Opfer fordert. Wahrscheinlich aber wird es so sein, dass man die meisten Kriege der Zukunft nicht viel anders führen wird als heute, da sie sich in Ländern ereignen werden, die an dieser Kriegswaffen-Forschung wegen Armut nicht teilnehmen können. In den Krisengebieten Afrikas wird man auch in Zukunft mit Holzknüppeln, Macheten und leichten Schnellfeuerwaffen aufeinander losgehen; die Soldaten werden barfuß oder in Gummistiefeln daherkommen. Und diese Kriege werden Bürgerkriege sein.

Die atomare Bedrohung besteht weiterhin

Nun könnte der Eindruck entstanden sein, dass mit der Entwicklung all dieser neuen Waffen die alten kein Thema mehr sind. Aber so ist es nicht. Im Gegenteil: in jüngster Zeit sind auf einmal wieder die Atomwaffen im Gespräch. Offiziell gibt es ja nur fünf Atommächte: USA, Russland, Frankreich, Großbritannien und China. Sie wurden im Atomwaffensperrvertrag von 1970 als solche anerkannt. Die Fünf verpflichteten sich damals, ihre Arsenale an Atomwaffen baldmöglichst völlig abzubauen. Alle übrigen Staaten der Erde müssen auf Nuklearwaffen verzichten, soweit sie den Vertrag unterzeichnet haben. Das haben aber nicht alle Staaten der Erde. Und so verschafften sich in der Folgezeit Israel, Indien und Pakistan die Atombombe. Dennoch wird der Vertrag noch heute als Erfolg gewertet. Man schätzt, dass ohne ihn nicht acht, sondern dreißig bis vierzig Staaten Atomwaffen besitzen würden. Ein neunter Staat, Nordkorea, ist gerade dabei, die Bombe zu bauen; womöglich hat er sie bereits.

Die Anzahl der weltweit vorhandenen Atombomben ist erschreckend. Sie würde ausreichen, die Menschheit gleich mehrmals auszurotten. Allein in Russland sollen noch immer ca. 16 800 Atomwaffen lagern, in den USA ca. 10 000. China soll 410 Stück davon haben, Frankreich 350, Großbritannien 200, Israel ca. 100, Indien ca. 70 und Pakistan 44. Die Situation ist aber weniger wegen der großen Zahl vorhandener Atomwaffen beunruhigend, sondern wegen der Tatsache, dass politisch instabile oder aggressive Staaten wie Pakistan, Nordkorea und Iran sie besitzen oder versuchen, sie zu bauen. Hinzu kommt, dass die offiziellen Atommächte vom Tugendpfad der Abrüstung gerade wieder abzukommen scheinen. So entwickeln die USA neuartige Mini-Atombomben, die gegen tief unter der Erde liegende Ziele eingesetzt werden sollen, etwa gegen Kommandozentralen von Terrorgruppen oder unterirdische Bunker mit Massenvernichtungswaffen. Man schätzt, dass es weltweit etwa 10 000 unterirdische Militäranlagen gibt. Herkömmliche Bomben sind gegen sie wirkungslos. Die Kritiker der Mini-Atombomben fürchten, dass mit diesen Waffen ein atomarer Krieg wieder führbar wird und damit auch wahrscheinlicher. Zudem könnte die Forschung an diesen Waffen zu einem neuen Wettrüsten zwischen den Atommächten USA,

Russland und China führen. Russland hat in der Tat sofort auf die Forschungsprojekte in den USA reagiert und arbeitet nun seinerseits an neuartigen atomaren Waffensystemen. Daran kann man sehen, dass das Misstrauen zwischen den Supermächten weiterhin sehr groß ist.

Eine Welt ohne Atomwaffen liegt also noch in weiter Ferne, obwohl die USA und Russland im Jahre 2002 mit großem Pomp einen wichtigen Abrüstungsvertrag unterzeichnet hatten. Darin verpflichteten sich beide Staaten, bis zum Jahre 2012 ihr Arsenal an strategischen Atomwaffen auf jeweils höchstens 2200 Sprengköpfe zu verringern. Doch dieser Vertrag war von Anbeginn faul: er sah nur den »Abbau« der Sprengköpfe vor, aber nicht deren ausdrückliche Vernichtung. Am Ende werden sie nur eingelagert, um bei Bedarf schnell wieder aktiviert werden zu können. Wie es aussieht, wird die Menschheit noch auf unabsehbare Zeit mit der atomaren Bedrohung leben müssen. Dass wir uns an sie gewöhnt haben, bedeutet nicht, dass sie weniger gefährlich ist.

Die Zukunft des Kriegs, das hat dieses Kapitel gezeigt, hat längst begonnen – und es ist eine äußerst bedrohliche Zukunft. Die Industrieländer, voran die USA, unternehmen gewaltige Anstrengungen in Forschung und Technologie, um Waffen mit noch durchdringenderer Wirkung zu entwickeln. Die Waffen werden dabei immer »intelligenter«, das heißt sie suchen ihre Ziele weitgehend selbständig. Mag sein, dass in ferner Zukunft die Kriege nur noch mit Kampfrobotern geführt werden. Doch die Opfer werden wie eh und je Menschen sein.

9. KAPITEL

Der Krieg und der Frieden

Dieses abschließende Kapitel wird, so fürchte ich, etwas dürftig ausfallen. Denn im Vergleich zur Kriegsforschung, die in den Industrieländern mit gewaltigen Geldsummen betrieben wird, muss die Friedensforschung sich weltweit mit bescheidenen Mitteln zufrieden geben. Mit Frieden kann man keine Gewinne machen, mit Krieg umso besser. Hinter Kriegen stecken fast immer wirtschaftliche Interessen, man könnte auch sagen: Kriege sind »Kämpfe um den Futterplatz«. Auf diesem Futterplatz geht es um Land, Bodenschätze und Märkte.

Natürlich können Kriege auch aus anderen Gründen ausbrechen, aber es kommt nur selten vor, dass es dabei nicht auch um materielle Güter geht. Das zeigt sich nicht zuletzt an den Friedensschlüssen: der Verlierer wird kräftig zur Kasse gebeten oder muss Land abtreten und seine Handelsaktivitäten einschränken.

Die Zukunft des Kriegs, so zeigte das vorangegangene Kapitel, scheint gesichert zu sein. Damit erübrigt sich eigentlich die Frage, wie es um die Zukunft des Friedens bestellt ist. Schlecht. Das gilt allerdings nicht für die Welt an sich. In den meisten Regionen der Erde herrscht ja Frieden. Die Krisenregionen liegen, wie wir gesehen haben, vor allem in Afrika und Asien. In Europa ist derzeit (Februar 2005) kein Krieg, aber nur, weil auf dem Balkan eine massive Präsenz von UN-Friedenstruppen für Ruhe sorgt, darunter auch deutsche Truppen. In diesem Fall kann man sagen, dass

Soldaten nicht den Krieg bringen, sondern den Frieden sichern oder zumindest einen Waffenstillstand gewährleisten. Und genau das sollte für die Zukunft die Hauptaufgabe des Militärs sein: Frieden sichern und Frieden schaffen, wo alles andere, etwa die Diplomatie, nicht funktioniert. Das heißt natürlich nicht, dass die Arbeit der Politiker damit überflüssig wird. Denn streng genommen ist auf dem Balkan nicht Frieden geschaffen worden, sondern nur Gewaltfreiheit auf Zeit. Das Militär kann die politische Arbeit nicht ersetzen. Militär kann nur Militärisches leisten.

Man sollte sich nicht dem falschen Glauben hingeben, dass die Abschaffung des Militärs den Frieden in der Welt bringen würde. So widersinnig es sich auch anhört: der Frieden wird ohne Militär nicht zu haben sein. Man muss die Sache mit dem Frieden ganz nüchtern und illusionslos sehen: die Welt ist so, dass man den Frieden in ihr zum Teil mit gewaltsamen Mitteln durchsetzen muss. Streitkräfte wie unsere Bundeswehr müssen auf Bedrohungen schnell reagieren können, und deshalb werden sie in Zukunft nicht mehr ausschließlich zur Landesverteidigung da sein. Daraus ergibt sich für die Bundeswehr eine zwingende Schlussfolgerung: sie muss in eine kleinere, aber dadurch beweglichere Berufsarmee umgewandelt werden. Die allgemeine Wehrpflicht ist ein Überbleibsel des »Kalten Kriegs«. Sie war nötig, um als Massenheer einem Angriff aus dem Osten wenigstens eine Zeit lang widerstehen zu können. Aber das ist nicht mehr nötig. Den Auftrag der Landesverteidigung wird die Bundeswehr in Zukunft nahezu ausschließlich im Ausland zu erfüllen haben, etwa bei Friedensmissionen. Aus der alten, ohnehin veralteten Landesverteidigungsarmee wird innerhalb eines Jahrzehnts eine schlagkräftige Kampftruppe für den Auslandseinsatz werden. Die so genannte Streitkräftebasis, also das Rückgrat der Bundeswehr, wird freilich weiter im Land bleiben.

Mit Pazifismus allein ist der Frieden nicht zu erhalten. Jeder pazifistische Staat wäre den nichtpazifistischen Staaten auf Gedeih und Verderb ausgeliefert, weshalb es auch noch niemals in der Menschheitsgeschichte einen pazifistischen Staat gegeben hat. Von dem SPD-Politiker und Friedensforscher Egon Bahr stammt der treffliche Satz: »Ich bin in dem Augenblick Pazifist, in dem der Rest der Welt auch pazifistisch ist.« Krieg und Gewalt sind abzulehnen, wo sie dem Angriff dienen. Aber es gibt ein Recht auf Selbstverteidigung durch Gewalt, und es gibt die Pflicht zur Friedenssicherung auch mit militärischen Mitteln. Allerdings muss man erkennen, dass mit militärischen Mitteln nicht immer alle Ziele zu erreichen sind, wie man am Irak-Krieg sehen kann. Wenn der Friedenssicherung ein völkerrechtswidriger Angriffskrieg vorausgeht, wie im Irak geschehen, wird es schwierig, in dem besetzten Land politische Stabilität und soziale Sicherheit zu erreichen.

Wenn man sich die Welt anschaut mit all ihren Konflikt- und Krisenherden, die jederzeit zu Bürger- oder sogar Staatenkriegen führen können, so fragt man sich, ob es der Menschheit jemals gelingen wird, einen dauerhaften Weltfrieden zu erlangen. Diese Vision kommt einem geradezu einfältig vor. Viele kluge Köpfe haben sich zur Utopie des »ewigen Friedens« Gedanken gemacht, aber gefruchtet haben sie bis heute nicht. Es ist bezeichnend, dass der Philosoph Immanuel Kant (1724–1804) den Titel seiner berühmten Schrift »Zum ewigen Frieden« (1795) selbst nicht so ganz ernst genommen hat. Denn mit dem »ewigen Frieden«, das wusste auch Kant, ist eigentlich der Tod gemeint. Dennoch war Kant davon überzeugt, dass eine auf der sittlichen Freiheit begründete Politik zwangsläufig auf den Frieden zustreben müsse. Eine solche freiheitliche Staatspolitik wäre die Krönung aller praktischen Vernunft: weil Frieden das absolute Gebot jeder praktischen Vernunft ist. Eine praktische politische Vernunft ist aber allein auf dem Boden einer freiheitlich-demokratischen Staatsordnung mög-lich. Die Demokratie ist das stärkste Fundament zur Verhinderung von Kriegen. Und umgekehrt gilt: Diktaturen sind das mächtigste Fundament zur Verhinderung von Frieden. Denn wie der Krieg, so ist auch die Diktatur ein Ergebnis praktischer Unvernunft. Ja man kann sogar sagen: Diktatur *ist* Krieg.

Frieden und Demokratie lassen sich nicht voneinander trennen, was nicht heißt, dass der Frieden sich automatisch einstellt, wo demokratische Verhältnisse herrschen. Es ist zwar richtig, dass Demokratien die eigene Bevölkerung nicht unterdrücken, aber im internationalen System verhalten sie sich manchmal auch nicht viel besser als Diktaturen, wie man in jüngster Zeit am Beispiel der USA beobachten kann. Einem Land (Irak) den Krieg zu erklären, um ihm die Demokratie zu bringen, ist ein Widerspruch in sich, denn Demokratie soll ja den Frieden bringen, nicht den Krieg.

Zum Frieden gehören friedliche Bürger. Denn letztlich sind Kriege nur möglich, wenn die Menschen sich dafür hergeben oder sich gar für sie begeistern. Wenn die Menschen keinen Krieg wollen, dann gibt es auch keinen. Dieser demokratische Wille zum Frieden muss allerdings geschult werden; er fällt nicht vom Himmel. Geschult werden muss er in den demokratischen Institutionen Familie, Schule, Kirche, dann in den Parteien, Vereinen, den Wirtschaftsunternehmen und Kulturbetrieben. Es muss von daher nicht verwundern, dass Kants Schrift »Zum ewigen Frieden« von der Preußischen Geheimen Staatspolizei verboten wurde. Der preußische Staat wollte sich seine kriegerische Energie nicht von einem Philosophen schwächen lassen. Absolutistische, auf eine Militärmacht sich stützende Herrscher sind am Frieden nicht ernstlich interessiert. Nichts fürchten sie mehr, als dass das Volk irgendwann keine Lust mehr auf den Krieg hat. Verdächtig waren dem preußischen Militärstaat nicht nur Kants unbedingte Friedensliebe und seine Ablehnung des Militarismus, sondern ebenso sein begeistertes Eintreten für ein Weltbürgertum – und ein Weltbürgerrecht –, das gegen den Nationalismus, diese aggressive Vaterlandsliebe, gerichtet war. In logischer Konsequenz lehnte Kant auch jede Form von Kolonialismus ab. Und nicht zuletzt hielt Kant als Aufklärer auch Distanz zur christlichen Religion, die von jeher ein inniges Verhältnis zum Krieg gehabt hat, obwohl sie selbst den Frieden auf Erden verkündet.

Die Utopie des Weltfriedens

Nun sind seit Kants »ewigem Frieden« 200 Jahre vergangen, und es stellt sich die Frage, ob der berühmte Vernunft-Philosoph nicht an der ewigen Unvernunft und dem ewigen Hass der Menschheit gescheitert ist. Immerhin – die Welt schuf nach dem Ersten Weltkrieg den Völkerbund, der ja eine Idee Kants gewesen ist. Doch auch der Völkerbund konnte den Zweiten Weltkrieg nicht verhindern. Nach 1945 wurden die Vereinten Nationen (UN) gegründet, aber auch sie konnten so schreckliche Kriege wie die in Korea, Vietnam oder Afghanistan nicht abwenden. Dennoch sollte man Kants Utopie nicht als erledigt betrachten und zu den Akten legen, im Gegenteil: man sollte sie weiterdenken. Denn Kant hatte zwar ein Weltbürgertum eingefordert, aber die Rechte des einzelnen Bürgers dabei ausgeblendet. Und das ist im heutigen Selbstverständnis der Vereinten Nationen im Grunde immer noch der Fall. Sie verstehen sich als eine Gemeinschaft von Staaten, aber noch nicht als Gemeinschaft von Welt-Bürgern mit Welt-Bürgerrechten. Das Völkerrecht ist noch zu sehr ein bloßes Recht der Völker, aber keines des einzelnen Bürgers. Es ist Zeit für eine »Weltinnenpolitik«, in der sich die Völkergemeinschaft moralisch verpflichtet fühlt, unterdrückten und verfolgten Menschengruppen zu Hilfe zu eilen, auch wenn dadurch die Souveränität eines Staates verletzt werden müsste. Diese »Weltinnenpolitik« führte dann notwendigerweise zu einer »Weltpolizei«, mit der sich zum Beispiel der internationale Terrorismus viel wirkungsvoller bekämpfen ließe als jetzt, da jeder Staat mehr oder weniger auf sich allein gestellt ist.

Das ist vorerst leider nur Theorie. So bleibt der Weltfrieden weiterhin eine Utopie – zweifellos die schönste aller Utopien. Hinter der Utopie des »ewigen Friedens« verbirgt sich das Streben nach einer einheitlichen Organisation des gesamten Menschengeschlechts. Allein eine umfassende Macht, eine demokratische Weltregierung, könnte den Bestand des allgemeinen Völker- und Bürgerfriedens gewährleisten. Eine solche Weltregierung ist noch nicht in Sicht, ja schon die Arbeit an einer europäischen Regierung ist schwierig genug.

Krieg wird auch weiterhin in vielen Regionen der Welt der »Normalzustand« sein. Die Kriegsursachen-Forschung befasst sich mit der Frage, warum das so ist. Dabei wird streng zwischen »Krieg« und »Konflikt« unterschieden. Krieg ist eine besondere Form, Konflikte auszutragen. Der Krieg ist die brutalste Willensäußerung in der Welt des Politischen, oder anders: der Krieg ist die Bankrotterklärung des Politischen. Im Krieg versucht eine Gruppierung, ihre Ziele oder Interessen gegen eine andere Seite mit organisierter Waffengewalt durchzusetzen. Einem Krieg geht also meistens ein Konflikt voraus. Das muss aber nicht sein. Kriege können auch ohne Konflikte ausbrechen. Der Zweite Weltkrieg hatte eine einzige Ursache, wie wir gesehen hatten: Hitler wollte ihn, plante und entfesselte ihn.

Es gibt unzählige Ursachen für Kriege, wobei die Forschung noch weit davon entfernt ist, sie alle zu erkennen, zu verstehen, in ein System zu bringen und allgemeine Gesetze für die Entstehung von Kriegen aufzustellen. Selbst die Ursachen einzelner Kriege sind bis heute unter den Forschern umstritten. Das gilt zum Beispiel auch für den Ersten Weltkrieg. Eins steht allerdings fest: Kriege brechen nicht einfach irgendwie aus, so wie Seuchen, sondern sie werden bewusst von einzelnen Machthabern oder gesellschaftlichen Gruppen angezettelt und entfesselt. Oft kennen jene, die in den Krieg ziehen und auf den Schlachtfeldern leiden müssen, gar nicht die wahren Gründe und Ziele, für die sie kämpfen. Dem einzelnen Soldaten fehlt in der Regel ein persönliches Interesse am Krieg. Deshalb muss man ihn mit höchsten Ehrungen oder Versprechungen locken – bis hin zu dem Versprechen, dass ihn der Heldentod direkt ins Paradies führen werde.

Aber wie sieht nun die Vielfalt der Kriegsursachen aus, von der weiter oben die Rede war? Schaut man sich die 222 Kriege an, die seit 1945 geführt worden sind (Stand Februar 2004), so fällt als Erstes auf, dass 93 Prozent von ihnen in der »Dritten Welt« stattfanden; die meisten von ihnen waren innerstaatliche Kriege. Daraus kann man schließen: die Kriegsgefahr ist umso größer, je instabiler die politischen Verhältnisse und je ärmer die Menschen sind. Der Krieg gedeiht besonders gut auf kargem Boden, jenem von Armut und Despotie. Das heißt aber nicht, dass wohlhabende Nationen weniger gewaltbereit wären. Erstaunlicherweise wird die Rangfolge jener Staaten, die seit 1945 an den meisten Kriegen beteiligt waren, von Großbritannien angeführt. Das hat freilich mit dem riesigen britischen Kolonialreich zu tun, dessen Auflösung mit Kriegen einherging. Betrachtet man allein die vergangenen vier Jahrzehnte, so liegen die USA vorn, die als Weltmacht den Drang verspüren, sich militärisch in ärmeren Regionen der Welt einzumischen, wobei der Hauptgrund darin liegt, ihre Einflusssphären auf dem Globus zu sichern. An dieser Stelle sei noch einmal erwähnt, was wir schon wissen: dass der Krieg selbst nur auf der Basis von Rohstoffen geführt werden kann, weshalb die »ewigen« Krisenherde der

Welt meist dort zu finden sind, wo wertvolle Rohstoffe reichlich vorkommen. Das gilt für den Nahen Osten, für die rohstoffreichen Länder Afrikas und in besonderem Maße auch für die Region rings um das Kaspische Meer. Dort bilden ethnische, nationale und wirtschaftliche Interessen ein hochexplosives Gemisch.

Dieses wird vor allem auch deshalb so brisant, weil die westlichen Industrieländer – und neuerdings auch China – ihre ganze Lebensweise auf den Faktor Öl bauen. Die durch das Auto bedingte Sucht nach Erdöl hat zum Beispiel die USA abhängig gemacht von meist despotisch regierten Förderländern wie Saudi-Arabien. Eine solche Abhängigkeit bestand auch zum Irak Saddam Husseins, was schließlich zu den beiden Irak-Kriegen geführt hat. Deren Hauptmotiv bestand darin, den freien Transport von Erdöl in die USA und nach Europa zu sichern. Die Regierung des amerikanischen Präsidenten Bush befürwortet eine Politik der »maximalen Ausbeutung« aller Ölquellen, besonders jener im Nahen Osten. Gleichzeitig lehnt sie den sparsamen Umgang mit Energie ab, ebenso die Suche nach alternativen Energiequellen. So entsteht zwangsläufig eine gefährliche Beziehung zwischen Öl und Gewalt. Diese wird sich in den kommenden Jahren mehr und mehr verschärfen, da der rare, weil nicht erneuerbare Rohstoff Erdöl langsam zur Neige geht, während die Nachfrage – etwa eines Riesenlands wie China – rasant zunimmt.

Dennoch, so betonen die Kriegsursachen-Forscher, kann man mit den Rohstoff- und Profitinteressen der Industrieländer die Kriege nach 1945 allein nicht erklären. Es kommt noch etwas anderes hinzu: die reichen Länder des Westens üben weltweit einen gewaltigen Modernisierungsdruck auf die weniger entwickelten Länder der »Dritten Welt« aus und zwingen sie zu radikalen Umbrüchen. Der Westen exportiert nicht nur seine Waren, sondern drängt der »Dritten Welt« auch seine Wirtschaftsform, seine gesellschaftliche Ordnung und seine bürgerlichen Werte und Ideale auf. Daran drohen viele Länder der »Dritten Welt« zu zerbrechen; es entzünden sich in ihnen Bürgerkriege, und zwar vor allem dort, wo die Reibungen zwischen den westlichen Neuerungen und den Traditionen zu stark sind oder wo ein gesellschaftliches Vakuum entsteht, weil das Alte schon zerstört ist, die modernen Formen aber noch nicht funktionieren. Gewiss, diese Situation muss nicht automatisch zum Krieg führen, denn schließlich gibt es auch arme Länder, in denen trotzdem Frieden herrscht. Es muss also noch etwas anderes hinzukommen, damit die Lage kritisch wird: zum Beispiel ethnische oder religiöse Spannungen innerhalb der Gesellschaft. Dann können sich die Verhältnisse zur Krise verschärfen und urplötzlich ins Kriegerische umschlagen. Das kann bis zum Völkermord gehen.

In Zukunft, so vermuten die Kriegsursachen-Forscher, könnte auch die Umwelt zum Kriegsgrund werden, genauer: die rapide sich verschlechternden Umweltbedingungen überall auf der Welt. Zum Beispiel könnte in manchen Regionen der Erde das Trinkwasser so knapp werden, dass Staaten mit Gewalt darum kämpfen, um weiter existieren zu können. Dieses Problem kann vor allem dort auftreten, wo ein Land am Oberlauf eines großen Flusses so viel Wasser entnimmt oder verschmutzt, dass für die flussabwärts gelegenen Staaten kein brauchbares Wasser mehr übrig bleibt. Diese Situation könnte in absehbarer Zeit am Euphrat (Türkei, Syrien, Irak), am Jordan (Syrien, Libanon, Israel, Jordanien, Palästina) und am Nil (Äthiopien, Sudan, Ägypten) auftreten, aber auch in einigen zentralasiatischen Staaten der ehemaligen Sowjetunion. Sollten sich die klimatischen Verhältnisse auf der Erde dramatisch zum Schlechten verändern, wofür schon jetzt einiges spricht, könnte der Klimawandel ebenfalls zur Kriegsursache werden. Das sieht inzwischen sogar das US-Verteidigungsministerium so. In einer Studie kommt es zu dem Schluss, dass Klimaveränderungen weitaus größere Kriegsgefahren bergen als der internationale Terrorismus. »Rasche Klimaveränderungen«, so heißt es in der Studie, »könnten die Welt an den Rand der Anarchie bringen, weil betroffene Staaten ihre schwindenden Nahrungs-, Wasser- und Energiereserven womöglich mit nuklearer Aufrüstung zu verteidigen versuchten …« Europa und die USA könnten zu regelrechten Festungen ausgebaut werden, um Millionen von Menschen abzuwehren, die aus ihren umweltzerstörten Ländern herbeiströmen. Ein katastrophaler Energie- und Wassermangel könnte die Welt schon in den kommenden Jahrzehnten in weit verbreitete Kriege stürzen.

Was schließt man aus solch düsteren Vorhersagen? Nun, ganz einfach: dass eine gesunde Umwelt ein guter Nährboden für den Frieden ist. Verwüstete Länder bringen die entwurzelten Menschen dazu, gegeneinander ums Überleben zu kämpfen. Das sieht auch die afrikanische Umweltschützerin Wangari Maathai so, die im Jahre 2004 den Friedensnobelpreis bekam: »Mit dem Pflanzen von Bäumen säen wir auch eine Saat des Friedens«, meint sie. Die von ihr in Kenia gegründete »Grüngürtel-Bewegung« hat seit 1977 dreißig Millionen Bäume gepflanzt, um der Zerstörung der afrikanischen Urwälder entgegenzuwirken. Wie richtig diese Erkenntnis ist, zeigen nicht nur die zunehmenden Landkonflikte in Kenia, Äthiopien oder Uganda. Auch in den grausamen Bürgerkriegen im Sudan oder im Kongo geht es nicht zuletzt um immer knapper werdende Lebensgrundlagen wie Wasser, Acker- und Weideland.

Im Herbst 2004 legten die Vereinten Nationen (UN) eine erste umfassende Sicherheitsstrategie für die Weltgemeinschaft vor, in die die Erkenntnisse über Kriegsursachen Eingang fanden. Ausgangspunkt der Analyse ist ein neuer Bedrohungsbegriff: Gefahren für die internationale Sicherheit gehen nicht mehr nur von aggressiven, kriegslüsternen Staaten aus. Weit bedrohlicher sind die zunehmende Armut in der Welt, Seuchen wie Aids, die eben schon erwähnten Umweltzerstörungen, die Verbreitung von Massenvernichtungswaffen und organisierte, international operierende Verbrechersyndikate. Zum ersten Mal wird von der UN auch der Begriff »Terrorismus« allgemein gültig definiert: Terrorismus ist »gegen Zivilisten gewandte Gewalt, um Staaten zu erpressen oder Bevölkerungen einzuschüchtern«. Damit würde zum Beispiel der bewaffnete Kampf der Palästinenser gegen Israel künftig nicht mehr als Widerstand gegen eine Besatzung gelten, sondern als Terrorismus. Auch wird in dem UN-Papier nicht mehr zwischen »weichen Gefahren« (Armut) und »harten Gefahren« (Terror) unterschieden, da sowieso alle Bedrohungsarten irgendwie miteinander zusammenhängen. Armut kann zu Terror führen, Terror kann ganze Regionen in Armut stürzen. »Armut«, so liest man, »ist so gefährlich wie Massenvernichtungswaffen.«

Die Waffe als Friedensmittel

Dabei müsste die Menschheit längst wissen, dass der Krieg kein besonders erfolgreiches Mittel zur Durchsetzung eigener Interessen ist. Nur zwanzig Prozent aller gewaltsamen Konflikte enden mit dem Sieg des Angreifers. Und in zwei von drei Fällen ist die Lage nach dem Krieg genauso wie vor dem Krieg. Kurzum: Krieg lohnt sich nicht. Aber nun gehört es auch zum Wesen des Menschen, Dinge zu tun, die sich nicht lohnen, ja, die wider alle Vernunft sind. Diese »Menschendummheit« ist zeit- und grenzenlos und sie passt vortrefflich zum urmenschlichen Bedürfnis nach Streit, Kampf, Krieg und Grausamkeit, wobei dies, man muss es hier wiederholen, vor allem für die männliche Hälfte der Menschheit gilt. Die Kriege mit all ihren Grausamkeiten haben sich in allen Epochen der Geschichte und überall auf der Welt abgespielt, und sie sind – das ist das Deprimierende daran – jederzeit wiederholbar. Niemand sollte glauben, dass etwa in Europa niemals mehr ein barbarischer Krieg wird stattfinden können. Dafür gibt es keinerlei Garantie. Alles ist möglich. Geschichte ist nicht berechenbar, weil es der Mensch nicht ist. Was letztlich im Zusammenleben der Völker und Staaten zum Tragen kommt, hängt von den politischen Umständen ab. Der NS-Staat hat gezeigt, wie schnell aus einem zivilisierten Land ein Mörderstaat werden kann. Zivilisiertheit ist nicht etwas, das aus sich selbst Bestand hat nach dem Motto: Einmal zivilisiert, immer zivilisiert. Nein, Zivilisiertheit ist ein zerbrechliches Gut. Bis vor kurzem dachte man, dass in Europa niemals mehr die Barbarei würde ausbrechen können. Aber dann brach sie im Bürgerkrieg auf dem Balkan aus – und wieder war die Illusion vom für immer zivilisierten Europa dahin. Immerhin verringert ein vereintes Europa diese Gefahr ganz erheblich. Denn die dauerhafte Überwindung des Kriegs wird nur über die Überwindung der Grenzen möglich sein. Zumindest in Europa ist die Grenze als politische Form überholt – vom Balkan abgesehen, wo man die verschiedenen Volksgruppen mit Waffengewalt voneinander fern halten muss. Dort muss man erst einmal wieder Grenzen ziehen, um Schlimmstes zu verhindern.

An diesen und ähnlichen Beispielen sieht man, dass Waffen nicht pauschal als schlecht und verwerflich abzutun sind. Die Waffe als Mittel des Kriegs kann auch Kriege beenden oder verhindern. Alle Ordnung, alle Zivilisation, alles Recht und alle Würde im Zusammenleben der Menschen beruht auch auf der Existenz von Waffen. Noch im freiesten, demokratischsten Land ist die Polizei bewaffnet – und das ist auch richtig so. Der höchste Triumph der Waffen ist dann erreicht, wenn sie fast unsichtbar und ganz unbenutzt bleiben können. Aber auch die Möglichkeit, sie unsichtbar zu machen, beruht darauf, dass sie vorhanden sind. Man stelle sich unser Land ohne bewaffnete Polizei vor: es herrschte das Faustrecht, keiner wäre mehr seines Lebens sicher.

Der weise Goethe kam im Laufe seines Lebens zu der ernüchternden Einsicht, dass »das Rohe am Menschen« für alle Zeiten bleiben wird – eine Art Erblast seit den biblischen Brüdern Kain und Abel. Es ist ja fast schon banal, festzustellen, dass Streit, Kampf und Krieg zum Menschsein dazugehören. Schon der griechische Philosoph Platon meinte, dass sich ein dauerhafter Friede nur in einem »Staat von Schweinen« verwirklichen lasse. Ja, vom lieben Vieh könnte der Mensch in der Tat viel lernen. Nicht nur das Schwein, sondern das Tier schlechthin begnügt sich mit der Erfüllung seiner einfachsten Bedürfnisse. Der Mensch jedoch will stets mehr, als er hat, und er blickt neidvoll auf den andern, wenn dieser mehr hat als er.

Trotz seines großen Gehirns fällt es dem Menschen schwer, aus der Vergangenheit – selbst der jüngsten – zu lernen. Die Geschichte lehrt nur, dass die Völker nichts aus der Geschichte lernen, meinte der Philosoph Hegel (1770–1831). Das Grundmuster der Geschichte wiederholt sich, dieser ewige Wechsel von Krieg und Frieden. Das hat natürlich auch damit zu tun, dass es keine grundlegende Veränderung in der Natur des Menschen gibt. Der Mensch scheint zu dem verdammt, was er ist: ein zwischen Gut und Böse schwankendes Wesen. Das Böse, so sagen alle Religionen, ist von Anbeginn in der Welt – und es ist in jedem von uns wie auch das Gute. Und so wird man womöglich den Krieg so wenig aus der Welt schaffen können wie das Böse schlechthin. Dass sich der Krieg in der Geschichte der Menschheit immer wieder fortpflanzt, liegt auch daran, dass der Mensch ein starkes Bedürfnis nach Rache und Vergeltung hat für erlittenes Unrecht. Rache gehört zur Grundausstattung der menschlichen Natur. Zivilisation ist nicht zuletzt der Versuch, die Gewalt-und-Rache-Natur des Menschen zu bändigen. Das gelingt stets nur unvollkommen, weil der Mensch, wie Kant meinte, nun einmal ein »krummes Holz« ist, aus dem kein gerades werden kann.

Dennoch kann man davon ausgehen, dass die überwiegende Mehrheit der Menschen in der Welt eine tiefe Sehnsucht nach Frieden hat – und eine ebenso tiefe Angst vor Krieg. Zum Krieg werden die Menschen von jenen aufgehetzt, die am Krieg ein Interesse haben. So wäre das wichtigste Mittel gegen den Krieg: immun sein gegen Kriegshetzerei. Diese Immunität gewinnt man aber nur durch alltägliche Einübung in Friedfertigkeit. Das wiederum setzt geistige Klarheit und Vernunft voraus, Aufgeklärtheit im weitesten Sinn. Da die Frauen nicht nur in dieser Hinsicht viel weiter sind als die Männer, sollten sie viel engagierter ihre weibliche Macht einsetzen, um die Männer vom Krieg abzuhalten. Sie sollten sich dabei die Heldin Lysistrata aus der Komödie des Aristophanes zum Vorbild nehmen: sie rief die Frauen zum Ehestreik auf, bis ihre Männer aufhörten, Krieg zu führen.

Gefragt ist der alltägliche Friedensdienst von uns allen. Gefragt ist Erziehung zur Demokratie, wobei das nur ein anderes Wort ist für Kompromiss. Wer die eigene Position für die absolut richtige hält, wird immer dazu neigen, sie mit Gewalt durchzusetzen. Wer meint, eine weltgeschichtlich notwendige Mission zu haben, und auch noch vorgibt, sie sei ihm von Gott persönlich aufgetragen, wird ebenfalls dazu neigen, sie anderen aufzuzwingen. Aber Kriege werden nicht dadurch besser, dass man sie zu heiligen Kriegen erklärt. Wenn man schon das Wort »heilig« bemühen muss, dann sollte man es im Zusammenhang mit dem Wort »Frieden« tun. Der »heilige Friede« ließe sich im Grunde ganz einfach erreichen; er ist überall dort, wo die Menschen anerkennen, dass der Andere anders ist.

BILDNACHWEIS

Bild 1: Bildarchiv Preußischer Kulturbesitz; Bild 2: Bildarchiv Preußischer Kulturbesitz; Bild 3: akg-images, Werner Forman; Bild 4: akg-images; Bild 5: Bildarchiv Preußischer Kulturbesitz; Bild 6: akg-images; Bild 7: Bildarchiv Preußischer Kulturbesitz; Bild 8: Deutsches Historisches Museum, Berlin; Bild 9: SV-Bilderdienst; Bild 10: Aus: Das Auschwitz-Album. Die Geschichte eines Transports. Herausgegeben im Auftrag der Gedenkstätte Yad Vashem von Israel Gutman und Bella Guttermann. © der deutschen Ausgabe Wallstein Verlag, Göttingen 2005; Bild 11: SV-Bilderdienst; Bild 12: Africa Photo, Sebastian Bolesch, DAS FOTOARCHIV.

Peter Zolling

Deutsche Geschichte von 1871 bis zur Gegenwart

Wie Deutschland wurde, was es ist

ISBN 978-3-423-**62334**-6

Peter Zollings ›Deutsche Geschichte‹ beginnt mit der Gründung des Kaiserreichs, in dem der Traum von der deutschen Einheit zum ersten Mal in Erfüllung ging – und in dem zugleich die Großmachtphantasien entstanden, die Deutschland in zwei Weltkriege führen sollten. Aufs Wesentliche konzentriert und spannend erzählt führt sie bis in die Gegenwart – eine deutsche Geschichte, die Jugendliche dringend brauchen, wenn sie ihr schwieriges Land verstehen wollen.

Weltgeschichte
Erzählt von Manfred Mai

ISBN 978-3-423-**62287**-5

Wer Geschichte verstehen will, braucht einen Überblick übers Große und Ganze, ein Gerüst aus wichtigen Entwicklungslinien, Daten und Fakten. Mais ›Weltgeschichte‹ beginnt mit den ersten Höhlenmenschen und schildert die Ereignisse bis zum Beginn des 3. Jahrtausends – mit großer Sachkenntnis und spannend wie ein Roman: Kompetent in der Sache, konzentriert aufs Wesentliche, klar in der Sprache.

»Dieses Buch gehört in die Hand eines jeden Schülers.«
Die Zeit

Ruth Weiss
Meine Schwester Sara
Roman

ISBN 978-3-423-**62169**-4

Südafrika um 1948: Eine Burenfamilie adoptiert eine deutsche Kriegswaise. Freudig wird das blonde, blauäugige kleine Mädchen in die Familie aufgenommen. Doch als sich herausstellt, dass Sara Jüdin ist, entzieht ihr der Familienvater, ganz Patriarch und Mitglied der nationalistischen Apartheidregierung, seine Liebe. Als Studentin schließt sich Sara dem Widerstand gegen das Apartheidregime an. Ruth Weiss zeichnet ein Bild der Geschichte Südafrikas und unserer eigenen deutschen Geschichte, ganz ohne erhobenen Zeigefinger.